跟随策略

好木成林金牌智慧书系经营管理读本

企业最迅捷最安全的成功之路

FOLLOWING STRATEGY

罗小林◎著

中国财富出版社

图书在版编目(CIP)数据

跟随策略：企业最迅捷、最安全的成功之路 / 罗小林著．—北京：中国财富出版社，2013.1(2017.3 重印)

(好木成林金牌智慧书系经营管理读本)

ISBN 978-7-5047-4555-2

Ⅰ.①跟…　Ⅱ.①罗…　Ⅲ.①企业管理-市场营销学　Ⅳ.①F274

中国版本图书馆 CIP 数据核字(2012)第 271274 号

策划编辑	黄　华	责任印制	方朋远
责任编辑	丰　虹	责任校对	孙会香　梁　凡

出版发行	中国财富出版社		
社　　址	北京市丰台区南四环西路 188 号 5 区 20 楼	邮政编码	100070
电　　话	010-52227588 转 2048/2028(发行部)		010-52227588 转 307(总编室)
	010-68589540(读者服务部)		010-52227588 转 305(质检部)
网　　址	http://www.cfpress.com.cn		
经　　销	新华书店		
印　　刷	北京京都六环印刷厂		
书　　号	ISBN 978-7-5047-4555-2/F·1888		
开　　本	710mm×1000mm　1/16	版　　次	2013 年 1 月第 1 版
印　　张	17	印　　次	2017 年 3 月第 2 次印刷
字　　数	244 千字	定　　价	36.00元

前　言

成功，多么令人心动的渴望和激发人性的力量，尤其是在个人能力被充分尊崇的今天，它的出现几乎是与高品质的生活方式联系在一起的。也正因如此，它是无数人一生奋斗的梦想。

站在人生起跑线上的青年和那些正在途中寻找方向的人们，谁不渴望心想事成，体验那激动人心的时刻。在这个竞争如此激烈的社会中，凡事总想凭一己之力往往事倍功半。而且，没有经验的误打误撞只会让你走上歧途。

无论在哪一个行业，任何一个成功的创新都会引来大量的跟随模仿者。能够认识模仿、奖励模仿，已经为实现这一目标迈出了坚实的一步；但要创造真正振奋人心的模仿，还需要在既有方法和既有热情的基础上，推动企业文化的转变。如果组织机构的最高层级以战略方式实施并管理模仿策略，不仅会带来更好的成果，还会创造一个良好的氛围：人人寻找模仿机会，人人运用模仿、实施模仿，最终实现组织效益。毕竟没有参考借鉴，模仿就无法开始，即便开始，接下来的寻找工作也会误入歧途。没有审视、寻找、选择，就谈不上联系实际；没有联系实际，就无法进行深度发掘，模仿也就无法贯彻执行。

作为一个后来者，在新品类跟随模仿者众多的情况下，如果自身具有独特的商业模式，那么在众多的跟随模仿者中更容易脱颖而出，甚至对先发者构成实质性威胁。通常而言，具备这种条件的只能是那些功成名就的大企业，而对于绝大多数跟随模仿者而言，想要以此获得有利的竞争优势，别无他法，只能寻求创新。

跟随模仿策略在实践中有着广泛的运用，是很多企业基本的竞争方式，这其中不仅有数量庞大、资源匮乏的中小企业，也有在竞争领域占据强势竞争地位的大企业。不过，大多数大企业并不愿意成为实质性创新的推动者，而是更倾向于维持性创新与模仿。百事可乐前高级副总裁兼财务主管诺埃尔总结得非常简要："创新振奋人心、盛行于世。模仿只是发生而已。"所以我们的任务就是增加模仿的吸引力。这就意味着要去掉附着在模仿上的恶名，不仅要接受模仿，还要让模仿和创新一样，振奋人心、盛行于世。

事实上，"天上广告＋地上渠道"一直是中国市场化变革以来，本土企业迅速崛起的主流营销模式。在中国市场做营销，讲究的是推拉结合，品牌的拉力与渠道的推力缺一不可。中国本土企业在启动市场时往往是渠道先行，再通过广告来进一步推动渠道的扩张，同时吸引消费者，最终实现渠道与品牌的双驱动。相比较而言，跨国公司在启动市场时，品牌力的塑造是放在第一位的，先吸引消费者的心，再以品牌力（消费者）驱动渠道，然后完善渠道网络。本土企业与跨国公司不同的选择，源于运作经验、资金与技术实力、对市场的了解度不同。

可是，在中国社会里，市场经济处于初期发展阶段，市场体制还远远不够成熟，在这样的大背景下，存在着很多人为因素影响着公司之间的公平竞争。因此，公司之间联合起来一起对付竞争对手就显得尤为重要。毕竟，任何企业都不可能在所有资源类型中都拥有绝对优势，即使同一资源在不同企业中也表现出极强的比较优势，从而构成了企业资源互补融合的基础。特别是已经固化在企业组织内部的某些资源，不可完全流动交易，如营销渠道、市场经验、客户数据库资料等资源，不便通过市场交易直接获取，获取对方的这些独特的资源必须通过与之建立起合作关系，以实现双方的共享和互补。

很多时候我们的成功往往来源于前人的经验，不管是成功或者失败，都值得我们借鉴。这也是从跟随开始，只是在获得成功之时，我们都不愿意透露自己从他人经验获得的启发，在现实立场只想证明自己的优秀。其实，翻开杜鲁克的管理思想，你就会得知：卓越的管理者首先都是从跟随者成长起来的。我们必须清楚理解，优秀的管理者既是优秀的领导者，也是优秀的跟随者。

在跟随的时间里，其实最大的收获就是管理者学会了放下与接纳，企业也拥有了融入文化的多元性。自古以来，很多创业英雄在取得成就时，不敢面对自己曾经扮演过跟随者的角色，害怕别人对自己取得的成绩予以否定。我今天之所以愿意写这本书，主要是希望大家更多关注被遗忘或隐藏起来的跟随力量，只要是有利于我们正确经营企业的理念，我们都应该好好的研究与善用。因为我们经营企业的目的都是为社会解决问题，同时服务于他人来成就自己的人生价值，所以我们彼此学习和交流，愿意跟随成功者的脚步，以他人为师，来践行自己的目标。这本来就是件伟大的事情，我们应该有勇气面对自己在跟随中的创造力。

感谢我的团队为我们共同的教育事业做出的一切努力，更感谢他们一路无怨无悔的跟随着我，一起创造好木成林十年间的一个又一个奇迹。感谢所有编辑为本书作出最好的建议和校正。本书立足实际，注重实用，用丰富的例证，逐步揭示如何让跟随成为企业竞争的神兵利器，希望对广大的读者朋友们有所帮助。

作　者

2012 年 9 月

目　录

第一章　跟随是一种策略 …… 1

山寨之于企业的启示 …… 3

对于企业，克隆是一门技术 …… 7

模仿的实用意义和价值 …… 11

现代企业的拿来主义 …… 14

学人之长，补己之短 …… 19

成功范本的巨大能量 …… 23

第二章　跟随的自身适应性问题 …… 27

知彼先知己，百战方不殆 …… 29

制订属于自己的目标 …… 32

企业是否具备资源条件 …… 36

内外软环境是否允许和符合 …… 41

有足够的心理准备 …… 45

有金刚钻，方可揽瓷器活 …… 49

充分的可行性论证 …… 53
风险几何，把握几何 …… 57

第三章　跟随的时机管理 …… 61

时机不成熟时，要等待 …… 63
努力争取稀缺的时机 …… 67
创造自己所需的好时机 …… 71
好商机是留给有准备的人 …… 75
有效利用时机才是关键 …… 78

第四章　有所随，有所不随 …… 83

兴趣点也是增值点 …… 85
前景是考量的杠杆之一 …… 89
要能产生鲜见的推力 …… 93
最需求的东西最有价值 …… 97
市场效益是最终标准 …… 101
吃到嘴里的才是肉 …… 105
有能力驾驭是前提 …… 109
不悖于法理道德 …… 111

第五章　移植迁变跟随法 …… 117

踩着别人的脚印前行 …… 119
用别人的智慧为自己谋利 …… 122
享用别人的情报消息 …… 126
从别人碗里捞饭吃 …… 130
分享同一块儿蛋糕 …… 134

第六章　变换更新跟随法 ………………………… 139

权当他物为上马石 ………………………… 141

改变关键点，可成全新产品 ………………………… 145

变一变，你的就是我的 ………………………… 149

后来居上：反客为主之道 ………………………… 153

用别人之砖为己敲门 ………………………… 157

求变：旧罐盛新汤 ………………………… 161

在功用上狠下工夫 ………………………… 165

第七章　从人而事跟随法 ………………………… 171

跟对人，做对事 ………………………… 173

名人效应：借名人提升名气 ………………………… 176

结成利益共同体 ………………………… 180

随机应变：巧借别人的东风 ………………………… 184

狐假虎威：乘别人的势 ………………………… 187

跟着人家学经验 ………………………… 191

从跟跑到领跑 ………………………… 195

第八章　触类旁通跟随法 ………………………… 201

激发出创新的灵感 ………………………… 203

延伸思考，找寻出路 ………………………… 207

借鉴别人的好思路 ………………………… 211

前车之覆，后车之鉴 ………………………… 215

复制成功的模式 ………………………… 218

照着葫芦画瓢 ………………………… 222

第九章　跟随失败的根源 ………………………………………… 227

无主见的人随众跟风 ………………………………………… 229

道德缺失者见利忘义 ………………………………………… 232

务虚者好高骛远 ………………………………………… 236

笨拙的人生搬硬套 ………………………………………… 240

未考虑是否老旧过时 ………………………………………… 244

环境因素所致水土不服 ………………………………………… 248

犹豫迟缓错失良机 ………………………………………… 252

盲目上马太急躁 ………………………………………… 255

第一章

跟随是一种策略

跟随是一门技术，也是一种策略。成功没有捷径，只有方式方法。成功最快的方法，就是跟随已经证明有效的方法。现今社会，很多渴望成功的企业管理者，为了使自己以更低成本、更快速地踏上成功之路，找到了一些捷径：山寨、克隆、模仿、拿来……这些都是企业有效的竞争策略，是企业制胜的生存法则。的确，跟随成功企业的脚步，是一种策略，是一条企业最迅捷、最安全的成功之路。

山寨之于企业的启示

从2008年开始，“山寨”成为了一个流行的网络名词之一。由此衍生的词语有：山寨春晚、山寨代言人、山寨MP3、山寨机、山寨明星、山寨产品、山寨景点……甚至有将山寨“产业”化的趋势。现在还发展出来“山寨爱情”等词汇，越来越发展出它独特的生命力。当然，“山寨”并不是传统意义上的绿林好汉的山中营寨，它源于广东话，是一种由民间IT力量发起的产业现象，其主要表现为仿造性、快速化、平民化。主要表现形式为通过小作坊起步，快速模仿成名品牌，涉及手机、数码产品、游戏机、日用品等不同领域。这是一种商业文化，经常行走在行业政策的边缘，肯定会引起褒贬不一的争议：有人批驳山寨，封杀山寨，也有人赞其“创新”“个性”。

从实质上讲，大家都知道，山寨的意思是盗版，不正规的。一般用于某些品牌东西的假冒品。尽管商业与文化、社会现象两者无法完全分开，但从其影响的“危害性”来看，应将山寨文化与山寨产品区别对待。

最初的“山寨”起源是山寨手机的成功，从而使得“山寨模式”迅速向其他行业蔓延。那么，除了手机类的电子产品之外，还有哪些东西也在玩“山寨”呢？估计是“只有你想不到的，没有别人做不到的”。那就略举几个例子来说明一下目前“山寨”的盛况。比如山寨版“奥运圣火传递”、山寨版泰姬陵、山寨版搜索引擎、山寨版《红楼梦》、山寨版《百家讲坛》、山寨版诺贝尔奖等。从这几个例子可以看出，无论是自然的还是社会的、无论是国产的还是世界的、无论是高科技的还是低技术含量的，山寨简直是无处不在、无孔不入。只要有正统的，就会有“山寨”的。

2008 年 12 月 2 日，中央电视台《新闻联播》专门对“山寨文化”进行了深入报道。这是我国首次以国家级电视台来关注这种来自草根的语言词汇概括的文化现象，也使山寨现象首次得到了官方的关注。从此，“山寨文化”在民间流行很长一段时间后，终于闯进了主流文化的视野。有了民间和官方的双重关注，“山寨文化”在全社会引起的轰动就更大了。

哲学上讲“物质决定意识”。是的，每一个文化现象是否合理，最有资格作出评判的不是国家或者某些人，而是“市场”。文化现象与营销一样，同样都应该以需求为支撑。山寨文化存在的原因正是由于社会需求。那么，存在也就成了合理。

下面我们看一则国外山寨成功的例子。

说起欧洲创始人基金会三位创始人马克·桑威尔、奥利弗·桑威尔和亚历山大·桑威尔，我们都不陌生。这三兄弟是当今欧洲最具传奇色彩的企业家和投资者。他们到底是干什么的？他们干的事情就是山寨，也就是看到美国哪个创业公司的项目有潜力，他们就在欧洲也山寨一个。并且，他们做得比美国那些创业者快、比美国创业者更好。如果项目成功之后，他们就把这个成功的项目卖出去。

eBay、Facebook 和 Groupon 这些项目三兄弟都曾经山寨过，而且都取得了巨大的成功。然而，他们并不只是投资美国创业公司的欧洲山寨版，他们也投资那些想要把业务扩张到欧洲的美国创业公司，比如他们投资了 Facebook 和 Linkedin。

三兄弟的事迹到底有多传奇呢？我们来了解一下。

第一，三兄弟找了个理由去采访了硅谷的精英们，他们的理由是：做论文用。

1998 年，大学毕业后三兄弟马上搬进硅谷，他们以写关于企业家精神的论文为借口去采访硅谷的那些权贵之人。之后，三兄弟回到德国并创办自己的公司。

第二，三兄弟回到德国后，创办了 eBay 的德国山寨版 Alando. de，并在四个月后卖出。

1999 年 2 月，三兄弟在创办了 Alando. de 公司的四个月后，eBay 就以 5000 万美元买下他们的公司。

第三，三兄弟接着创建了在线铃声公司 Jamba，并卖出了 2.73 亿美元的价格。

Jamba 最初是做股票信息手机内容的网站，但当时人们对手机内容不感冒，所以三兄弟就转做了在线铃声，这个网站大获成功，这次他们赚得盆满钵满。

第四，三兄弟投资了 Facebook 德国的山寨版 StudiVZ。

三兄弟除了把 Facebook 的蓝色主题改成红色之外，其他的都是照搬 Facebook。

第五，2007 年他们以 1 亿美元卖出 StudiVZ。

2007 年，三兄弟把 StudiVZ 卖给了德国一家媒体公司。遗憾的是，Facebook 进军德国后这家媒体公司就再也没有好日子过了，不过这和三兄弟无关，因为他们的钱已经到账了。

第六，三兄弟创建了风投公司“欧洲创始人”。

三兄弟于 2006 年成立了风险投资公司“欧洲创始人”。这家公司专门投资欧洲的山寨公司（这些公司山寨那些已经在美国取得成功的互联网公司）和美国的网络创业公司。目前这个公司已经投资了 Facebook 和 Linkedin。

第七，三兄弟独到的投资眼光。

之前，三兄弟曾以 150 亿美元的估值对 Facebook 进行投资，现在 Facebook 公司的市值已经超过 500 亿美元了。他们还投资了现在波兰最火的社交网站 Nasza – Klasa。

第八，三兄弟创建了他们的山寨工场叫 Rocket Internet。

2008 年，三兄弟创建了创业公司孵化器 Rocket Internet。这家孵化器专门培养电子商务网站和山寨取得成功的网站。这个孵化器创建了 Zynga 的山寨版 Plinga，还有 Twitter 的山寨版 Frazr。

第九，三兄弟最近卖出的一个山寨产品。

三兄弟不会错过任何可以山寨的机会：当团购网站 Groupon 席卷全美国时，三兄弟马上山寨了 Groupon 创建了 CityDeal，这家团购网站也是欧洲第一个 Groupon 山寨公司。而后，三兄弟还是按照原来的模式把这家 2010 年 2 月创建的公司在 5 月卖给了 Groupon。据媒体透露，Groupon 的收购价格将近 1 亿美元。

可见，如果我们从更为积极的意义来看，任何事物都是双刃剑。同样，山寨文化现象可以给我们的商业带来一些启示。

1. 企业将会走向多元化

任何商业智慧必须以文化为承载，山寨文化给我们的商业启示是，商业未来将面对的是一个更为多元化的市场。商业的根本就是满足市场需求。所以，从商业的角度来看，既然山寨文化是多元化文化中的一部分，因而在这种文化中必然有其广大的商业需求存在。这就与简单的仿冒盗版是不同的。

可以肯定的是，未来的市场将是多层面、多元化的市场——形形色色的人熙熙攘攘地集聚在一块，林林总总地融合在一起，并且各行其是，怡然自得。因而，可以满足不同需要、不同层面的文化就拥有更为广泛的市场空间和利润，这给中国的手机行业、家电行业以及其他行业将会带来一些重要的启示。

2. 企业创新不能生硬抄袭

虽然多数人对山寨产品中的“创新”鄙视，但是其标榜的价格、设计和功能以及“个性化”文化确实吸引标榜“个性”的人们的眼球。因此，山寨文化可以带给我们的另一个启示就是“创新”的形式要被创新。

“创新”一词已经被社会和企业呼喊了多年了，但实际运作中却创新乏力。在创新上，中国企业往往走向两个极端，一个极端是一头扎进技术创新和完全创新，而另一个极端则是生硬抄袭，没有研究和理性的整合和提升。

目前，山寨正以燎原之势席卷全国，而且渗透到社会的各个角落。虽然人们对山寨的非正统“出身”褒贬不一，但从积极意义上来讲，山寨之于企业有很好的借鉴意义。尽管很多人都在鄙视山寨，但是山寨的确会给我们很多创新的思考。

对于企业，克隆是一门技术

很久很久以前，有一位少年，论家境，他不愁吃穿；论相貌，也算是中等；论其他方面的资质，也算得上可以。然而，他却是一个做什么事情都缺乏自信心的人。他总感觉自己什么都不如别人：衣服是别人的好，饭菜是别人的香，站相坐相也是别人比较高雅。于是，他见到自认为美的就学，这一样还没学会就又去学另一样。可想而知，比自己优秀的人多如繁星，美也是无处不在的，而他在模仿过程中也没有常性，最后什么事情也没有做好，更糟糕的是到最后把自己本身会的东西都忘记了。

家里的人感觉他这样学习别人的长处自然是好事，但不赞成他这样的学法。就劝他改一改这个毛病，他认为是家里人管得太多，根本听不进去。时间长了，他竟越来越觉得自己走路的姿势难看。

一天，他在路上听到有人说邯郸人走路姿势很美。于是他决定要去邯郸学走路。终于有一天，他瞒着家人，跑到遥远的邯郸学走路去了。

到了邯郸，他感到特别新鲜，处处都是美好的。他看到小孩走路，觉得活泼、可爱，跟着学；看到老人走路，觉得稳重，跟着学；看到妇女走路，摇摆多姿，跟着学。如此这般，他跟着各种年龄段的人学走路，不过半月光景，他连自己原来走路的姿势都忘了，盘缠也花光了，只好爬着回家了。

这则故事正是“邯郸学步”。按理说，这个少年能善于模仿他人的长处，有利于自己的快速成长，从而不断积累新的知识，本是一件好事。但他却成了一个比失败者还要失败的人。为此，不难总结出，是因其盲目模仿他人之长，而忘却了自己的存在。

“邯郸学步”的失败，究其原因，是其只学表面内容，而无视美者的内在。看似在克隆成功者的方法，路径很简单，其实也并非易事。克隆者之所以会失败，而且败得很惨，是因为只求于克隆表面的成功，并非深挖成功者的精髓。可见，克隆的确是一门技术。要想避免盲目克隆，必先学成功者的精神，也只有抓住了他们的精神，才能了解到他们的想法，进而学到他们内在的成功秘诀。

实践也已经证明，克隆的优秀者，对于正处于发展阶段的企业未尝不是一件好事，因为通过克隆其他企业的成功经验、成功方法，可以节省很多创造时间、摸索规律的成本，克隆不失为一个好的、实用的成功方法之一。

有些企业因克隆而初获成功，成为其他企业的模仿对象后，却好景不长，昙花一现，又轮回到起初的位置。究竟是什么让他们从辉煌转为黯然，从榜样沦为落后者，甚至被划入失败者的行列，被后势所吞食？

武汉健民药业集团（以下简称健民）是一家很善于模仿的企业，甚至有赶超之风。它是以生产保健品为主的企业。最初健民采取模仿此行业霸主的营销手法，其当年健胃消食片的销量占全国第一。伴随着成功，健民成了后起之秀的模仿典范。凡是健民所畅销的产品，都有企业仿制，健民所生产的“龙牡壮骨颗粒”，曾经占据了中国钙剂市场90%的份额。但在众人仿制之后，它便处在了各类补钙产品的重重包围之中，整个市场几乎完全丧失。

究其从克隆到成功，再从被克隆到消声的原因，是掉进了“模仿的陷阱”。健民的失败问题对于企业而言是极具代表性的，这是一幕不断在企业界上演的典型剧目。首先，健民发现了市场需求的空白，发展空间广阔。接着，健民开始模仿成功企业，快速开发市场，成为暂时的市场主导者。但是，当众多企业紧跟而至时，之前成功的企业销量会急剧下降，近而被角逐出局。

太多的企业一度非常辉煌而又迅速陷入困境，都是由于未能根据市场环境的变化和企业发展的新情况，充分发挥自己已有的优势，相应调整企业的经营管理方式。虽然经营者都意识到克隆成功者的成功模式、成功方法，能使自己快速成功，在实践上也确实如此，而后面临的却是被人超越，自己陷入困境。这种失败现象直接的表现就是一味地模仿扩张，不能保证技术产品的不断更新，使企业间的差异越来越小，因为企业的产品技术不能及时更新，停滞不前，会给企业带来巨大的灾难。

根据以往的经验教训，一项创新技术的问世，会得到众多人的窥视，那些未获得潜在的超常规利润的企业便会纷纷渴望分享其利，从而形成克隆高潮。克隆能取得成效，是由于任何技术，包括复杂的技术，通过认真的学习，都可以获得。克隆者想去克隆创新者的产品，可以通过合法手段，购买创新者的专利技术或专有技术来仿效。克隆同创新相比，不仅为企业省钱、省时、减少风险，而且还加速了成功的脚步。

电视机和录像机虽然是美国企业首创的，而日本的索尼和松下公司则通过克隆，掌握了这些创新产品的技术，并对原有产品进行改善，使性能和成本更优于原有创新者的产品，近而，索尼与松下公司竟成为世界上规模最大、质量最优的电视机和录像机的供应商。这个事实证明：日本是一个由模仿而发展起来的国家，它具有较强的消化、吸收能力。通过自主技术与外来技术的巧妙结合，日本的企业能在克隆的基础上再改进，从而在克隆和创新之间架起了一座桥梁。所以，日本人敢于自豪地讲：一号机克隆（引进），二号机国产化，三号机出口。

实际上，只要企业学会了克隆，技术创新并不难。成功的克隆到创新技术，企业就可以在产品销售中不断地更新自己的产品，以适应消费者的需求。

通常情况下，克隆创新的技术原理没有重大变化，主要是基于市场需求的扩展和技术上的改进。比如像索尼公司每年上市近千种新产品，其中大部分是产品功能的某些微小变化，或者不同功能的组合。如果企业首次因克隆成功后，绝不能一成不变的持续原有经营策略，一定要重视渐进或改进式的创新，正因其不断地吸引大量的顾客，才能差异于正在效仿我们的那些企业。

美国3M公司开发生产的一种小型黄色不干胶便签，既可以贴于书页上，又可以不着痕迹地把它撕下来。就是这微不足道的小黄纸片，每年可给3M公司带来3亿美元以上的收入。另外，有的工厂是生产铅笔的，有的工厂是生产橡皮的，有的人则不费吹灰之力就开发生产出带橡皮头的铅笔。创新的例子很多，克隆创新，可以不费吹灰之力，使自己达到很好的效果，不断注入新鲜血液，给企业带来了巨大的发展，同时也推动了人类社会的进步。

可见，克隆成功不仅可以使企业不断地发展壮大，同时也为企业赢得了丰厚的利润。企业要想得到长足的发展，那就需要不断地从模仿中学习，从学习中创新，寻求与同行业的差异化，只有如此，才会有利企业的健康发展。总之，对于企业来说，克隆是一门技术。

模仿的实用意义和价值

模仿从自然中来，它是一切动植物的自然本能。而动植物都是通过复制 DNA、传递遗传密码（基因）等方法来完成“传宗接代”的。遗传因素发挥作用，靠的就是 DNA 复制的结果，并且是以模仿相像为标志的。可见，世间万事万物皆有规律，模仿也是按着自己的特定轨道，进行着有规律的复制，以达到完美。可以说，没有模仿，就没有人类的过去、今天与未来。

日本企业家有这样一种观点：模仿是创造的第一步。事实也验证了这一观点，创造力强的人，无不巧于模仿。是的，模仿是一种最好的学习，是走向成功的捷径。学以致用，在模仿中创新，再吸收利用，那就更能快速成长。

根据心理学的原理，在这个世界上，任何人的成功都是可以模仿的，因为每个人都有相同的神经系统，只不过我们每个人的神经系统使用程度不一样而已。假若想要更快的成功，就要模仿成功人士的思维模式和行为模式，也就是说学习成功者的成功精髓可以帮助我们更快地迈向成功。的确，成功是可以模仿的，而一般的人不成功的主要原因在于没有去“模仿”。

那要想模仿成功，就需要模仿成功者的哪些方面呢?

第一，要模仿成功者的“信念”。很多时候，一般人之所以没有采取和成功者一样的行动，就是因为还不够自信，因为不自信，做事情时自然就做得不够彻底，或者碰到问题时就主动放弃了，所以才会因为信念不足而中途放弃而导致失败。

第二，要模仿成功者的策略。策略就是做事情的先后顺序，是一种思维模式，更是一种行为方式。因为我们的先后顺序错了，所以虽然我们做了和成功者一样多的事情，却没有取得成功。也就是说在错误的时间做了对的事情，结局也只能是失败。

第三，要模仿成功者的肢体动作。通过模仿成功者积极向上的肢体动作，给自己带来持续不断的动力来源。其实，肢体动作就是一种行为方式或者是行为习惯，正是因为有了正确的行为方式，在最短的时间内完成了应该做的事情，成功就会成为必然。

因此，我们要改变自己自身的一些缺点，要学会“模仿”成功者，模仿他们的信念、策略、肢体动作，这样成功才会属于你。

小魏大学毕业后，被一家股票投资咨询公司聘用了。这本是一家不起眼的公司，但月收入却高达几十万元。更让小魏奇怪的是，老板竟是一个80后的初中生。刚开始，小魏认为创办家公司应该很艰难，但工作了才几个月时间，他就将公司的运作模式熟悉了，甚至发现办公司也非常简单：聘用一位炒股高手整天在那里研究股市，然后让一群电话营销人员去把股票推销给炒股人，从中收取服务费。于是，小魏马上递交了辞呈，找了几个朋友开了一家股票公司。一年后，小魏已经从一个普通打工者跃升为一名百万富翁。

由此可以得出一个结论：只要你善于模仿，很多行业并不是只有别人能做，你同样也能去操作这一行业，而且你也能像他们一样成功。

美国的《财富》杂志采访当时世界排名第二的亿万富翁巴菲特，问他为什么如此富有。巴菲特说：“我给你们一个让自己的人生开足马力的建议：选择一个你钦佩的人，把你钦佩他的原因写下来。你不要把自己的名字写在里面。然后，再写下一个你最讨厌的人的名字，写下那个人身上让你拒其于千里之外的那些缺点。我建议你思考一下你所钦佩的人的行为，使这种行为成为你自己的习惯；同时也要留心一下你讨厌的人身上应受到斥责的东西，并下决心不犯同样的毛病。如果做到了，你也能成为富翁。”

巴菲特告诉我们，每个人都可以成功，只要持之以恒地去做这两件事。

是的，成功没有捷径，只有方式和方法。巴菲特所给我们的提示是：成功的经验也正是模仿！独自去开发一条成功之路，会遇到很多困难和挫折。但成功人士经过一番艰苦尝试后，找到了一种成功的经营模式，你只要模仿过来，就是找到了成功的快捷键，按照他的成功模式去做，你所遭遇的挫折会少得多，成功就会变得顺利。

无论是历史还是今天，所有的事实都已经证明，模仿是历朝历代、各行各业成功者的拿手好戏。同时，也可以这么断定：所有的成功者都是模仿的高手。一言以蔽之，模仿是成功的开始，是成功的标志，是打开成功之门的金钥匙。

但在生活中，有一部分人反对“模仿”，甚至口诛笔伐。他们认为，模仿很没有必要，创新才是正道。诚然，我们必须承认，社会要不断往前发展，创新必不可少，可由此而忽视了模仿的力量，那就大错特错了。因为模仿对人类对大自然的发展都有着关键的意义。如果没有模仿，就没有大自然的过去、今天和未来，当然，这也包括人类自身。

模仿的意义就在于，要想传承与发展，就必须以模仿作为坚实的基础。不管是自然、科学、艺术，都是如此。因为只有通过模仿，才能够更快速、准确、省时、省力，不折不扣地完成了复制，为自然、科学、艺术的发展和传承奠定了雄厚的基础。根据研究发现，任何门类都是在模仿中求得发展的。也就是说要有道、有根、有源、有出处。模仿源头，那才是根本。

要想让模仿帮助我们更好地达到事半功倍的效果，从而模仿成功，以下几条一定要遵循。

1. 选择合适的模仿对象

并不是说每一个成功者都适合你作为对象来模仿，适合自己的才是最好的。一定要有选择，要有目的，不可盲目。依据自己的爱好，选择自己喜欢的模仿对象。如果你什么都喜爱，这就要有所选择，不可没有主次。

2. 坚守专一

既然选定了模仿的对象，就一定要对模仿的对象专一，因为持之以恒才能获得最后的成功。

3. 需要有刻苦的精神

模仿和学习一样，需要有耐心、不断地进行一个面一个面的探索，一项一项地去发现，这时你会发现被你模仿的对象里，会有很多新的东西，这样你才能有所收获。

励志大师安东尼有句经典的话："就我看来，模仿是通往卓越的捷径，也就是说如果我看见某个人做出我心羡的成就，那么只要我愿意付出时间和努力的代价，也就可以做出相同的结果来。如果你想成功，你只要能找出一种方式去模仿那些成功人士，便能如愿。能推动和摇撼世界的人，往往都是那些擅长模仿的人。这里非常重要的一点，就是'模仿'。找出有谁已经达到你想要的目标或是结果，他是怎样做到的，也许你没有办法亲自见到他，但你可以查阅他的资料。假如你能见到他，能与他交谈 30 分钟，可能比你查资料要好 10 倍以上。"的确，与已经成功的人士交谈，可能会受到更多的启示，模仿成功人士的轨迹前行，可以少走许多弯路。所以说，模仿的实用意义和价值是无穷大的。

现代企业的拿来主义

《拿来主义》是我国大文学家鲁迅先生于 20 世纪 30 年代写的一篇关于继承文化遗产问题的杂文。当时，鲁迅先生写下了这篇杂文，阐明了马克思主义关于批判地继承文化遗产的原理和方法，旗帜鲜明地提倡“拿来主义”，反对“闭关主义”和“送去主义”，主张从文化遗产中汲取精华、剔除糟粕。在21世纪初的今天社会里，人们对“拿来主义”的翻版和演绎，简直是五花八门：国家的“拿来主义”，个人的“拿来主义”，政治的“拿来主义”，物质的“拿来主义”，精神层面的“拿来主义”……这些“拿来主义”虽然是不同角度和层面，但实质是一致的：只要对自己有利，就可以“拿来”。事实结果也的确证明了，“拿来主义”能够让我们节省掉很多时间，少走很多弯路，从而取得更高的成效。

现今世界，对“拿来主义”做得最好的民族也许是大和民族——日本，要论做得最好的商人，应该属中华民族里的一群商人——“温州商人”。

我们都知道，温州人大都懂得模仿，善于仿效，精于仿造。有学者把温州商人这种“群起仿效”的做法称为“蜂群现象”。

温州产的打火机能够风靡世界，就是“拿来主义”的成功范例。

1985年年初，一些旅居海外的温州人回乡探亲，给亲戚馈赠了日本打火机。这种打火机在当时要卖三五百元人民币。而且看起来小巧玲珑，一打就冒出蓝色火焰。这时，一些机灵的人就开始动起了脑子，他们将打火机一一拆开，把每个零件均仔细研究，感觉他们也能够仿制。但是，电子打火器却不是轻易能仿制成的。可温州人并没有因此气馁，他们来到当时电子业最发达的上海。并且从光明打火机厂了解到，“猫眼”打火机的电子点火装置中的4.7伏电容器，其低损耗技术当年为日本松下公司所独有。他们在光明厂还获知，东风电器厂刚在一周前攻克了这一难题。由于拥有了国产的4.7伏电容器，这款世界畅销的时髦“猫眼”打火机很快便在温州“出世”了。

没过多久，不冒明火的日本防风打火机开始出现了。且打火机的外壳并非冲压而成，甚至连手工制作也难以达到如此精致。而温州人李坚的仿真之作——“王中王”的防风打火机，被称为温州第二代打火机。李坚将日本防风打火机拆开反复琢磨，最终发现打火机的外壳是“锌合金”通过压铸而成。于是，李坚与几个朋友买来相关设备和材料，经过几个月的努力终于研制成功。

温州的能工巧匠们从“拿来主义”起家，逐渐形成了分工明确的生产加工体系。现如今，温州平均每天有三种新款打火机问世，年产打火机5.5亿只，有大小打火机出口厂商三千多家，打火机款式超过一万种。在这些众多品牌当中，以周大虎的大虎打火机厂最为出名。早在1992年，周大虎就拥有了温州打火机企业第一个注册商标：“虎”牌商标，开始批量生产质优价廉的“虎”牌打火机。

1993年年底，德国商人英塞尔在美国纽约大商场发现了一款标明中国制造的“虎”牌打火机，并且外观一点也不逊色于日产打火机，但价格却低2/3。为此，英塞尔来到北京，打听大虎打火机制造厂。当他听说制造厂在温州之后，又赶到温州，向周大虎提出了一个诱人的建议：由他出资金、出技术，将大虎打火机厂改造为一家中外合资企业，制造名叫“SOLO”的国际品牌高档打火机，专用来点雪茄。周大虎想了想，同意定牌生产，但不同意改变企业性质。英塞尔最后同意了周大虎的建议，并聘请韩国的打火机高级工程师直接指导大虎厂的定牌SOLO。大虎厂仍保留生产“虎”牌打火机，其份额不低于70%，英塞尔拥有大虎厂欧美地区的产品代理权。到了1994年，才用了一年时间，大虎打火机厂便生产出了国际品牌SOLO雪茄专用打火机，并使大虎打火机厂成为当时全国唯一一家经外经贸部批准的，拥有自营出口权的打火机企业。

1995年春，日本广田株式会社社长广田良平作出了痛苦而明智的选择：放弃在本国的生产而转移到中国去。这可是日本最大的打火机生产企业。经过两年磨砺，大虎厂定牌生产了广田公司的产品，接着又接下了美国百年历史名牌Colibri Ronson的定牌生产。此时，“虎”牌打火机也跻身于世界名牌打火机行列。

这便是机灵的温州商人，这便是在赚钱领域里急先锋们惊人的前进速度。

将“拿来主义”发挥得最好的恐怕还得数日本人。第二次世界大战后的短短几十年间，日本就迅速建立了其在世界经济中的显要地位。究其原因，应该有“拿来主义”的因素在起作用。日本人正是凭着顽强的“拿来精神”，广泛地学习其他民族和国家的技术优势，利用着其他经济系统中总结出来的捷径，再加上自身善于学习的特点，才得以在较短的时间里，形成了非常有特色的社会经济和文化系统。

“去其糟粕、取其精华”是拿来主义的精髓所在。对于日本人来说，社会发展的基础就是将“拿来主义”的精髓发挥得淋漓尽致。

拿来主义不是提升效能的唯一的形式，也非永久。在运用这种形式的时候要注意市场规律，因为太盲目，就会产生负面的影响。那么怎样做好“拿来主义”呢?

其实，现代企业要想长久地生存、发展，必须要有自己的核心竞争力。欧莱雅集团作为全球排名第一的化妆品公司，是如何提高核心竞争力呢?

实际上，欧莱雅的核心竞争力是一种“拿来主义”的运用。也就是说自身发展至某一阶段后，深入到世界各国各地区，通过并购等形式将本地较有影响力的公司、产品或品牌“拿来”，进行重新包装整合后充实自身的产品线、品牌线，形成独具特色的品牌金字塔以提高竞争力的能力。

1957 年，弗朗索瓦·达勒继任欧莱雅的董事长兼 CEO；1963 年，欧莱雅上市以后，为避免国内左派政客们的干涉，公司进行了股权结构国际化，即采取了将许勒尔的女儿、欧莱雅的主要股东利利亚纳·贝当古的多数股份稀释的并购计划：瑞士的食品巨人雀巢公司拥有名为 Gesparal 的控股公司 49% 的股份，而贝当古则拥有其余 51% 的股份。作为交换，

Gesparal 收购了欧莱雅一半略多的股票，其余的股份则继续公开上市交易。并且，这一资本结构到今天还保持着。

1988 年，欧文·琼斯接替达勒担任董事长，他是一个善于跳出固有的框架思考的人，任职期间购并一些化妆品品牌（如美宝莲、Soft、植村秀等）并对其进行重新包装，在成为某国内市场的领导品牌后将其推向世界，打造为国际知名品牌。逐渐形成公司的品牌金字塔战略，同时孕育并加强了欧莱雅的核心竞争力。

现今，拥有大小 500 多个品牌的欧莱雅集团，其中的 14 个明星品牌可谓誉满全球。在内部，欧莱雅实行产品经理负责制，每一个品牌都有自己的营销策略——“不同的品牌就相当于一家小公司，它们各自有一套广告、渠道、促销和定价策略”。

欧莱雅带有“拿来主义”色彩的品牌管理能力，通过有效监管、控制品牌与消费者之间关系的全方位管理过程，最终形成品牌的竞争优势，使企业行为更忠于品牌核心价值与精神，从而实现品牌的长盛不衰；而其多数品牌又是通过收购而来，它是企业的核心竞争力。

欧莱雅家族惯用的手法就是收购本土品牌然后重新改造包装上市。其在中国也不例外，欧莱雅中国区总裁盖保罗从进入中国那天开始，就着手搭建其“金字塔”式品牌结构，将欧莱雅一贯的多品牌渗透策略在中国市场上发挥得淋漓尽致。

欧莱雅不惜利用 4 年漫长谈判，执著收购小护士。主要是看中了其在中国年轻女性中几乎 100% 的知名度和全国 28 万个销售网点，垂青于羽西的原因也主要在于其 240 个城市的销售网络。欧莱雅收购完中国这两个品牌，就打牢了其金字塔模式的地基，开始深入中国的二、三级市场。

通过对中国两大化妆品牌小护士和羽西的收购，欧莱雅将其“拿来”，为其品牌“金字塔”夯实了基础，并为美宝莲、卡尼尔等大众品牌进一步深入中国市场提供了畅通的销售渠道和密集的分销网络。不过，欧莱雅也不是仅仅“拿来”就万事大吉了，而是拿来改之用之的。鲁迅先生的“拿来主义”就是将他人的先进技术或事物通过引进、学习作为己用，以提高自身能力。

综上所述，现代企业的“拿来主义”也是千姿百态，五花八门的。但是，“拿来”也是有讲究的。一定要抓住其精髓所在，“去其糟粕、取其精华”。

学人之长，补己之短

在一次国际博览会上，各国代表为了使自己的表述更形象，更有说服力，纷纷拿出具有民族特色、能够体现民族悠久历史的实物——酒，彼此相敬。首先，中国人拿出做工精细、古香古色的茅台，瓶盖打开后，香气四溢，众人纷纷称赞。接着，法国人拿出大香槟，俄国人拿出了伏特加，意大利人亮出葡萄酒，德国人取出威士忌，真是众彩纷呈。唯独美国人无动于衷，众人都奇怪地看着美国人。

只见美国人拿着一个空酒杯不慌不忙地站起来，走到各国代表的面前，把大家先前拿出的各种酒都倒出一点，兑在一起，说：“这叫鸡尾酒，它体现了美国的民族精神——博采众长，综合创造。我们随时准备召开世界文明智慧博览会。”

美国人的这一举动，使得各国代表都纷纷赞赏地鼓起掌来。

可见，美国的强大，离不开他们能综合世界各民族的文化，提炼其精华，据为已有的精神。

“学人之长，补己之短。”对于商人来说，更应该博采众长，吸其精华，剔除糟粕，集百家之长，用于己身。在学人之长时，最重要的一点就是自己对对方的长处，应先有较强的分析能力和辨别能力，只有具有这种能力，才不会与成功失之交臂。

我国近代著名的实业家和社会教育家张謇，本来是一个晚清状元。然而，他最终没有步入官场做官，而是另外开辟了一条新的人生道路——成为有名的状元商人。

张謇作为中国近代最早和规模最大的民族资本商业的创始人，其商业经营管理思想比他的前人更为丰富、更为精彩，在若干问题上他的见解独特，且有很高的借鉴意义。总而言之，可以用“取长补短”来概括其思想精髓。

张謇正是生于太平天国起义军攻占南京之时。但他的家乡位于长江口的苏北海门一带，很少遭受战火的洗劫，因此江、浙、皖等地的富商豪绅为了逃避战祸，纷纷来到南通地区避难。于是，张謇父亲的经营活动获利增加，经上海前往宁波做了几次长途贸易。

子承父业后，经过几十年的苦心经营，张謇使一个原来仅有25万两官股的大生纱厂发展成为一个实力雄厚的大生资本集团。他取得成功的重要因素就是其在经营管理方面所作出的努力。

在近代中国，一些官僚、地主、商人等人手中掌握着许多商业的相当大的一部分股份，因为他们握有很大一部分社会资金。在时代潮流的影响下，他们把手中的钱投资到新式商业中去，其目的是为了获得更多的利润利息收入，以用来满足自己资本增值的需要。

张謇和其他商人一样，也是一个追求利润的人。然而，他比其他商人更懂得从长远利益考虑，知道怎样去追求利润，这是他超过许多目光短浅的投资者和商人的地方。在当时有许多企业去追求投机性利润，不是通过降低成本去追求正常的产业利润，而是通过抬高价格，把资金用于投机事业，用在产品原料上打折等办法去追求利润，这些办法自然不可能让企业发展走向健康的道路。张謇为提高大生纱厂的利润，派人外出参观，学习其他工厂的生产管理方面的长处，以改进自己的生产管理方法，降低成本。在张謇的关心和支持下，大生纱厂实行了成本计算制的成本管理方式。

张謇是一个善于管理的商人，他看到了问题的关键，并且成功地采用“取长补短”这一经营理念解决了“提高效率，增加利润”这一棘手问题。这也正是张謇的过人之处。

再拿日本来说，通过吸人之长，补己之短，从无名小国成为世界第二经济大国；对于日本企业来讲，他们同样博采众长，在吸收强者精华的同时，在跟随中综合创造，成功地把企业推向国际化。

第一次世界大战后，日本企业在引进技术方面获得举世瞩目的成功。日本从明治维新开始，就通过引进技术和外国资本来推动经济发展。在明治维新初期，日本的工业比英国落后一个世纪，比法国、德国和美国也要落后半个世纪。因此，日本当时的许多工业部门，如纺织、水泥、采矿、炼钢、机械制造以及军事工业部都是在英国、法国、美国、德国和意大利等国的帮助下，通过引进技术和进口成套工厂设备，逐步建立起来的。由于当时日本缺乏资本，便以合资经营的办法吸收外国投资，创办工厂，同时带进技术。1900 年前后，东芝公司、帝国制丝公司、日本制钢所等就是建立的第一批合资企业。到 1936 年，日本与外国签订的技术援助合同有 231 个，其中美国占 40%，德国占 20%，这些对日本战前的工业化起了非常重要的作用。

第二次世界大战后，日本的经济遭到了空前的破坏，百废待兴，技术上落后了其他国家 20 ~ 30 年。然而，日本只用了 20 多年的恢复和发展，就赶上了世界先进水平，成为了世界第二经济大国。

日本的快速发展，离不开其在技术上的博采众长。日本在这方面的经验特别值得注意与借鉴：其一，在近 30 年中，日本大量吸收全世界的发明和革新，向先进者学习、引进项目之多，范围之广超过任何其他国家，使日本成为 20 世纪在引进技术方面受惠最深的国家，节省了大量的科研投资，缩短了时间。其二，日本在技术引进与国民经济的恢复发展上密切配合，并且在不同时期引进的重点不同。1955年以前，日本以发展钢、煤、电、化肥工业为主；1956—1965年，以机械、电子、石油化工和化纤等新兴工业为主；20世纪70年代以后，重点转向原子能、飞机、计算机、宇宙开发等高级技术领域。其三，引进技术的方式由低级到高级，逐步发展。20世纪50年代初期主要是进口成套设备，同时引进制造技术，60年代是有选择的引进单项技术，基本上不买成套设备，到70年代则更多的搞合作研究，共同设计，对外技术输出不断增加。其四，重视科研。日本在消化吸收技术的同时，着眼于创造发展本国的技术。企业用于消化吸收的科研费一般为技术引进费的2～3倍，1955—1975年，技术引进费增加14倍，而全国的科研经费却增加了73倍。1978年日本有17289个科研机构，48万名科研人员，科研费占国民生产总值的1.7%。

以上这些做法，使日本在不少工业技术方面达到了世界最先进的水平。

只要善于利用吸取百家之长这个战略，便可以大大加快国民经济的发展，强壮企业的发展。这也正是日本企业博采众长、综合创造的结果，从而使国家繁荣昌盛。

其实，利用成功者的长处、优势，通过自己的再推敲、再创造，出炉的就是一种全新的东西。就算是被人称为独创的东西，刚开始的时候，也绝对离不开借鉴与模仿。服装也好，汽车也好，技术也罢，莫不如此。

博采众长、综合创造是现代企业在这个经济爆炸的时代所必须学会的战略。但我们必须明白的是，我们要针对问题将选取来的材料统统攫为己有，万万不能机械的模仿，而是要把其长处、优势灵活地变成自己的东西，然后再加上自己的哪怕是一点点的独创。只要依循这个策略，不仅节省了我们的时间，又展现了我们的独特，甚至比成功者还要卓越。

无论是哪一个企业，本身或外部环境等种种因素必然存在着有利或不利的方面，只有将其平衡才能维持其前进的方面，即要取长处来补短处。如果企业经营者想通过创新来发展企业，不妨努力研究古今与其相似的事物，能模仿尽量模仿，有前人因此而成功的影子，就要大胆效仿。学人之长，补己之短，在此基础上，肯定能够取得辉煌的成就。

成功范本的巨大能量

那些擅长模仿的人，总是精于学习的艺术，能踩着别人的脚印前进而不是贸然前闯。而且，这些人能够在模仿范本中成就自己，甚至有超越范本的可能，不得不说这是成功范本的巨大能量。

人生的成功有没有捷径。但我们会发现很多人都是因为跟随成功范本而走向卓越的。这些人通过学习、借鉴与模仿，很快地达到了自己的预设目标。不过，假如你觉得那些人都是大人物，都是遥不可及的话，我们不妨看看下面这个故事。

一家大型企业新招聘进来了一批大学毕业生。不久，该企业的老板和员工们就意外地发现了一个怪事：车间里有一个小青年，不管是穿衣打扮还是说话时的神情语气，都是在刻意地模仿企业的老板。更令人不可思议的是，在接下来的几天里，小青年又夹起了与老板一模一样的文件包，戴上了与老板一模一样的眼镜……

这个小家伙竟敢如此明目张胆地模仿老板，于是，企业内部不少员工就开始指指点点、议论纷纷。老板作为被模仿者，肯定是无法沉住气的，为了不让这个小家伙如此“招摇过市”，便用一纸调令把他调去了供销科。老板此时心想，还是让这个怪怪的小家伙到全国各地跑去吧，不碍我的眼就是了。

谁知，这个怪怪的小青年不但模仿能力特强，而且还有一种超人的业务水平和办事效率。他到供销科没有多久，就表现得出类拔萃，无人匹敌。小青年凭借不凡的业绩、高额的提成，到了供销科简直让他如鱼得水，游刃有余。这下，同事们开始向他讨教业务技巧了。于是，他便直言不讳地相告：自强自信加上这身让人瞧得起的行头。而他正是因为模仿老板的行头给自己带来了自强自信，并且连客户们都感受到了，所以别人都很信任他，自然很愿意跟他做交易。

小青年由始至终都在模仿自己，却让高高在上的老板心里疙疙瘩瘩的，甚至有一种说不上来的压力。尽管小青年对企业忠心耿耿、任劳任怨、成绩显著，老板却认为，不管怎么说，小家伙都不该模仿自己。于是，老板总在心里暗暗谋划着如何让这个小家伙离自己远一些。

过了几个月，老板终于找到了支开小青年的机会。因为该企业要在海南建立分支机构，老板便又下了一纸调令，把小青年派往了遥远的海南。

于是，小青年便和派往海南的一批人员去了海南。等一行人到了海口机场，前来机场欢迎的海南有关负责人第一个握手的对象竟是那个小青年，尽管在派往海南的首批人员中，有几位还是分管经理等中层领导。紧接着，就连先期到达的该企业的顶头上司——企业局的领导们，也没弄清楚这个小青年的真实身份，于是在招待宴会上，硬是拉他坐在了显要的位置……

更令人吃惊的是，这个一没有背景二不是干部的小青年，等到分支机构正式开张之时，竟然坐上了那里的第二把交椅。过了半年后，小青年还成为了海南分部的总管。一年之后，海南分部发展成为该企业的总部，他仍是这里的总管。

小青年的模仿行为，使他青云直上，这是为什么呢？

实际上，有无数事例可以说明，事业的成功、人生的辉煌往往就是从全身心地效仿成功者开始的。

不可否认的是，我国的企业现在其实是在全方位地模仿西方优秀企业，而且，这还是一个不可跳跃的阶段。因为实践已经证明，学习与模仿优秀企业，在企业发展过程中未尝不是一件好事，因为通过学习来减少我们摸索规律的成本，模仿就是最好的学习方法之一。

在企业发展进程上，绝大多数战略创新，其实很大程度是向别人学习的结果，模仿或创新是一个问题的两面。因为很多后来成功的企业，都曾经或者依然把模仿战略作为一个重要策略。向首先成功的企业学习，学习人家在成功的道路上都有哪些是反映了现实的规律，哪些是可行的，哪些是不可行的。

然而，种种事实已经告诉我们：模仿战略无疑是任何公司都值得选择的一种竞争手段。

放眼当今世界上的大多数优秀公司，不管是国外的可口可乐、GE，还是中国的联想、海尔、万科，都是通过模仿其他优秀公司提高自身竞争力的典范。比如可口可乐向宝洁学习客户研究，GE 向摩托罗拉学习六西格玛，联想几乎是在 HP 的模式下长大的，海尔学过索尼的制造，万科也曾经将索尼、新鸿基作为榜样。

对中国企业而言，模仿是很有价值的。中国是个发展中国家，现阶段就规律意义上谈战略选择，哪怕提出全面模仿西方优秀公司，都可能比目前有一部分人标榜的那些“中国特色”更有价值。如此说是有原因的，我国的经济已经与世界经济一体化了，即在经济领域，我们已经进入了世界级层面，进入了一个由全新游戏规则控制的经济社会。既然游戏规则是人家预先已经订好了，只能选择遵循大家早就开始遵循的游戏规则，所以，我们必须要学习别人的先进之处。

有专家曾经指出：“在未来的国际市场，模仿战略将至少是中国企业在未来三到五年内唯一的出路。比如目前的 TCL 模仿当年的索尼或三星，在进行国际化的努力，这种做法成功的可能性就大很多。相反，海尔在国际化上追求‘中国特色’，却陷入了进退两难的境地。”

其实，模仿不比创新更容易，因此，大部分优秀企业在研究了标杆企业的做法之后，大多不是模仿，而是选择了创新。因为与其一步一步地模仿人家，不如我自己照着道理做。只有那些不在规律意义上的模仿，比如技术模仿，或者做法模仿，才是低成本的，但这种模仿是比较低层次的模仿，其目的往往是为了获得一时的优势或缩小一时的差距。优秀的公司是不会总在这种层次上学习的。比如 TCL 模仿或学习三星，就如同联想当年模仿或学习 HP，都是在规律意义上的模仿，学习对方如何对待消费者、学习对方如何通过内在变革重塑竞争优势。这种层次的模仿最后往往都会转化为自己的独特模式，甚至后来反过来超过了老师。今天的三星就超过了自己当年的标杆企业索尼。

无数经验告诉我们，每一个市场机遇的挑战、每一个事业目标、每一个自己的愿望，都有成功的范本，告诉你足够的方法，只要你愿意去学习和吸收，你就会走向成功。永远不要低估用非凡的热情和努力去做的普通事情产生的价值和力量。当你有那么多的典范可以借鉴的时候，何必还要从头开始创造呢?

可见，成功范本的能量是巨大的，企业管理者一定要善于学习跟随成功范本。

第二章

跟随的自身适应性问题

每个人都要在特定的环境中生存、决策和活动，我们都是环境的俘虏。模仿而不考虑具体环境，无异于飞行而不带地图和导航工具：即便空气能见度较好，最后能够看清飞机跑道，但也为时已晚，来不及进入跑道，只好在空中盘旋，一旦情况不利，还有可能耗尽机油。因此，企业管理者一定要考虑好企业的自身适应性问题，做好充分的跟随准备。

知彼先知己，百战方不殆

战场上，两军对峙，若想占取更大的胜利把握，就必须做到知己知彼。正如兵法所云："知彼知己，百战不殆。"商场如战场，要想"不殆"，必先"知己"，"知己"说通俗些就是认识自己，了解自己。如果连企业管理者自己都不清楚想要什么，适合做什么，那又何谈成功呢？

俗话说："三百六十行，行行出状元。"有时候，不见得与万人共挤独木桥才代表成功，适合自己的才是最好的。成功的前提之一，就是必须重视自身的适应性问题。

目前，不少毕业生就业前景迷茫，就业后又频繁跳槽。听到毕业生说得最多的一句话就是："到时看机遇吧！"说起毕业后的去向，他们只是确定自己不考研，而公务员、企业员工、教师等职位都可以尝试。

针对大学生的困惑，上海就业促进中心对毕业生做了一次"关于毕业生就业心理"的调查。调查结果显示，在回答"你觉得自己最大的就业困惑和担心在哪儿"时，41% 的毕业生认为"缺乏明确的求职目标和规划、缺乏自知，在不了解自己的同时去做一些无谓的事"。

不少用人单位也反映，现在许多学生缺乏对自己的了解，对个人能力、自身优势的了解，觉得什么都适合自己，什么都想尝试，于是盲目地投递简历，相对而言，成功率自然很低。工作岗位固然很多，但选择一个适合自己的，才能发展自己。要想找到适合自己，最关键的就是要认清自己的个人能力，每个岗位都需要有能力的人才，但并不是有能力的人一定适合这个岗位。每个人擅长的不一样，优势不一样，在不同环境下发挥的作用亦有所不同。

日本推销之神原一平，从小就善于与人沟通，而且和他交往过的每个人都非常喜欢他。他总是能以他那“三寸不烂之舌”说服每一个与他争辩的人，并且不会伤到彼此之间的和气。

原一平23岁时来到东京打天下，他毅然决然地进入了一家保险公司做一名见习业务员。对于刚刚涉足保险行业的他，成绩并不是很乐观，但原一平凭借自己强有力的沟通能力终于打出了一片属于自己的天空，成为美国百万圆桌协会成员，并担任日本寿险的会长。

用原一平的一句话说：如果一个人连自己的能力都不了解的话，那他很难发挥热量。太阳之所以会在白天出现，是因为它知道自己有照亮全世界每个角落的能力。

俗话说：“尺有所短，寸有所长。”人亦如是，有见长之处，也有略微之处。其中性格因素起着很重要的作用。譬如性格内向的人，对于公关一类的社交工作做起来就不会很上手；而性格外向的人，对于一个需要安静、耐心，而不需要很多言语的工作也同样不会做得太好。了解自己的性格，不仅可以让我们正确选择自己的位置，更可以让我们在自己的位置上发挥最大的能量。

刘邦在垓下之战一举战胜项羽，统一中国而建立汉朝。他在洛阳举宴群臣时问道：“我何以得天下？项羽何以失天下？”在群臣歌功颂德后，刘邦自己总结道：“我之胜，在于我知道当时的自己想要的是什么：不是天下，而是人才，只有聚才方能赢天下。三豪杰都比我强：论运筹帷幄，我不如张良；论安抚民心、后勤保障，我不如萧何；论统率千军，指挥作战，我不如韩信。我所以得天下，只在于每时每刻都清楚自己想要的是什么。项羽连心腹亲人范增都不能重用，只靠孤家寡人之勇何以能得天下？”

人无完人，亦无重人，我们每个人都拥有属于自己的独到之处。重要的是，我们要善于了解，善于挖掘自己。也只有清楚了解自己的个人能力，才能把能量发挥到极致。也只有认清了自己的个人能力，在跟随成功者的时候，才会有舍有取，做到最好。

作为企业而言，成功的企业之所以成功，也并非是凭借一个人的力量能够做到的。古语言："小河涨水大河满，小河无水大河干。"对于同处于竞争之中的企业来讲，知道自己最想要的、最需要的是什么尤为重要。

金山软件公司，用人主张小马拉大车，认为人有灵性，必能成才。他们在选新人的时候很看重应试者的灵气和悟性。对于应届毕业生首选就读名校且有学生会工作经历的。他们并不特别看重工作经验，但一定要有很强的学习欲望和学习能力。用一句话来说：他们所需要的是，有强烈的学习意识、有悟性、有灵性的人。

用友软件公司用人本着"专业、敬业、创业、务实、诚信、创新"六项基本标准。人力部李经理解释说：专业要求每个人在自己的本职工作中，都必须具有很强的专业能力和专业水平，必须是专家。敬业是现代职业人的重要品质，再宏伟的工程都只有通过勤勉努力地工作才能成功。创业是要有勇气去开创新业务，去建立全新的目标。用友人要有志气去叫板国际对手。不难看出，他们所需要的是有实战经验且诚信可靠、胆大心细、见解独到之人。

明基电通一般招聘的对象大多是应届毕业生。中国营销总部的曾总说，他们挑选新人的主要依据是看学生的价值观和本人的素质。他们并不很注重学生在学校的专业和学习成绩，而是看重学生在学校的社团活动经验和社会实践经验，从中观察是否符合明基的文化，是不是"平实务本、追求卓越、关怀社会"。

连邦软件公司选人看重学习能力和忠诚度。副总经理张先生指出：IT行业发展迅速，连邦需要那种可以迅速适应技术和市场变化、适应行业发展的员工，这必须以较强的学习能力为基础。同时极其重视员工的忠诚度，因为连邦有自己的长远战略，希望建成百年老店。因此，他们希望员工来不止是为找一份工作谋生，而是把连邦当成自己事业的一部分。干工作与干事业是两种截然不同的工作状态。他们重视的是能力及人品。

微软认为，公司的首要任务就是寻找致力于通过软件的开发来改善人们生活的人才，不管这样的人生活在何处。这种人其实就是有理想、有抱负、有追求的人才。微软选拔人才是放眼于全世界的。范围虽扩大，但目标很明确。

IBM 认为，只要学习能力强、情商不错，就可以考虑。IBM 很看重人的正直和诚实。此外，自信也很重要。在激烈竞争的条件下，一个企业的成功既来自灵感的创造，又来自严格的管理。

金山、用友、明基电通、连邦软件、微软、IBM，他们的成功，正是因为他们了解自己的企业所想要的是什么，具体到一个字中的每一个点。作为我们个体来说，想有一番作为，了解自己想要的是什么，要什么对我们才有用，是很关键的因素。只有清楚了解自己想要的，才能够迅速迈步，成就非凡自我。

索柯尼石油公司人事经理保罗，曾面试过 7 万多名应试者，有人请教他："今天的年轻人求职时，最容易犯的错误是什么？"他回答说："不知道自己想要什么。"他们之所以没有成功，不是他们不渴望成功，而是因为，他们根本就不清楚自己要的是什么，导致他们失败。

成功的道路有很多，但你必须先确定好适合自己走的那条路，这样才能发挥出自己的能力，找出适合自己的跟随者。了解自己，你已踏出成功的第一步。

制订属于自己的目标

目标，对于成功者有不可估量的价值。有了目标，我们的奋斗才有动力；有了目标，我们的付出才有价值。目标，给了你一个看得着的射击靶，它是构成快速成功的砖石。不管做任何事情，我们在开始之前，都应该先为自己制订一个清晰的目标，知道自己的目的地在哪里，你的前进就会更有效率。

有人会认为：成功的人，就一定是聪明的、高智商的人。其实不然。现代科学表明，人的资质相差无几，人与人之间的差异大多是在后天造成的。想想看，你的中小学同学、大学同学，毕业时大家起点一样，而过了5年、10年、15年后，同学再聚会时，你会发现大家各不相同，有的人开着奔驰、宝马、沃尔沃，有的人开着帕萨特、宝来，而有的人骑着自行车，大家的差距由此可见。难道你与其他同学之间的智力差距真的有那么大么？绝对没有！人生成功的关键就是人生目标的确立。

一位马术师的孩子，从小就必须跟着父亲东奔西跑，一个马厩接着一个马厩，一个农场接着一个农场地去训练马匹。在他上初中时，有一次语文考试，题目是：长大后的志愿。他洋洋洒洒写了8张纸，描述他的伟大志愿，那就是想拥有一座属于自己的牧马农场，并且仔细画了一张200亩农场的设计图，上面标有马厩、跑道等位置，然后在这一大片农场中央，还要建造一栋占地400平方英尺的巨宅。

他兴奋地写完，交卷之后，感觉自己的理想是那么的唾手可得。第二天，卷子发下来，令他惊讶的是他的作文不及格，而且还被叫到办公室，老师严厉的斥责他说："你年纪轻轻，不要老做白日梦。你没钱，没家庭背景，什么都没有。盖座农场可是个花钱的大工程，你要花钱买地、花钱买纯种马匹、花钱照顾它们。"

他接着又说："如果你肯重写一个比较不离谱的志愿，我会给你打你想要的分数。"他回家后反复思量了好几次，经再三考虑，他决定将原稿交回，一个字都没有更改，而后告诉老师："即使现在可以拿一个高分，我也不愿放弃我的梦想，我的目标。"

时间荏苒，一晃就是20年过去了，这位老师带领他的30个学生来到那个曾被他指责的男孩的农场露营一周。离开之前，老师对如今已是农场主的他说："说来有些惭愧，我曾泼过你冷水。这些年来，也对不少学生说过相同的话。幸亏你有这个毅力坚持自己的目标。"

可见，一个人只有坚信自己的目标才能取得最后的成功。奥格·曼狄诺说："一颗种子可以孕育出一大片森林。"

目标就是纲领，目标就是方向。任何一个目光远大的组织，都必须能够拿出这样的一个目标来，这个目标必须是清晰的、明亮的，能够像阳光一样照亮人们的内心。只有如此，才有利于凝聚一切力量，发动一切潜力，克服一切困难。微软能有今天，很大程度上是因其有明确的目标。

在软件产业，微软是最具领袖风范的。当我们探寻微软早年成功经验的时候，有一点是无论如何都不能忽略的，那就是20世纪七八十年代的微软，有着一个非常清晰的企业目标：让每张桌子上都摆着一台PC，让每台PC里都运行着微软的软件。这是一个图景，这是一个故事，简单、清晰、触手可及。

30年前的比尔·盖茨和保罗·艾伦为未来世界勾画了一个清晰的图景，并且把微软在这个未来世界里的位置刻画得如此实在，这对于一家高科技公司的长远发展来说，是比任何具体经营手段都要更加宝贵的。结果很清楚，DOS奠定了微软腾飞的基础。到了1985年，比尔·盖茨看到了GUI，于是制订了微软第二个10年的目标，那就是要让所有的计算机上都运行图形界面，让普通人也能轻松使用电脑。结果很清楚，Windows成就了微软的帝国霸业。到了1995年，比尔·盖茨毅然制订了微软的第三个目标，让所有的PC和应用程序都能够通过Internet互连。微软终于击败众多对手，成为世界上无可争议的巨型高科技企业。

富人与穷人、成功者与失败者，他们的区别就在于富人、成功者有自己明确的奋斗目标。要想成为富人、要想达到成功，就必须确定清晰的人生目标。当你确定好你的人生目标时，才能成为一艘有航行目标的船，任何方向的风都会成为顺风。当你拎起第一桶金后，你会发现赚第二个100万元比第一个100万元简单容易得多。

孙正义在年少时曾做过一个人生规划：20～30岁时，要向所投身的行业，宣布自己的存在；30～40岁时，要有1亿美元的种子资金，足够做一件大事情；40～50岁时，要选一个非常重要的行业，然后把重点都放在这个行业上，并在这个行业中取得第一，公司拥有10亿美元以上的资产用于投资，整个集团拥有1000家以上的公司；50岁时，完成自己的事业，公司营业额超过100亿美元；60岁时，把事业传给下一代，自己回归家庭，颐养天年。现在看来，孙正义正在逐步实现着他的计划，从一个弹子房小老板的儿子，到今天闻名世界的大富豪，孙正义只用了短短的十几年。

国外有句谚语说得好：如果连你自己都不知道你要到哪里，那么你哪里也到不了。中国也有句古语：欲得其中，必求其上；欲得其上，必求上上。所以，只有我们制订了清晰的目标，才会使我们更清楚地知道自己该做什么，该奋斗的是什么，该克服的是什么。

有行动就要有目标，也只有目标明确了，才能有达成目标的具体计划。譬如，早上开始工作时，如果没有具体的工作计划，就很容易把时间浪费在不该做的事情上。没有目标，同样也就不可能具有切实的行动，更不可能获得实际的结果。目标可以减少干扰，使我们把精力集中在最重要的事情上。优秀员工每天最重要的事情就是制订好一天的工作计划，只有这样才能事半功倍。

在一个犹太人的工厂里，一天，领班交班之后问他的生产科长，这一班次当天生产了多少吨，科长回答说5吨，就在地上写下一个“5”字，并且留下一支粉笔。晚班的领班看到地上的“5”字，就问这是什么意思。有位工人说：“听说这是日班生产的吨数。”第二天，“5”被改写成了“6”。竞争开始了，数字每天都在增加，后来有一个班次生产的钢材居然达到了9吨，从此该厂的班次生产量再没有回落到过“5”。

犹太人认为，不管做什么事，只要决定开始做了，心中就怀有最终目标，清晰制订出计划的每一步，只有如此才会锻炼出与众不同的眼界。它让你把眼界不再局限在某一个具体事情上，并且会多一些理性的严谨，少一些感情的投入，事事归于简单。它会让你逐渐形成一种理性的判断方式，养成一种良好的工作习惯。

成功的犹太人不但一开始就制订了终极目标，而且他们的目标都非常具体，比较复杂的工作会拆散开来，分成几个小项。他们经常用长跑中的“分段法”，把很长的距离分成几个小段，每一个段都有一个标志性的事物，它可以是一份报告，也可以是张设计图，哪怕仅仅是为后花园增添了一种花，也是在成功的路上留下了脚印，在做事之前就清楚地知道自己要达到一个什么样的目的，为了达到这样的目标，哪些事是必需的，哪些事是无足轻重的。他们总是在一开始就怀有最终目标，因而总是能事半功倍，卓越而高效。

有位哲人曾经说过：“决心攀登高峰的人，总能找到道路。”当一个人下定决心之后，往往没什么能阻止他达到目标。一旦制订了清晰的目标，就会产生强烈的使命感与责任感并为之拼搏。所以，从今天起，跟随那些成功者的步伐，也制订一个适合自己的人生目标，然后朝着你的目标奋斗，总有一天，你也会如他们一样的成功。

企业是否具备资源条件

企业的资源是多种多样的，可以是某种资产或实物，也可以是某种关系或属性；可以是某种特定的能力，也可以是一个复合的网络；可以是有形的资源，也可以是难以被量化的组织资源等无形资产。企业的资源是决定企业是否跟随模仿先发者的决定性要素之一，也是企业制订与实施跟随模仿策略的基础。

一般而言，企业对资源的分析可以从两个角度进行：一是外部角度，不同的行业对资源的形态、资源的组合、资源的规模要求不同，这种要求代表了行业进入的门槛与条件，代表了行业进入的难度以及进入后成功的可能性；二是内部角度，将企业自身的资源条件同行业的要求进行对比，明确企业能不能进入某个行业，如果要进入，企业如何组织、引进、整合所需的资源。

当然，大多数行业对资源规模的要求是有一定弹性的，在中国这个多元化、多层级的市场，这一点尤其突出。市场范围、进入时机、企业的目标等可以在相当程度上调节行业对资源的要求。

企业在进行资源分析时，通常会将技术、资金、渠道等作为重点，而经常会忽视对人力资源是否进行了充分的分析。根据美国《财富》杂志的调查，企业实施各种战略时所遭遇的失败，73% 归因于人力资源无法与战略配套。很显然，战略性人力资源规划是企业战略能否实施的关键要素。

对于“企业”的“企”字，如果少了“人”字，就变成了“止业”。人力资源匮乏，有人力却不能胜任，都会使企业既定的策略无法实现。中国著名的企业家王石在公司遭遇一次重大失误之后总结道：公司在作项目评估之时，不但要看利润回报，还要看管理资源能不能跟得上，如果管理资源上不去，就绝不勉强上马。毕竟，人是最重要的。直到今天，在万科，这条规则仍然通过人力资源总监的“一票否决权”发挥着作用。也就是说，如果人力资源无法支撑企业在新的城市进行开发，万科就不会盲目扩张进入新的城市。

资源的不充分是企业的一种常态。企业内部现有资源如果达不到行业对资源的最低要求，无法独自依靠自身的力量来把握市场机遇，也并不表示企业一定不能进入先发者所开创的市场。也就是说，企业可以通过整合外部资源来达到目标。

20世纪80年代，作为改革开放初期率先开放的市场之一，中国电信基础网络，从农话到国家骨干电话网，清一色的都是进口设备。有人做过统计，这些动用巨量外汇购入的昂贵设备分别是来自7个国家的8种制式的机型——“七国八制”的说法由此而起。面对外界的强势，华为、中兴等企业经历了从最初技术引进消化、模仿跟踪到创新超越的过程。

经过20年的努力，华为与中兴如今早已走出“山寨”，成为世界品牌。它们从当初学习模仿“七国八制”交换机到现在全面超越“七国八制”，为中国所有的电子企业树立了一个榜样。

在山寨通往世界品牌的路上，这些最初的勇士之所以势不可当，也是因为充分利用了各种优势。以华为为例。1988年，军人出身的任正非以2万元起家。创业初期，华为以模仿为起点，但自主研发却始终没有放松过。研发部仅有五六个开发人员，夜以继日地钻研技术方案，开发、验证、测试产品设备……没有假日和周末，更没有白天和夜晚，累了就在垫子上睡一觉，醒来接着干，这就是华为“垫子文化”的起源。有了想法就迅速出结果。正是这种超强的组织性和超快的灵活性，使得产品以最快的速度被开发出来，并进入市场。正是这种超出正规企业不知多少倍的高效，使得华为在最初的艰苦阶段生存了下来。

尽管如今“垫子文化”已成为媒体指责的对象，今天华为的垫子也许只用来午休，但创业初期形成的“垫子文化”记载的是老一代华为人的奋斗和拼搏历程，是需要传承的宝贵精神财富。

实际上，如果追溯起来，中国甚至全球有不少知名企业，它们在起步、发展的阶段，都有跟随模仿的影子。反过来说，中国目前的山寨企业中也不乏有潜力的种子公司，只是看它们能否及时抓住自身优势资源来发展了。正如管理学博士李明杰所说：“这些山寨手机企业中一定会出现像三星一样的国际品牌。20多年前，三星也不过是个三流品牌，但是在国家的扶持与自身的不断完善下，它逐渐成为一个顶级国际品牌。”

“眼光、胆识、境界、整合资源”是一个企业家应该具备的最基本的素质与能力。真正的企业家不是根据自己的资源“看米下锅”，而是积极整合社会的资源来实现自己的目标。资源不充分当然不是什么好事，但是成功的企业家总是能够找到办法突破自身的资源瓶颈，最终把握住市场机遇。外部存在机遇，企业自身资源不充分，这就要求企业一定要善于和敢于整合社会资源为我所用。当然整合资源并不是水到渠成的事情，而是需要企业管理者主动去寻找的。企业管理者在主动整合资源的过程中，有时甚至可以创造出新的商业模式。

在中国市场，有很多通过整合外部资源而迅速崛起的案例，蒙牛大概是其中最为突出的一个。蒙牛创立之初，除了人才一无所有，其中最大的困难就是没有生产基地。但在牛根生的带领下，通过承包、定制等手段充分利用了社会上的闲散生产资源，创造出了“先市场、后工厂”的典型成功案例。

就目前国内情况来看，许多企业存在资源条件缺失或脆弱的症状，那么怎样弥补资源条件的不足，提高企业的综合实力呢？企业管理者可以从以下几方面着手：

1. 以少量的自有资本，调动社会上的大量资本

在企业的发展过程中，企业应该以少量自有资本来调动社会上大量的资本，为自己赢得充足的运作资源。

任何企业在发展起步时，都会遇到自有资本不足的困难。上海新亚集团起步时，现金只有800万元人民币，没有房产，10家中小旅馆的房屋都是向房管部门租赁的。改造老旅馆约需1亿元人民币，建造三座四星级大宾馆约需要1.3亿美元。如何筹集这样巨额的资金呢？只有调动社会上的大量资本才有可能。于是，新亚集团转为股份制上市公司，依靠增发股票增加自有资本，从而加速了企业资源的壮大。

2. 把资产经营与业务经营相结合

企业的业务经营项目要选择好，才能使投资项目建成后实现经营利润率超过利息率，使资产经营的投入、产出、还本付息形成良性循环。选择好投资项目要认识市场需求是分层次的，市场面要大，不能片面追求高档次，缩小市场面，加大业务经营的风险。同时商业选址也很重要，比如，酒店、超市、商铺等成功的第一要素就是选址。不过，地点的好坏不能单看眼前的状况，还要分析城市建设和消费结构的变化，从长远着眼，才能选定越来越兴旺的地点。

3. 把有形资产经营与无形资产经营相结合

企业管理者要将有形资产与无形资产的经营结合好，在经营有形资产时注意无形资产的积累。在有形资产取得市场一定的占有率之后，必须重视企业形象建设、管理软件建设、人才资源开发，使无形资产依托于有形资产的增加而不断增值，推动管理软件的市场开发，进一步推动有形资产的经营。

4. 把企业资产经营的近期指标与长期目标相结合

评判一家公司是否具有生命力，既要看企业当前的经济效益，又要看企业今后的发展前景。这就要求企业在注重近期指标的同时，还要与长期目标相结合，进行综合管理，多方并进。

总而言之，企业管理者必须凭借自己理性的分析与企业家的直觉，在充分了解企业的资源条件后，展开有把握的跟随活动，从而为自己赢得一片生存之地。

内外软环境是否允许和符合

跟随成功者的脚步，复制他们的成功之路，让自己的公司也踏上巅峰，是每个企业管理者的终极目标，但并不是每个人都能取得成功。究其原因，大部分是因为模仿者的盲目跟风，他们在行动之前并没有考虑到，企业的内外软环境是否允许和符合。企业管理者应该切实考虑自己的实际情况，从中总结出适合自己的跟随之法。

模仿必须注意环境差异。卡拉罗公司副总裁弗里恩德斯曾说："不了解产品或服务的来龙去脉，就贸然实施模仿，是注定要失败的。"因为模型环境与模仿者环境往往存在着某些悬殊的差异，所以在跟随他人脚步之前，应该考虑到对模型要素进行必要的调整。联系实际的情况见于历史上不同国家对文字系统的借鉴和改良，例如，因为缺乏相应的音节，有些字母只好舍弃不用，以适应实际情况；又或者像日本和印度对英国邮政系统的模仿，两国都舍弃了有违本国社会秩序的做法，例如委派女性担任邮政分局局长之职。

美国国家无线电广播网未能成功模仿地方广播电台，原因之一就在于地方节目主要依赖于地方信息，而这恰恰是国家广播网力所不及的。天空巴士前总裁迪芬德弗说，天空巴士的赞助人并不知道美国市场不如欧洲市场密集，他们也不知道俄亥俄州哥伦布市等中西部小城市的乘客不像纽约乘客那样出手阔绰，愿意花大价钱来享受捷蓝航空般的优质服务。

在这些事例中，对具体环境不加考虑是他们模仿失败的主要原因。可是，即便是成功的跟随者，有时也会忽略这一点。就如沃尔玛的创始人山姆·沃尔顿，他起初也没有抓住巨型超市在欧洲、南美洲蓬勃发展的真谛，只是因为美国当时还没有本国特色的超市和仓储式商店，沃尔顿才有机会将巴西的巨型超市引入国内，而且大获成功。

要想培养对高潮的跟随、模仿能力，就需要放弃外部形式、内在特质等战略术语，并以区域性、行业性、公司性思维取而代之。外部形式、内在特质等术语只赋予环境以旁枝末节、可有可无的作用。而区域性、行业性、公司性思维能对模仿目标及其潜在适应性进行内涵丰富而意义深刻的解释。

目前，国际商务课程的取消从侧面说明了大多数商务课程无法提供具体的环境背景，因此，公司要想弥补这一缺陷，就需要对员工进行培训，让他们在学习跟随、模仿的前车之鉴时主动联系具体环境。企业管理者既不应建立抽象模型，也不应以过往事件的分析来极度简化错综复杂的现实世界，相反，企业管理者要学会理清具体环境背后的复杂关系，要锻炼解决对应问题的分析能力。

娃哈哈是中国市场公认的实施跟随模仿策略最为成功的企业之一。娃哈哈在跟随模仿道路上屡战屡胜，主要得益于娃哈哈独步食品饮料业的“联销体”营销模式。由于娃哈哈的成功，业内外专家、实战人士，包括从娃哈哈出来的人员，对“联销体”营销模式解读得非常全面、详细、深刻，“联销体”的“秘密”已经大白于天下，这自然引来无数的模仿者。

但无一例外，模仿者的实践全都以失败告终。一家来自台湾的企业，其知名度绝不低于竞争对手娃哈哈，为了降低居高不下的渠道网络运作费用，将旗下的方便面和饮料经销商合并，结果导致方便面的销量巨减，市场一度失去控制，最后不得不停止了“联销”试验。为什么让娃哈哈取得巨大成功的联销体这么难以复制？

对于中小企业而言，或许可以解释为单一的产品线或品牌力不够强大，难以支撑“联销体”这种营销模式，那么，为什么大型的饮料企业同样失败了呢？娃哈哈的一位负责人作出了这样的解释：联销体的形成是有企业独特的历史背景的，许多经销商伴随着娃哈哈一起成长，对娃哈哈有着深厚的感情和信任，用利益共同体来解读“联销体”是不够全面的，如果跟随模仿企业没有这样的基础，没有理解到这一点，实施“联销体”模式将存在不少阻力。的确，经销商对娃哈哈的信任似乎达到了盲目的地步，在娃哈哈刚刚推出童装时，不顾企业自身是否具备服装销售的专业经验，甚至有50%的分销商是一手拿着饮料，一手拿着童装叫卖。

卡尔·科特在担任巴特尔纪念研究所所长兼首席执行官之前，曾带领柯达公司（Kodak）成功打入中国市场。他回忆道，很多中国合作伙伴非常希望在气候宜人的厦门仿建柯达在美国罗切斯特市的整座工厂，甚至连原本要承受罗切斯特大雪的巨型屋顶也要照搬。虽然这听起来有些极端，但是谁都想通过“原样照搬”来减轻信息负担。如果模仿对象属于错综复杂但也井然有序的系统，那么上述方法也许还行得通，例如在精确复制法中，半导体生产商对自己的加工厂进行精确复制，甚至连墙壁涂漆也不例外，以免在生产过程中出现任何偏差。但是，在其他领域，这一跟随方法就不见得会显灵了，特别是纷繁复杂的商业模式，千万不能原样照搬。

限量服饰公司董事长兼首席执行官韦克斯纳曾表示，面对复杂问题，人们喜欢寻找简单而浅显的答案。优秀的模仿者以错综复杂为快乐源泉，而平庸的模仿者则不堪其苦。

比尔·迪芬德弗回忆道，天空巴士的投资人非常希望天空巴士能将卓有成效的两大模型——西南航空和瑞安航空——合而为一，但是，他们却没有看到整合过程中难以调和的矛盾冲突，例如优质服务与廉价成本之间的冲突。航空界的元老和分析师都曾注意到西南航空在密集的两地直航市场占主导地位，但他们简单地认为这种点对点模式只适用于这类市场，没有意识到西南航空的低票价结构恰恰是提高市场密度的首要因素，更没有意识到西南航空的高生产率让短程飞行有利可图。人们对西南航空经营模式的分析过于简化，致使模型的因果关系模糊不清。大陆航空的一位经理讲道：“我们调取了西南航空10年的数据，并做了回归分析。我们当时说，只要我们做好x，就能得到y。我们深信，如果我们的票价也降低这么多，我们也会有这样多的客运量。但我们没有把两地城市的客运潜力考虑在内。”

弄清事物的前因后果，绝非轻而易举的事。吉姆和曼妮说过，只重效果而不知方法和过程，就会“盲目模仿有目共睹的幸存者，而不会认真建立层次分明的生存理论”。宣威公司董事长兼首席执行官克里斯·康纳回忆道，他们公司曾经打算模仿一家小型竞争对手柏迪公司（Purdy）的油漆刷子，但没有成功，随后数十年又尝试了很多次，但都以失败而告终，最后只好将这家公司收购合并。

要想实施深度发掘，就需要培养相关能力、建设企业文化、制订常规惯例，从而对因果关系进行缜密分析。为了破解复杂模型，认知学就定向模仿提出了分解理论，即先从认知上将某一行为划分成不同的层面，然后选择重要的目标层面，再对目标和手段进行等级排序。分解是通过行为剖析来实现的，即将某一活动分割成不同构件，再按照逻辑顺序对模仿要素进行理解、采纳、舍弃或替换。

但如果对各个要素的相互关系不加重视，那么剖析本身反而会起相反的作用，因此行为剖析之后必须要有整体性认识，也就是说，要弄清各个构件，包括不同构件的相互影响，是如何适应整个系统的。要想形成整体性认识，就需要研究各个构件在广义系统中的作用，确定构件的先后顺序，并找出主要的驱动因素。这一过程可谓紧张激烈，虽然严格苛刻，但同时又兼收并蓄，况且人们正好也相信这一过程可以通向科学发明。在商业中，这一过程更加困难，因为人们要与很多“趣闻逸事”打交道，而其中又几乎不涉及真实的经验例证。

总之，企业管理者不能把模仿机遇看成是简单而孤立的元素，而要看成复杂系统中相互关联而密不可分的组成部分。因为该复杂系统是这些元素赖以存在的基础，对这些元素的形式和结果起着决定性的作用。你在进行模仿行动之前，一定要事先考虑好企业的适应性问题。

有足够的心理准备

企业管理者应该认识到，跟随、模仿他人的思维方式并没有什么难以启齿的，你完全没必要感到丢人，因为不见得只有你自己想出的主意、发明的技术才是最好的。天外有天，人外有人，企业管理者要始终保持一颗谦虚的心，积极向他人学习，借鉴他人的长处。

苏格兰工程师亨利·代尔曾应日本政府之邀于19世纪70年代前往日本，后来他颇有先见之明地写道："大不列颠不应不屑于向日本学习一些经验教训。"树立跟随文化不仅要解放思想，更要虚心求教，无论别人成功与否，都不能居高自大。一项心理学研究发现：假如自我胜任感深深扎根于个人见解，那么跟随行为就意味着要放弃特定环境中形成的个人见解。面对有实力的竞争对手，实验对象表现出来的优越感越少，借鉴到的东西也就越多。

当然，这并不是说要放弃个人决断，而是说要学会谦虚，不要随随便便就将别处的信息和意见过滤掉。巴特尔纪念研究所所长兼首席执行官卡尔·科特将"狂妄自大"这一恶行列为成功模仿的主要障碍。宝洁公司前首席技术官吉尔伯特·克洛伊德，意大利汽车零部件及其他设备制造商卡拉罗公司（Carraro）副总裁斯坦·弗里恩德斯以及美国五三银行（Fifth Third Bank）离任董事长唐·沙克尔福德都是这样认为的。

西奥多·莱维特曾写道："便携式电器领域的竞争对手曾用怀疑的目光看待新推出的电动牙刷。即使这些竞争公司为了确定是否有必要推出自己的电动牙刷而对用户和潜在顾客展开过调查，但他们在行事过程中，无不透露出满腹狐疑、不屑一顾、漫不经心的态度，他们的工作重点仍然是那些‘自主创新项目’。”

这一思维定式可谓是根深蒂固，对于创新者而言，更是到了积习难改的地步。研究表明，但凡公司具有丰富的技术经验、高效的研发部门和新技术产品争先上市的光荣传统，就很难仅仅满足于生产仿制产品。

宝洁公司前副董事长兼首席财务官小克莱顿·达利说：“认为自己发明的才是最好的，这是人的天性。”为了抑制这种思想倾向，达利又说：“宝洁公司逐步让员工认识到并非每一个创意都是由宝洁的研发人员或销售人员发明的。”达利表示，这需要彻底改变员工的思维模式。很多经理，包括美国限量服饰公司（The Limited）董事长兼首席执行官莱斯利·韦克斯纳、百事可乐前高级副总裁兼财务主管莱昂内尔·诺埃尔以及巴特尔纪念研究所前高级副所长亚历·菲舍尔，都一致认为，模仿一词的负面含义是众多创意实现商业化的最大障碍。

看看正在模仿自己的竞争对手，你不难发现，保持谦虚也是妥善之策：逐步改进往往受人冷落，因为它“不过是模仿而已”。凯斯博公司（Kasper）曾对佳能（Canon）的优秀要素不屑一顾，但后来凯斯博发现，这种骄傲自负有时候反而会造成不利后果。据诺埃尔说，要想让模仿结果称心如意，就必须“灵活机动、思想开放、乐于改变”。

美国经济学者莱维特提道：“喝彩、赞许、晋升统统归于创新能力强的人。”而提出模仿计划的人却被认为是低人一等，不值一提。谁见过颁发模仿大奖的总裁？谁在公司创新人物荣誉榜的旁边看到过“年度模仿人物”的大照？然而，有人却说，模仿也需要“庆贺”。这种说法与某些心理模型是一致的，因为这些心理模型认为“感应式行为”取决于对模型行为的强化或抑制，在本质上属于真正的模仿。

要想充分发掘众多创意的商业潜力，第一步就是要像宣威和宝洁一样，建立以效果为导向的建言制度。宝洁前副董事长兼首席财务官小克莱顿·达利说：“如果你有幸负责研发审查工作，不妨问问研发人员他们都从外面带来了哪些创意，然后鼓励道‘好极了’，那么你的目标就达到了。”宝洁前首席技术官克洛伊德补充道，采用金钱方式论功行赏，会让公司在奖励创新人员与模仿人员时可以一视同仁，而且维克多米尔斯协会（Victor Mills Society）的入会规则也是如此，虽然协会本身是以宝洁公司最伟大的创新者命名的。为了避开模仿恶名，五三银行前董事长沙克尔福德甚至提议换个词语，这样就不会产生负面含义，同时又能让模仿成为大家积极支持的活动。他最钟爱的词是：“有想象力的发明”。

宝洁公司拥有9000名研发骨干，在开放式创新网络的帮助下，平均每年可利用150万人的思想创意；另外还有50名专员，他们突破本职工作，以技术企业家的身份，活动在各类科技会议上和供应商网络之间，积极寻找各种各样的创意。克洛伊德承认，由于“好创意数不胜数”，因此，第一要建立广泛联系，第二要整理海量信息。“在一个充满创意的世界中”，限量服饰公司董事长兼首席执行官韦克斯纳说，“将事情过滤一番”是非常必要的。

优秀的模仿者不会坐等别人指点迷津，他们的成功也不是红运当头、事出偶然。研究表明，优秀的模仿者知道，情报工作充分与否在很大程度上决定了模仿的成败。他们建立了寻找模型的渠道，包括以关系为基础的聚会场所。他们形成了充分的审视能力和信息收集能力，就像白色城堡的模仿者一样，当年他们曾把店面设计和运营流程等各个方面全盘抄录而去。

优秀的模仿者总是如饥似渴地向他人学习。山姆·沃尔顿在1962年创立沃尔玛之前，曾专门拜访过科维特公司及其他折扣商店，并与折扣连锁店经理会面交谈，包括斯巴达百货公司（Spartan）、马洁尔百货公司、默斯马特公司的领导。沃尔顿带着微型录音机，出现在索尔·普莱斯的费德玛商场（Fed-Mart），如实记录了所见所闻。几年后，沃尔顿又访遍了所有的凯马特门店，向名震当时的模范榜样学习。沃尔顿说：“我经常前往他们的门店，因为这里就是实验室，而且他们比我们做得好。我花了相当长的时间在他们的门店中转来转去，同他们的工作人员搭话交谈，看看他们做事到底有什么秘诀。”

由于外部人员一般不大可能了解模型公司，不好把握模仿机遇，于是，人们很容易把心思转移到模型公司的内部成员上，以此作为获取信息的主要来源。然而，依靠知情人士透露信息也自有其风险，高级主管也许会将模型理想化，即远远脱离实际情况。我们必须像山姆·沃尔顿一样，同基层工作人员交流，我们还必须设法获取其他资料，从而与知情人士透露的信息逐一对比，找出异同。倘若信息泄露给其他潜在的模仿者，公司就要面临战略风险，因此有必要将情报收集工作委托给值得信赖的员工。最后，即便我们在模仿他人，也要保持创业精神。

2002年，韩国易买得集团副总裁郑溶镇带领商人和买家进行环球旅行。他们特意花了两天时间专门调查本顿维尔的沃尔玛店，记录了农产品补给周期等详细资料。易买得以理性购物者的姿态，从美国、日本、欧洲等地精选模仿要素，最终成为一家具有韩国特色的折扣零售商。

很多员工由于见识有限，即使其他行业存在潜在的模仿目标，也往往视而不见。因此，进行跨行业模仿时，未来设计更是充满了挑战，然而一旦成功，利润回报也是大为可观的。例如，宣威公司为了在配色方案和配色风格上找点感觉，曾专门到布料业和服装业取法，同时还研究了拉尔夫·劳伦和玛莎·斯图尔特这两位时装设计师。美国卡地纳健康集团与比利时丽诗加邦服装公司（Liz Claiborne）开展员工交换，便于双方互相借鉴值得效仿的行事方法。同样，宝洁公司也与谷歌公司互派员工，宝洁学习谷歌的网络世界，而谷歌又向宝洁学习如何做出产品特色，以招引顾客。

企业管理者必须摆正自己的心态，正确认识跟随的重要性，你要随时观察周围的世界，了解行业的动向，随时做好跟随、模仿的准备。

有金刚钻，方可揽瓷器活

在竞争如此激烈的今天，所谓优势也许只是毫厘之差，而是否能认识和充分利用这微弱的优势往往是决定胜负的关键。换句话说，企业要积极寻找对方的弱点，因为只是比对手强那么一点点，也许就能超越对方，这就是自身的优势。

战略大师波特对竞争优势作出了如下定义：竞争优势就其本质而言，来源于一个企业能够为顾客提供的价值，这个价值高于企业为之付出的成本。相对于对手而言，卓越的价值在于为顾客提供同等的效用同时价格低廉，或者为顾客提供独特的效用而顾客愿意为之付出高昂的价格。波特定义的精彩之处在于兼顾了顾客导向与竞争导向，因而现今已为绝大多数企业管理者所接受。

我们对弱势往往很敏感，往往很快就能知道自己的不足，但经常会忽视自身的优势。一个企业的优势和弱势往往是相对的。大企业实力雄厚，但往往决策、行动要慢半拍，因为大企业为了稳妥、为了有效控制庞大的体系，不得不发展出一套官僚组织和评估体系。而小企业虽然资源等方面处于劣势，但因为小，所以能够对市场的变化作出快速的反应，可以快速决策、快速行动。特别是在高度动态的一些行业，比如说 IT 业，有时大与小的差别并不是决定胜负的关键，而对市场变化的反应速度对成败的影响更大，这就是我们经常听到的“快鱼吃慢鱼”。

其实，优劣势是相对的，在不同的条件下，优劣势的评判标准也是不一样的。任何一个企业都是有相对优势的，否则的话，这个企业就失去了生存的基础。在竞争中，只要企业的某一个或几个要素，能够使其相比竞争对手能更好地为顾客提供某种价值，那么我们说，该企业在这个具体的方面就拥有相对竞争优势。特别需要指出的是，顾客的需求、顾客的价值主张、顾客的价值关注点是多姿多彩的，顾客所追求的并不是截然的两极——要么最低的价格，要么差异化的价值——而是不同价值与不同价格水准的组合，是在极端低成本与极端价值上的某一个点。顾客对差异化价值的追求并不妨碍其关注价格，重视价格并不表明没有差异化的需求。

百事可乐几乎和可口可乐同时诞生，但在运营40年之后，可口可乐已成为美国软饮料市场的垄断者，而当时的百事可乐仍然微不足道，并且经营困难重重，亏损严重，处在破产的边缘。百事可乐曾三次请求可口可乐收购它，但都遭到回绝。最后一次被拒绝后，当时百事公司的管理层开始仔细研究高不可攀的可口可乐公司和市场环境，最终找到了进攻的突破点——竟然是很不起眼的瓶子。

可口可乐的6.5盎司裙形瓶是具有国际形象的经典瓶型，当时一瓶可口可乐售价为5美分。百事决定推出12盎司瓶型，提供给消费者两倍的容量，但和可口可乐公司的价格保持一致。消费者很快就将视线转向了百事可乐，不到3年，百事公司就扭亏为盈。到了20世纪30年代末，百事可乐已经坐上了美国软饮料市场的第二把交椅，它的12盎司瓶装可乐占到所有碳酸饮料销售量的1/4，这一数字大约是百事可乐1935年市场份额的4倍。

尽管面对这样的事实，可口可乐公司直到在22年后才向市场投放了大容量装的可乐。这个延迟大部分是由可口可乐的关键的合作伙伴——特许装瓶商造成的。可口可乐的装瓶商网络是它最大的资产之一。当时有1000多家公司在为可口可乐装瓶，正是这些特许装瓶商和他们拥有的资本才使得可口可乐成为遍布全国的软饮料。然而在百事可乐发起攻击时，这些装瓶商成为最重要的阻碍因素。

可口可乐公司的装瓶商在6.5盎司的瓶子和相关设备上已经投入数百万美元。迎合百事可乐的战略意味着自己的大笔投资化为乌有。此外，装瓶商网络的灵活应变能力也变成了可口可乐迎战百事的一个劣势。同数百家独立的企业协调新瓶子的大量生产将是一项庞大的工程。另外，占有很大市场份额的可口可乐公司也不可能采取降价的应对策略，这样的损失是无论如何也承担不起的。正是因为百事可乐改变了竞争的规则，将可口可乐的竞争优势变成了它的阻碍，为百事可乐的辉煌奠定了坚实的基础。

由此可见，优劣势是由行业的竞争规则决定的，竞争规则的改变很可能使企业原来拥有的优势转化成为枷锁。充分发挥自身的优势，并不是仅仅着眼于竞争，还来源于企业自身资源的有限性。对任何企业来说，资源是有限的。不单是小企业，大企业也有自己的局限。如果将资源用于所有方面，这样可利用资源就会被稀释。企业有限的资源必须用在发挥自身的优势上，使优势突出。将资源平均使用，是很难吸引顾客的注意力的。

企业的竞争优势有三个基本来源：以资源为基础的竞争优势、以能力为基础的竞争优势、以关系为基础的竞争优势。

1. 以资源为基础的竞争优势

如果企业拥有的某种资源能够使得企业在竞争中获得某种竞争优势，我们就说，这个企业的这种竞争优势是以资源为基础的。以资源为基础的竞争优势属于内发性优势。这里的资源可以是有形的，比如位置资源、实物资源等；也可以是无形的，比如品牌形象、经验曲线。养生堂拥有千岛湖等优质水源，因而其农夫山泉“有点甜”，使其拥有了超越竞争对手的资源优势。

2. 以能力为基础的竞争优势

如果企业具备的某种能力、知识能够比竞争对手更有效地创造顾客价值，我们说，这个企业就具备以能力为基础的竞争优势。组织创新与学习能力、组织动态运作能力、企业市场开拓能力等均能够构筑企业的竞争优势。比如3M公司的系统创新能力、丰田公司的成本与质量控制能力，使得它们拥有了竞争对手无法模拟的竞争优势。以能力为基础的竞争优势也属于内生性竞争优势，其来源于企业内部而作用于外部竞争。

3. 以关系为基础的竞争优势

顾名思义，以关系为基础的竞争优势是外生性的，可以包括与供应商的关系、与分销商的关系、与政府（审批机关、监督机关）的关系等。房地产行业的“领头羊”万科将产品线聚焦于住宅而拒绝进入商业地产、旅游地产，一个很重要的原因是万科缺乏政府关系。

竞争优势的三种基本来源指明了企业构建竞争优势的路径，同时企业的资源与能力应用于具体的产品或服务，才能为顾客创造价值，为企业带来竞争优势。战略大师杰恩·巴尼认为，独特的企业资源（能力、关系）是企业竞争优势的来源。资源的独特性可以从稀缺性、不可模仿性、不可替代性三个标准去衡量，这三个标准是递进的。

大家都有的资源不可能是企业竞争优势的源泉，资源的稀缺性决定其是否能够为企业带来竞争优势。稀缺性是经济学上的基本概念，如果资源掌握在少数企业手中，并且流动性差，不能轻易通过交易来获得，那么这种资源就可以称之为是稀缺的。

资源的不可模仿性，也称作模仿壁垒。以下几类资源通常难以模仿：必须在企业内部培育的资源，比如企业文化、运营管理机制等无形资产，竞争对手很难模仿；必须长时间积累与系统培育的资源，比如品牌资产，对手虽可以模仿，但不可能一蹴而就；关联性比较强的资源，很多关键资源与企业其他的资源相互关联、相互影响、相互制约、共同作用，竞争对手单独模仿关键资源，很难发挥作用。

资源的不可替代性，也称作替代壁垒。如果某些企业的能力或资源不能被模仿，但是竞争对手可以通过组合其他的资源来替代，企业这种资源的创造竞争优势的价值就会大大降低。因此，替代性考量不要仅局限于行业内部。

总之，对于一个跟随模仿者而言，首先要确认自己公司的优势和劣势，拥有金刚钻，方可揽瓷器活。只有充分了解自己的优势，才能使它充分发挥作用，然后快速、有效地开拓出自己的市场。

充分的可行性论证

行为学家认为，模仿是一种习得反应，是弄清因果关系的智能行为，是一种特殊的能力。同时，模仿能力是一种稀缺能力，不同物种、不同品种、不同个体之间，模仿能力相差悬殊。因此，企业管理者在采取跟随模仿的行动之前，一定要充分考虑好事情的可行性，不要操之过急。

试想，如果先发者的创新与消费者需求“不匹配”，先发者的创新并不是一个机会，跟随模仿者就会步入泥潭。在这里，“不匹配”并非是完全的不成功，而是获得了一定区域、一定程度的成功。但这种所谓的成功带有一定的迷惑性和不确定性。也许是广告吸引了一部分喜欢尝鲜的消费者，也许是新产品迎合了某个区域、某个时段的特定需求而不具有普遍性，无论是哪种情况，如果跟随模仿者没有对需求结构与趋势作清晰的定义就贸然进入，那结局注定会是失败。

若跟随模仿得太早，当一种新产品、新市场刚刚出现时，看上去商机无限、前景光明，很多企业就会不经过审慎的思考与规划，抱着类似于淘金的心态匆匆忙忙进入新市场，生怕错过饮“头啖汤”的机会。却没有意识到，此时消费者的喜好尚不明朗，产品创新处于创新引导而非需求拉动的阶段，新技术以懵懂且杂乱无章的方式转化为产品。这些先行的企业会不断尝试新产品的各种可能性与变化，试探消费者最愿意为哪一种产品掏钱。在反复的试错后，能够为大多数消费者所接受的“产品主流设计或标准”才会出现。这个混乱的试错阶段也许很长，早期的跟随模仿者俨然已经变为市场的开拓者了，运作不好，自己的产品未能脱颖而出成为主流设计，就会成为市场成长的“先烈”了。

如果跟随模仿的太晚，往往意味着失去了切分市场的机会，或者意味着企业将要付出更大的代价。道理很简单，当创新产品的趋势明确后，众多的跟随模仿者蜂拥而上，强手如林之下，再想争得一隅之地，难度可想而知。资源战、价格战或许成为主要的竞争方式，行业利润率或将迅速降低，甚至出现全行业亏损的境况。这时企业之间的竞争已经演变为综合实力的竞争，变成了比谁的“气”更长，比谁更能“熬”。在这样的形势下，很多跟随模仿者就会陷入进退两难的境地：退则前期的投入很可能全部“沉没”，进则在激烈的竞争中难以实现预期的目标，有可能付出更多的代价。

美国某研究机构对 50 个产品领域进行的研究表明，约有 53% 的市场都是由快速跟进者保持着市场领导地位。为了考察快速跟进品牌如何接管先发品牌领先位置的，该项目的研究人员考察了进入市场的时间是如何影响先发品牌和后发品牌的产品销售量。结果表明，在产品成长阶段初期进入的跟随模仿者成长得最快，比先发者、在成长阶段后期进入的模仿者、在成熟阶段进入的跟随模仿者成长得都要快，其中在成熟阶段进入市场的跟进者成长最为缓慢，面临的挑战最大。

既然对跟随模仿者而言，在市场进入成长阶段之初进入市场是最佳时机，那么判断市场何时进入快速成长期就成为了关键性命题。这就是我们通常所说的市场拐点。所谓拐点，既有时间的属性，也有量的属性。有的创新产品所开创的市场，市场孕育期非常短，比如统一“鲜橙多”饮料，投入市场之后很快受到消费者的追捧，几乎谈不上什么市场孕育期；有的创新产品，需要很长一段时间的“预热”，在销售突破某个临界点之后，才会呈现出爆发性增长的态势，绝大多数产品会呈现出这种成长状态。

有时候，市场先发者的运作可以改变市场拐点的时点。王老吉凉茶的运作就是一个非常成功的案例。凉茶原本是一个区域性的饮品，也是一种非常古老的饮品，但通过加多宝公司的运作，迅速成为全国性的饮品，成功地在饮料市场开辟出了一个真正意义上的新品类，王老吉也成为真正意义上的先发者。

另外，直觉是企业决策中最为神秘的部分，总有一些企业家在别人尚无意识的时候，便预感到产业即将出现战略性转折点，这是经验、感觉、天赋。正如英特尔的创始人安德鲁·格鲁夫所言："也许我们一生才能遇到一次我们的事业赖以生存的基础发生改变的情况，而这些情况不能用数据计算分析出来，它在科学与直觉的边缘。"

现任联想 CEO 杨元庆认为："一个新兴领域的用户成长有一定的规律，市场渗透率在 5% 以下，一般是艰苦的开拓；过了 40% 就进入稳定的收获期；而在 10% ~40% 往往会有爆炸式的增长。成长正好处于 10% 之际，进入时机恰到好处，领跑的人可能成了垫脚石，不一定能赢。"联想的经验某种程度上带有一定的规律性，但如何定义市场渗透率、如何获取市场渗透率的数据在中国这个多元化、多层级的市场是非常困难的。

很多时候，即使经过多方分析，企业也难以确定市场发展的拐点。这时，对于确实有需求、潜力巨大，但又难以确定市场拐点何时到来的创新产品，如果有能力不妨以战略性投资的态度进入。不可否认，这时的跟随模仿多少有一点"投机"的味道。战略性进入之后，企业不需要投入太多的资源来推动市场的快速成长，不必急着挣大钱、挣快钱——因为如果这样做自己就成为了先发者；而是应该确立自己的核心区域市场，发展自己的专业能力，积累自己的经验，做好充分的准备。一旦时机成熟、拐点来到，企业则可以凭借所积累的竞争力迅速获得有利的竞争位势。

企业管理者在制订行动计划时，应当把自己的各项能力都考虑在内，包括需要配置的或重新配置的资源。大陆航空创立大陆快捷航空后，立即从一线指挥所调动了60架飞机，可机场还没有来得及配备相应的备用部件，最后不得不取消航班。另外，贯彻执行必须坚持不懈。山姆·沃尔顿用了数年时间才令自己借鉴的东西臻于完善；微软公司在推出Internet Explorer浏览器，并最终战胜原创者网景浏览器之前，已经发布过四个产品版本。

组建跨学科团队可以汇集不同人员的不同视角，不但有利于模仿的进行，同时也有利于其他模仿过程的实现。凯马特的高级主管全部来自门店经理，因而知识背景大体相同，相比之下，沃尔玛创始人沃尔顿在全国各地到处网罗物流、通信等各个领域的专家。这种做法在今天看来显得尤其重要，因为与日俱增的复杂程度和产品数量（且不说商业模式的数量）需要多种多样的专业技能。为了改进玉兰油系列产品的品质，宝洁公司集结各路人马，共商对策，其中包括皮肤护理部门的员工（熟知面部清洁所需的表面活性剂）和纸巾、毛巾领域的人员（具备基础物质方面的相关知识）。

另外，这些跨学科团队更有可能进行自我调整，从而促成范式转变，例如仿制药革命。美国序言研究公司总裁兼首席执行官汤姆·拉德拉姆认为，仿制药革命意味着制药成本和制药产量要成为获利能力的主要原因，然而，成功的仿制药生产商必须具备节约、精简和进取的特征，这与制药公司追求知识、追求创新的传统形象截然相反。世界领先的仿制药生产商以色列梯瓦制药公司首席执行官什洛莫·亚奈在最近的采访中解释了自己为何对创新药公司进军仿制药市场的决定漠不关心，他说："你不可能把高贵优雅的波斯猫教育成街头游荡的野猫。"

总之，模仿的过程不应过于呆板，它需要有条有理，更需要融入创意。因此，企业管理者在进行了充分的可行性论证后，应该在跟随模仿中融入自己企业的创意，推出更加引人注目的新产品。

风险几何，把握几何

风险与机遇的存在是相互依附、形影不离的，你在把握住风险的同时，也就等于把握住了机遇，甚至有时候，风险越大，机遇也就越大。企业管理者在跟随模仿时，经营风险是必须考察和分析的问题，我们应该对一切可能影响收益的“风吹草动”都给予密切的关注。

跟随模仿策略最为直接的内在风险就是：难以把握跟随模仿的时机。营销大师莱维特曾将跟随模仿形象地称之为“咬第二口苹果的策略”。言下之意是，企业管理者进入市场时机的选择对于企业自身的成功至关重要，如果时机不当，企业管理者要付出巨大的代价，理想状态是“咬第二口苹果”。在确定跟随先发者之后，如何确定跟随模仿的时机最能考验企业家的智慧与能力。

如果跟随模仿得太早，万一先发者创新产品所开发的市场迟迟没有进入快速增长的轨道，企业管理者有可能就会和先发者一同步入泥潭。太早的跟随模仿，意味着企业管理者对市场发展趋势的判断有误，如果企业的实力不济，或者运作失误，就有可能成为“先烈”。

如果跟随模仿得太晚，等消费趋势已经明确后，企业管理者再采取跟随模仿行动的话，往往会延误时机。而大量跟随模仿者的涌现，由于彼此之间的恶性竞争会迅速将行业的利润空间压缩到微利甚至亏损极限，在这样的竞争状态下，你脱颖而出的难度将会变大，很多时候甚至会让你陷入进退维谷的境地。主动退出的话，也许还可以得到一些退出成本，在有些行业，退出成本是相当高的，而继续坚持，可能会付出更大的代价。

先发者的先发优势也是跟随模仿策略所固有的风险之一。具有先发优势的先发者，如果策略得当、实力超群，跟随模仿者即使进入的时机得当，所面临的风险也是不可小视的。特别需要指出的是，跟随模仿策略中固有风险的高低同行业成熟度有着直接的关系。从动态的角度看，几乎所有的行业都有需求细分度提高的趋势，这是行业发展的基本规律之一。行业成熟度越高，细分度越高，你所面临的固有风险也就越大。

从中国企业发展的现实来看，跟随模仿策略在已过去的二三十年更容易取得成功。原因很简单，中国市场化变革之初，消费者的各种需求井喷式爆发，这给了企业管理者足够的市场空间。同时，先发者也好，跟随模仿者也好，市场运作的经验均不成熟，具有后发优势的跟随模仿者反而更容易取得大的成功。

但是现在，中国的市场环境已经发生了巨大的变化，绝大多数行业已经度过了井喷式的快速发展期，步入准成熟期。产品已经普及、需求相对稳定、行业的增速平稳、利润率维持在较低的水平，同质化竞争、供过于求是这一时期最基本的竞争特征。在这样的竞争环境下，创新的空间、弹性变小了，实质性创新的难度大大提升了，与此同时，跟随模仿策略的内在风险也开始放大，这对采用跟随模仿策略的企业提出了新的挑战。

对于跟随模仿者而言，在原有产业框架下，能够成功开创一个新的细分市场是一种了不起的创新。这种创新是最为值得关注的，是最为现实的机遇。行业需求的细分程度，牵引着行业快速创新，提高了创新的丰富性，是行业涌现新价值的第一推动力。

满足消费者的需求是企业存在的唯一理由。但由于年龄、性别、地域、知识层次、收入、价值观等的不同，都会导致消费者的需求不同，因此企业必须按照一定的角度去分析需求的差异性，把有着不同需求的客户划分开来。也就是说，一个企业并不在一个定义空泛的产业里竞争，而是在一个产业的某个，或者某些具体的细分市场上经营。

比如，水是饮料市场一个大的类别，由于水的基本功能是解渴，消费者在根本需求上没有什么区别，原则上细分的空间并不大。通常可以将水市场划分为桶装水、瓶装水两个基本品类，而在瓶装水中又分为矿泉水、纯净水两个基本品类。但是随着消费者消费能力的提高和生活方式的改变，瓶装水的细分市场将越来越丰富：比如，按照消费者购买水直接动机的不同——有的是为了旅游携带，有的是为了家庭聚会，有的是为了健身之后补充水分，有的就是口渴需要即时饮用——这些不同的直接动机表明了消费者需求的细微差异，也为企业创造新的细分市场，为企业管理者重新划分细分市场提供了可能。

随着行业的成熟度的不断提高，产业细分度也是不断提高的。行业成熟度、行业细分度的高低与消费者的购买力直接相关。比如在中国市场，随着中国消费者收入水平的提高，在满足了基本温饱问题以后，消费者需求结构发生了巨大的变化，不可避免地由生存性消费向发展性和享受性消费转变。具体表现在两个方面：一方面，消费者的需求开始分化与细化，呈现出多姿多彩的多元化态势；另一方面，越来越多的消费者有能力追求更高的层次需求，高品位的生活开始成为部分消费者的选择。

几年前，乳业四巨头的实力不相上下，当蒙牛、伊利先后推出利乐砖和利乐枕奶等 UHT 常温奶被消费者广泛认可之后，光明、三元开始奋起直追，纷纷上马同类产品，众多的中小乳品企业也纷纷模仿跟进。混战数年之后，蒙牛、伊利常温奶牢牢占据了行业的前两位，光明、三元与行业领头羊的差距越来越大，其中三元牛奶甚至已经掉到了行业第二梯队中，而最悲惨的是那些中小企业。此后，蒙牛乳业推出的“特仑苏”高端牛奶获得消费者青睐，乳业企业又掀起进军高端牛奶的热潮。时至今日，激战仍酣，不过一个基本事实是，蒙牛的“特仑苏”仍然一枝独秀，尽管 2009 年 2 月的时候，“特仑苏”因 OMP 事件闹得沸沸扬扬而使得品牌形象受到损害，但不能否认蒙牛“特仑苏”曾经运作的成功，至于“特仑苏”是否就此让出高端第一品牌，还有待时间的观察。

上海金丝猴食品有限公司（以下简称金丝猴）采取的产品跟随模仿策

略，可以说是其步步为营、不断发展的法宝。金丝猴在市场开发进程中一直采用跟随模仿策略：奶糖跟随模仿大白兔、糕点跟随模仿徐福记、果冻跟随模仿喜之郎、棒棒糖跟随模仿阿尔卑斯……在20世纪90年代初中期，金丝猴迎来了如日中天的辉煌时期。然而，在金丝猴发展到一定程度之后，也如其他很多企业一样，面临着迈向更高台阶的新挑战。随着市场的转型变化和营销手段的复杂多样化，尤其是自2000年以来，金丝猴的产品和品牌在市场上逐步呈现出“乏力”的态势。

为什么上述跟随模仿者曾经风光无比的跟随模仿制胜之道到了最后却有些失灵呢？原因不在于跟随模仿者自身策略有问题，而是因为先发者、创新者的运作非常成熟，留给跟随模仿者腾挪的空间变小了。在市场化竞争之下存活至今的企业，均具备了一定的实力，先发者、创新者对行业竞争制胜关键的把握、对新市场的运作日益成熟，创新者、先发者往往最终成为行业的领导者。

钱学森曾说过：“正确的结果，很多是从大量的错误中得来的；没有大量错误的台阶，也就登不上最后正确结果的高座。”错误并不可怕，风险也并不恐怖，关键是你对于它们的态度，如何机智的处理错误，化开风险，把握好你所遇到的每一个机遇，用你的跟随模仿把利益创到最大吧！

第三章

跟随的时机管理

跟随是一门艺术。尤其是在时机的管理上，非常重要。一次生意的成功，需要把握市场机遇。一个商人要想在商业竞争中获胜，并不在于他的资产有多少、货物的大小，而在于他能否有耐心等待时机、能否努力去争取稀缺的时机、能否善于创造自己所需的好时机……只有管理好了时机，他所做的生意才能够适销对路，才能够及时地满足顾客的消费需求，适合市场需求。

时机不成熟时，要等待

俗话说：机不可失，时不再来。但是，如果你的实力还不够大，就想从跟随别人跳跃成单打独干，那你是要摔跟头的。其实，把握时机也需要等待。也就是说在时机不成熟时，有效地把自己的实力和意图隐藏起来，等待机会。倘若现在时机还不成熟，显露锐气反而会给自己带来灾难，那就应该收敛锐气，急躁的人是成不了大气候的。

清末时，石达开是太平天国首批“封王”中最年轻的军事将领，也是太平天国最富有传奇色彩的人物之一。他是一个智勇双全的将领，但是却犯了一个严重的失误：时机未成熟就和洪秀全决裂导致最终的失败，不禁令后人深思。

石达开在太平天国金田起义之后向金陵进军的途中，均为开路先锋，攻城夺镇，所向披靡，号称“石敢当”。太平天国建都天京后，他同杨秀清、韦昌辉等同为洪秀全的重要辅臣。在西征战场上，大败湘军，致使曾国藩又气又羞，欲投水寻死。在“天京事变”中，石达开又支持洪秀全平定韦昌辉的叛乱，成为洪秀全的首辅大臣。

然而，天京事变不久，石达开却独自率领20万大军出走天京，与洪秀全分手，最后在大渡河全军覆没，他本人也惨遭清军骆秉章凌迟。

1857年6月2日，石达开出走，他率部由天京雨花台向安庆进军。主要的原因在石达开的布告中说，因“圣君”不明，即责怪洪秀全用频繁的诏旨，来牵制他的行动，并对他产生怀疑，甚至有加害石达开之意，这就使二人之间的矛盾激化起来。

在当时，要解决石达开与洪秀全的矛盾有三种办法可行：第一种办法是石达开委曲求全，这在当时已不可能，心胸狭窄的洪秀全已不能宽容石达开；第二种是急流勇退，解印弃官来消除洪秀全对他的疑惑，这也很难，当时形势已近水火，石达开解职的话恐怕连性命都难保；第三种是诛洪自代。谋士张遂谋曾经提醒石达开吸取刘邦诛韩信的教训，面对险境，应该推翻洪秀全的统治，自立为王。

根据当时的实际情况看，第三种办法应该是较好的出路，因为形势的发展实际上已经摒弃像洪秀全那样的领袖，迫切需要像石达开那样的新的领袖来维系。可是，石达开讲仁慈、信义，对谋士的回答是“予唯知效忠天王，守其臣节”。他的弱点正是中国传统的“忠君思想”。

石达开的致命弱点使他认为率部出走是最佳方案。这样一来，既可继续打着太平天国的旗号，进行推翻清朝的活动，又可以避开和洪秀全的矛盾。率大军到安庆后，如果按照他原来“分而不裂”的初衷，本可以此作为根据地，向周围扩充。安庆离南京不远，还可以互为声援，减轻清军对天京的压力，又不失去石达开原在天京军民心目中的地位。这是石达开完全可以做到的。但是，石达开却没有这样做，而是决心和洪秀全分道扬镳，彻底分裂，舍近而求远，去四川自立门户。

历史证明石达开这一决策完全错了，他虽然拥有20万大军，英勇决战江西、浙江、福建等12个省，震撼半个中国，历时7年，表现了高度的坚韧性，但最后仍免不了一败涂地。

1863年6月11日，石达开部被清军围困在利济堡，石达开决定用自己一人之生命换取部队的安全，这又是他的决策失误。当石军中部属知道主帅“决降，多自溃败”，已溃不成军了。此时，清军又采取措施，把石达开及其部属押送过河，把他和两千多解甲的战士分开。这一举动，顿使石达开猛醒过来，他意识到诈降计拙，暗自悔恨。

可以说，石达开的失败，主要是因为他的自不量力的行动，决定了他出走后不可能有什么大的作为。这正是他个人决策的错误，时机根本未到，他不应该和洪秀全彻底决裂，而是应该耐心等待。

与石达开相反的一个善于等待时机的人物，当属刘备。

东汉末年，曹操势力很大。刘备虽贵为皇叔，只不过是个虚头而已，实际上却势单力薄。刘邦为防曹操谋害，不得不暂时小心翼翼地跟随曹操，等待时机成熟。

一天，曹操派人请刘备到自己府上。曹操对刘备说："今日恰逢煮酒正熟，故邀你到小亭一聚。"刘备随曹操来到小亭，只见已经摆好了各种酒器，盘内放置了青梅，于是就将青梅放在酒樽中煮起酒来了，二人对坐，开怀畅饮。

两人喝到微醉时，突然阴云密布，大雨将至，曹操大谈龙的品行，又将龙比作当世英雄，并问刘备谁可以称得上是当世英雄，刘备早知曹操是试探自己的，就赶紧装作胸无大志的样子，随便说了几个人，都被曹操否定。曹操于是就单刀直入地说：当今天下英雄，只有你我两个！刘备听了，吃了一惊，手中拿的筷子，也不知不觉地掉在地上。正巧突然雷声大作，大雨倾盆，刘备灵机一动，从容地俯下身拾起筷子，说是因为害怕打雷，才掉了筷子。曹操此时才放心地说，大丈夫也怕雷吗？刘备说，圣人对迅雷烈风也会失态，我还能不怕吗？刘备通过这样的掩饰，使曹操认为自己是个胸无大志、胆小如鼠的庸人，就不再怀疑刘备了。

刘备在曹操面前不夸张、不显耀、不自大，不把自己算进"英雄"之列，这让曹操很放心。他收敛和掩饰了自己的真实志向，让曹操对其不加防范，从而才有了以后的东山再起，三足鼎立的霸业。

是的，谋大事业者必须善于等待时机。那么，对于商场上来说，更是如此，下面这个例子正说明这个道理。

麦克唐纳快餐馆的董事长克罗克，没读完中学就出来做工，以维持生存。他曾经在一家工厂当上了推销员，生活状况有了明显的改善。期间，他结交了许多朋友，积累了大量有关经营管理方面的宝贵经验。于是，他决定自己创业。

克罗克通过市场调查，发现当时美国的餐饮业已远远不能满足变化了的时代要求，急需改革，以适应亿万美国人的快餐需求。可是，克罗克要想创业，所面临的首要问题就是资金问题。而此时的他一贫如洗，想自己开办餐馆简直是痴人说梦。后来，他忽然想起两个人来。这两个人正是他在做推销员工作时认识的。他们便是开餐馆的麦克唐纳兄弟。他觉得此时的自己可以到他们的餐馆中学习经验，以实现自己的理想。克罗克于是就找到了麦氏兄弟，并说明自己目前的窘境，恳请麦氏兄弟帮忙。麦氏兄弟都是热心人，就答应他留在餐馆做工。

克罗克是个聪明人，他深知这两位老板的心理特点。他为了尽早实现自己的目标，又主动提出在当店员期间兼做原来的推销工作，并把推销收入的5%让利给老板。

克罗克为了取得老板的信任，工作异常勤奋。他曾多次建议麦氏兄弟改善营业环境，以吸引更多的顾客；并提出配制份饭、轻便包装、送饭上门等一系列经营方法，扩大业务范围，增加服务种类，获取更多的营业收入；还建议在店堂里安装音响设备，使顾客更加舒适地用餐；他还大力改善食品卫生，狠抓饮食质量，以维护服务信誉；认真挑选店堂服务员，尽量雇用动作敏捷、服务周到的年轻美貌姑娘当前方服务员，而那些牙齿不整洁、相貌平常的人则安排到后方工作，做到人尽其才，确保服务质量，更好地招待顾客。克罗克的这些改革与建议，为店里招来了不少顾客，老板对他更是言听计从。餐馆名义上仍是麦氏兄弟的，但实际上餐馆的经营管理、决策权完全在克罗克掌握之中。

很快，六个年头过去了，克罗克觉得自己的时机成熟了。于是，他就通过各种途径筹集到了一大笔贷款，然后跟麦氏兄弟说明自己的目的，最终克罗克以270万美元的现金买下了麦氏餐馆。由克罗克独自经营快餐馆后，经营、管理更加出色，很快就以崭新的面貌享誉全美，又经过二十多年的苦心经营。他的总资产已达42亿美元，成为国际十大知名餐馆之一。

克罗克是个善于跟随的人，他懂得时机未到，应该耐心等待。

巴斯德也说："人类所有的力量，只是耐心加上时间的混合。所谓强者，是既有意志，又能等待时机。"是的，在时机不成熟时，有效地把自己的实力和意图隐藏起来，等待机会。所以做人一定要懂得善于低调地跟随，暗暗蓄积力量。待到根扎稳了，时机成熟了，再厚积薄发，一鸣惊人。

努力争取稀缺的时机

美国有一句俗谚："通往失败的路上，处处是错失了机会。坐等幸运从前门进来的人，往往忽略了从后窗进入的机会。"因此，在商业活动中，时机的把握甚至完全可以决定你是否有所建树，抓住每一个致富的机会，哪怕那种机会只有万分之一，也要努力去争取。

美国但维尔地方的百货业大王约翰·甘布士就是一个努力争取稀缺时机的人。

约翰·甘布士是这样谈自己的成功经验的："不放弃任何一个哪怕只有万分之一可能的机会。"是的，有不少聪明人对此是不屑一顾的，他们的理由往往是：微小的机会，实现的可能性不大；如果去追求只有万分之一的机会，倒不如买一张奖券碰碰运气。

然而，约翰·甘布士却不这么认为。

一次，但维尔地方经济萧条，不少工厂和商店纷纷倒闭。很多商家不得不被迫贱价抛售自己堆积如山的存货。

而此时的约翰·甘布士还是一家制造厂的技师。他感觉这是一个稀缺的时机。于是，马上把自己积蓄的钱用于收购低价货物。为此，人们纷纷嘲笑他。而约翰·甘布士并没有理会别人的嘲笑，依旧收购各工厂抛售的货物，并租了一个很大的货仓来储货。

十几天后，有一些工厂贱价抛售也找不到买主了，就烧掉了自己的货物。甘布士的妻子看到别人已经在焚烧货物，不由得抱怨起甘布士，对于妻子的抱怨，甘布士还是一言不发。

又过了一段日子，美国政府终于采取了紧急行动，稳定了但维尔地方的物价，并且大力支持那里的厂商复业。此时，但维尔地方因焚烧的货物过多，存货欠缺，物价一天天飞涨。约翰·甘布士马上把自己库存的大量货物抛售出去，一来赚了一大笔钱，二来使市场物价得以稳定，不致暴涨不断。这时，妻子又劝告他暂不忙着把货物出售，因为物价还在飞涨，他却平静地说："是抛售的时候了，再拖延一段时间，将要追悔莫及。"

果然没有出乎甘布士所料，他的存货刚刚售完，物价便跌了下来。这下，他的妻子再也不埋怨他了，对他的远见钦佩不已。甘布士用这笔赚来的钱开设了5家百货商店。

约翰·甘布士成了当时全美举足轻重的商业巨子后，他在一封给青年人的公开信中说道："亲爱的朋友，我认为你们应该重视那万分之一的机会，因为它将给你带来意想不到的成功。有人说，这种做法是傻子行径，比买奖券的希望还渺茫。这种观点是有失偏颇的，因为开奖券是由别人主持，丝毫不由你的主观努力；但这种万分之一的机会，却完全要靠你自己的主观努力去完成。"

可见，努力争取稀缺的时机比争取更多的时机更重要，更有前景。

的确，有很多想从商的人，总是抱怨说市场都被别的商家占了，或者是垄断了，自己根本没有机会与他们竞争，于是就失去了自己干一番事业的信心。其实这种思想就是没有开发自己的智慧，只要你能够多进行市场调查，就能够发现市场始终有一些大商家忽视的空缺，而这种空缺正是一个稀缺的时机，抓住了空缺，就会在大商家的夹缝中发展起来，走向成功。

智慧运用得当，不管现状怎样，都会给自己开拓出广阔的生存空间。抓住市场的空缺在生存现状里尤为重要。忽视它，就等于忽视自己的大片市场。

社会在不断地发展，生存竞争也日趋激烈，只停留在前人留下的积累中细吃慢品，早晚会坐吃山空的，而这一点却很少被人们认识到。

都知道，唐装是春节前后最流行的服装之一。并且有很多服装企业在唐装上收益颇丰，同样也有很多的服装企业面对市场只能是扼腕叹息，这是什么原因呢？那就是因为他们没有及时把握商机，抓住市场的空缺。在上海峰会上，各国元首每人一件唐装着身时，一些敏锐的商家就发现了商机，且马上行动起来。而有些商家看到后还坐在西装牛仔裤上傻笑呢。等到一些服装企业的唐装上市卖得热火朝天时，那些错失商机的企业主才如梦方醒，赶紧仿效，可是已经晚了。因为在春节后，有些聪明的企业就停止了唐装的生产，而那些后来者蜂拥而上，后果可想而知。时机的把握和智商的敏锐性在商业领域的激烈竞争中由此可见一斑。

既然是稀缺的时机，就说明机会是很难得的。没有敏锐的商业眼光是跟不上时代步伐的。另外，还得有超前的预知能力，总跟着别人的成功脚步去拾甘蔗渣咀嚼是没有味道的，独创的东西才有发展的空间。

有一家生产皮装的乡镇企业，经过市场调查发现一个市场盲点。在今天，虽然有许多人都穿上了皮装，仍有不少特异身材的人，因为没有合适的皮装而抱憾不已。于是，这家生产皮装的企业以这一市场盲点为商机，研制了特肥、特长、鸡胸、驼背等特异皮装，还登报宣传，为特异身材者提供来人来函定做服务。消息传出，生意非常红火。

苏南一家街道无线电厂，抓住市场缝隙，在不少工厂纷纷转产大宗家电产品的情况下，瞄准家电大市场的“夹缝”开发学生用微型收录机。在激烈的家电市场竞争中避免了冲击，市场销路一直很畅通。不久前，一名外商慕名前来订货，这家企业的产品又打入了国际夹缝市场。

在竞争对手的优势中寻觅缺陷，寻找稀缺的时机，从而开发自己的商品。研究竞争对手，从中找出其产品的弱点及营销的薄弱环节，也是捕捉商机的有效方法之一。

1980年，高特任美国的罗伯梅塑胶用品公司（以下简称罗伯梅公司）的总裁。也就是从他上任后，公司的业绩增长了5倍，净利增长了6倍。罗伯梅公司成功的秘诀之一就在于采取了积极参与市场竞争，“取竞争者之长，补自己之短”的方式。

在竞争对手塔普公司开发出储存食物的塑胶容器后，罗伯梅公司对其进行了认真的分析研究，认为塔普公司的产品品质虽然好，却都是碗状，放在冰箱里会造成许多小空间无法利用。于是对其加以改进，开发出性能更好、价格更低，又能节省存放空间的塑胶容器。

于是，在塔普公司及其他公司还未看清产品问题的时候，罗伯梅公司却已将之转化为极重要的竞争优势了。

以上例子足以证明，市场的空缺不是你去发现的，而是要你去努力争取的，你争取了市场的空缺你就在激烈的商业竞争中占有了一席之地，而善于抓住市场空缺的人，在商场上往往能制造一些奇迹。那么你在商战中，就不会有失败。

可以这样说，寻找市场的盲点，开辟商业稀缺的道路是经商立于不败之地的法宝。因此，千万不要小瞧任何一个不起眼的商机，越是稀缺的，越是弥足珍贵的。

创造自己所需的好时机

有些时机是等来的，有些时机是靠把握的，有些时机是争取的……当然，守株待兔又能逮到几只兔子呢？与其等待机会出现，而不至于被饿死，不如用自己的聪明才智去创造机会。

作为排居在很多大公司之后的小型肥皂制造企业，明尼·唐克是后起的无名小辈。他不敢与其他大公司发生正面竞争，因为聪明的他是不会拿鸡蛋碰石头的。明尼·唐克通过仔细思考，决定采取侧面出击、出其不意的策略，不去踩别人的脚步，而是去创造自己所需的好时机。

1979 年，明尼·唐克的公司推出了一种空前绝后的液体肥皂，这种产品悄然上市后，立即引起消费者的强烈反响，得到大批用户的认可。这种“软体肥皂”的上市，很快冲击了当时名望高，规模大的乐威、宝洁等知名公司，使他们大为震惊。因为“软体肥皂”的上市抢走了他们生产的块状肥皂市场，明尼·唐克公司用智慧赢得了空前的成功。假如明尼·唐克公司不肯动脑子，依然按别人走过的路逐影随形，可能不会有自己的出路，只能跟在那些大公司后面吃些残羹而已。

1898 年 5 月 21 日，阿曼德·哈默生于美国纽约的布朗克斯，他的祖上是俄国犹太人，大约于 1875 年移居美国。他的父亲是个医生，兼做医药买卖。

哈默是三个兄弟中最调皮的一个，同时也是最富于创造精神的一个。

16 岁那年，哈默看中了一辆正在拍卖的双座敞篷旧车，但标价却高达 185 美元，这个数字对哈默来说简直是天价。然而，他仍然抓住机遇不放，他向在药店售货的哥哥哈里借款，买下了这辆车，并用它为一家商店运送糖果。两周以后哈默不仅按时如数还清了哥哥的钱，自己还剩下了一辆车。这第一笔交易虽然与后来相比起来根本不算什么，但对于当时的哈默来说却属“巨额交易”。同时，哈默也在这笔交易中考察了自己的竞争能力和独创赚钱途径的本领。

第二次世界大战期间，美国人民的生活水平有了显著提高，吃牛肉的人越来越多，优质牛肉在市场上很难见到，已成为大公司总经理的哈默感觉自己的机会来了，就迅速地在自己的庄园“幻影岛”上办起了一个养牛场，他用了10万美元的高价买下了最好的一头公牛“埃里克王子”。“埃里克王子”像棵摇钱树，为哈默赚了几百万美元，而哈默也从此由外行人变为牧场行业公认的领袖人物。

1956年，哈默接管了经营不善、当时已处于风雨飘摇之中的加里根尼亚的西方石油公司之后，就开始热衷于石油开发事业。当时有一家叫德士古的石油公司，曾在旧金山以东的河谷里寻找天然气，钻头一直钻到5600米，仍然见不到天然气的踪影。这家公司的决策者认为耗资太多。如果再深钻下去很可能是徒劳无功难以自拔，便匆匆鸣金收兵，把此井判了“死刑”。

然而，哈默却以30%的风险系数，70%的成功概率，带着妻子和公司的董事们来到这里，在被判“死刑”的枯井上又架起了钻机，继续深探，结果在原来基础上，又钻进3000米时，天然气喷薄而出。

后来，哈默又听说举世闻名的埃索石油公司和壳牌石油公司，在非洲的得比亚由于探油未成功而扔下不少废井，便带领大队人马开往非洲，以“愿意从利润中抽出50%”的条件，租借了别人抛弃了的两块土地，很快又找出了9口自喷油井。

哈默是一个具有创造精神的人，看来，机会得靠自己大胆地去创造。

多年来，日本的泡泡糖市场总是被劳特公司所垄断，其他公司要想打入泡泡糖市场可能性非常小。1991年，实力弱小的江崎糖业公司（以下简称江崎公司）却一下子就夺走了劳特公司1/3的市场，这成了日本这一年经济生活中一条轰动性的新闻。

江崎公司到底是怎样做到的呢?

原来，江崎公司成立了由智囊人员、科技人员和供销人员共同组成的班子。这个班子在广泛收集有关资料的基础上，专门研究劳特公司生产、销售的泡泡糖的优点与缺点。经过一段时间认真细致的调查分析，他们找出了劳特公司生产的泡泡糖有以下缺点：销售对象以儿童为主，对成年人重视不够（其实成年人喜欢泡泡糖的也不少，而且越来越多）；只有果味型（其实消费者的口味需要是多样的）；形状基本上都是单调的条状（其实消费者对形状的审美情趣也是多样的）；价格为每块 110 日元，顾客购买时要找零钱，颇不方便。

江崎公司发现以上这些可钻的空子以后，迅速推出了一系列泡泡糖新产品：交际用的泡泡糖，可以清洁口腔，消除口臭；提神用的泡泡糖，可以消除困倦；运动用的泡泡糖，可以增强体力；轻松休闲的泡泡糖，可以改变抑郁情绪。在泡泡糖形状上，推出了卡片形、圆球形、动物形等各种形状。在包装上，采用一种新包装，只需一只手就可以打开使用，非常方便。在价格上，为了避免找零钱的麻烦，一律定价为50日元和100日元两种。经过这一系列改革和强大的广告宣传，1991 年江崎糖业公司在泡泡糖市场上的占有率一下子由原来的0上升到25%，创造了销售额达150亿日元的纪录。

“即使是已经成熟的市场，也并非无缝可钻。市场是在不断变化，机会总能够找到。”这是江崎糖业公司的创办人江崎谈他的创业成功秘诀时说的。

在菲律宾，有一家地理位置极差，但生意却极佳的餐馆。起初，这家餐馆的生意并不好：由于地处偏远，且交通不方便，去餐馆用餐的顾客很少。很多人劝老板干脆关掉餐馆，另谋他路。老板思索再三，决定看看其他餐馆的经营状况后再说。于是，老板把自己扮成顾客，去其他餐馆参观。

经老板调查，他发现那些地处闹市区、生意较好的餐馆有一个共同点："现代派"味道十足，太"闹"了。而一些不喜欢"热闹"的顾客直皱眉头，用完餐后，就匆匆离去了。

老板突然有一个念头："来个'幽静高雅'会是什么样呢?"想起了自己餐馆所处的独特幽静的地理位置，不由得计上心来。

老板请来装修工将餐馆的外貌精心装饰得淡雅、古朴；屋内的装饰只用白、绿两种颜色，白色的柱子、白色的桌椅，绿色的墙、绿色的花草。老板还用莎士比亚时代的酒桶为顾客盛酒，用从印度买来的"古战车"为顾客送菜。

于是，早已被喧嚣声搅得烦不胜烦的顾客们听说有一个古朴幽静的餐馆可以进餐，口口相传，纷至沓来，餐馆的生意顿时好转。

这家餐馆的经营的成功全在于餐馆老板的奇思妙想，任何商机都是创造出来的。

20世纪60年代，美国的饮料市场被两大可乐公司所统治。那么，1968年刚刚问世的七喜，如何与两大可乐公司抢占市场呢?

在当时的美国人看来，可乐才是饮料，而且他们在口味上也已经习惯于可乐饮料。为此，七喜公司打破了传统的逻辑习惯和思维方式，到饮用者的头脑中去找产品的位置。

七喜公司大胆地提出"非可乐"的产品位置，也正是"非可乐"这一简单有力的口号、语破天惊的口号被美国的广告界称为"辉煌的口号"，使七喜脱离开硝烟弥漫的可乐竞争圈，以清新的口味和逻辑习惯赢得了消费者。在口号打出的第一年，七喜的销售量上升了15%。

1978年，菲利普·莫里斯公司收购了七喜公司，又使用"美国转向七喜"这一定位战略。尽管并没有改变大众对可乐的消费口味，却夺走了非可乐饮料的生意。

七喜公司把饮料市场划分为可乐产品和非可乐产品两大部分，这是一种两级划分的方法。将七喜定位为非可乐产品，这就与两大可乐公司的产品有了明确的区分，突出了七喜与可乐产品反其道而行的产品形象，既给消费者留下了深刻的形象，又避开了两大可乐公司之间的激烈竞争，使其可以集中赢得非可乐产品市场的霸主地位。

可见，当时机来的时候，要好好把握，如果没有时机，那么就要善于用自己的聪明才智去创造自己所需的好时机。

好商机是留给有准备的人

人们常常把“好商机”看成是成功的第一要素，见到别人成功就认为人家命好，或者是运气好。而将自己的平凡与失败归因于机会的缺失，习惯于将自己的成功寄托在机会上。中国传统商人知道，世上有只此一次的机遇，也有一来再来的机遇，这类机遇的出现虽然没有像寒来暑往，月盈月亏那样精确而机械，但只要做好准备，机遇是能够等来的。

皮尔·卡丹是一个白手起家的成功典范。他的成功除了靠他的天赋之外，还靠机遇和勇气。

皮尔·卡丹的家庭十分贫穷，生活潦倒，供不起他继续读书，他只读了几年的书就辍学了。为了生活，他到处工作。17 岁时在一家红十字会做工，凭着自己的勤学和机敏，很快就当上了一名小会计。这期间，让他学会了一些经济方面的知识，如成本核算和经济管理的知识，这是卡丹人生经验的初步积累。与此同时，他发现自己对裁剪的兴趣很浓厚。后来，他到了一家服装店当学徒，又过了几年，他已经熟练掌握了裁剪技术，同时也被日渐浓厚的服装消费气息所熏陶，他决定要成为一个裁缝师。

卡丹不断地拜师学艺，与同行互相学习。短短的几年工夫，卡丹已经是有一定技术实力的裁缝师了。遗憾的是他没有名气。于是，他到处寻找各种机遇，希望能有一个转机。

1945 年 5 月的一天晚上，他独自在维希郊外的一个小酒店里饮闷酒。当他要第三杯时，酒店里有一位破落的老伯爵夫人向他走来。这位老夫人见眼前的年轻小伙子无精打采的样子，便主动上前和他交谈。卡丹就把前前后后的事讲给她听。

原来这位夫人觉得卡丹这身打扮很时尚，她想知道这套时装的来历。当她知道卡丹这套衣服是自己亲手设计、裁剪并制作的之后，说道："孩子，你会成为百万富翁的，这是命运的安排。"由于这位老夫人年轻时常出入巴黎上流社会，并结识了许多服装设计大师和著名的时装店老板，巴黎帕坎女式时装店经理就是她年轻时的密友，于是，老夫人便把帕坎女式时装店经理的姓名和住址告诉了卡丹。

帕坎时装店经理的名字和住址，对卡丹来说简直就是一次从天而降的机遇。他暗暗发誓，振作精神，自己一定能够成功的。

原来，帕坎女式时装店是巴黎一家著名时装店，这家店时常为巴黎的一些大剧院缝制戏装。当店老板得知卡丹来店里的前因后果后，对他很热情。而且，老板发现卡丹的设计才能远远超出了他的想象，便毫不犹豫地雇用了卡丹。

从此，卡丹潜心于自己心爱的事业，刻苦钻研，拜师结友。不久后，卡丹就获得了巨大的成功，名门巨贾中开始流传着一个年轻人的名字——皮尔·卡丹。

后来，有两位好友鼓动卡丹开设自己的时装公司。1950 年，卡丹在巴黎开了第一家戏剧服装公司。卡丹决意以自己名字的第一个字母"P"作为牌子亮出去，自己独立经营时装。由于卡丹没有名气，虽然制作了以自己名字为招牌、款式十分新颖的时装，但"P"字牌子还是生意清淡。但是，卡丹并没有因此而气馁，他决心在精心设计和适销对路上下工夫。

经过不懈努力，卡丹的"P"字牌服装终于有了转机，赢得了以挑剔著称的巴黎顾客的喜爱。从20世纪60年代起，卡丹在创作上不断求新，探索进取，他设计的P字牌服装，走出法国，在世界各地深得人们喜爱，他开始有名气起来。

卡丹服装行销，世界主要是以“高尚、优雅、大方”著称。卡丹本人也为此三次荣获法国时装“奥斯卡”设计奖——金顶针奖，这是时装设计的最高奖。卡丹成为了世人瞩目的设计巨星、法国时装界的王中之王。

可见，机会只青睐于有准备的人，很多人眼里只盯着成功，而忽视了为达到目标而进行准备，结果机会来了，却落入了别人手里。要想拥有好的商机，靠的不是运气，而是准备。因此，如果你要抓住某些机会，你应该要预测一下需要什么条件，然后赶紧去准备，等准备充足了，机会的幸运之神可能就会降临到你的身上。

1999年，调查结果显示，有5家声誉最高的企业，其中之一是北京中关村的大型计算机企业联想集团，它仅次于海尔集团位列第二。联想集团不仅成为中国的知名企业，而且还是亚洲最大的三家个人电脑企业之一。

1984年，柳传志创办联想公司，总资本20万元，参与创业者共11人。刚刚开始创业时，柳传志渺小得就像大海里的一滴水。谁知，短短20年间，当年那么渺小的柳传志竟然在计算机领域为中华民族树立起了一座丰碑，他的联想集团成了计算机企业的代表，而他本人则成为计算机领域中的传奇人物。

柳传志在联想集团的发展过程中，做了两次重大的产业结构调整，这给柳传志和联想集团都创造了机会，他们在准备充分的情况下，毫不迟疑地把握良机，求得了更大的发展。

1988年，联想做了第一次大规模的产业结构调整。柳传志鉴于在计算机市场还处于开发阶段时，市面上根本没有品牌和主导产品，因此他毅然选择与国际公司合作，共同推广国外的品牌电脑。经过认真考察市场，仔细分析考察结果之后，联想的高层管理人员决定把公司经营目标定位在开发与研制电脑板卡上，意在凭借优异的产品质量打开市场。与此同时，联想集团为争取外国公司在中国的代理权，还与一些著名的大型计算机企业谈判，从而得到了代理销售与市场开发权，很快建立起了销售网络，为以后公司的运营和发展，积累了数额可观的资本。而且公司建立了市场营销系统，联想集团通过向外国企业学习，整机开发技术更加精湛了。

也就是在这一年，香港联想电脑公司成立了。虽然是合资成立的，但是柳传志还是实现了最初的目标，那就是把联想公司的技术优势和港方的市场优势结合起来。后来，联想集团成功创造了一连数年在中国销量排行第一的神话。

“林子大了什么鸟都有。”同样，企业大了，问题也就多了。柳传志意识到集团出现了许多新问题。比如，公司的经营模式已经不适合新形势，公司的内部管理也需要重新调整。这些问题如果不解决，就很难对领域中出现的各种情况做出及时准确的判断。所以，柳传志决定改变公司的组织结构，调整集权与分权的关系，把权力细分化。集团总部的主要职责是确定公司大的发展方向，参与重大投资项目的决策，对主要经理人员、财务负责人和科技开发负责人进行直接控制，而经营权则全部下放给事业部。各事业部都拥有相对独立的决策和经营权。根据联想的发展状况来看，柳传志这一改革是正确的。

总之，等待商机的最好方法就是埋头苦干，增加自身实力，制订详细的计划。做好一切人力、物力、财力上的准备，才能更好地把握商机。

有效利用时机才是关键

古人做事讲究天时地利人和，简而言之，便是我们今天所说的“时机”二字。无论做什么事，都要谋定而后动，不能心浮气躁，企业管理者负责着整个企业的运转，更是要慎之再慎。跟随模仿固然能让你省事不少，但必须统筹全局、思虑到位，有效利用时机才是关键。

任何事情的发展都有规律可循，市场上各个角落都弥漫着“看不见的手”，摆布着我们的行动，这只手的名字就叫做：价值规律。它以正弦函数的形态，周而复始地演绎繁荣和萧条，就像有魔法一样指挥着各种资源有条不紊地流动穿梭，而市场的每一分子都得益于此，或多或少都能分到一杯羹。

2000 年以前的先辈早就深诸此道，用精练的语句理清了其中的头绪，追赶时间，抓住时机，果断地快买快卖，做到“贵出如粪土，贱取如珠玉”。物品的价值攀高至极，接下来根据正弦函数设定好轨迹，便会一泻千里，此时不出手，更待何时。所以先辈教导我们，必须将其视为烫手的山芋迅速兑现。不然，只能眼看银子变成水。同理，当物品价值坠入低谷，坚信看不见的手的存在，那么就请将其像珍珠一样囤积，静候价值如雨后春笋一样向上升涨，待到高峰之时，才是出手良机。

功能饮料是一个内涵丰富的泛概念，不同的功能可以衍生出不同的子品类，比如“脉动”是补充维生素的功能饮料，“红牛”是抗疲劳功能饮料。功能饮料作为一个独立的品类，在 2003 年正式得到确认，那一年，广东乐百氏推出“脉动”大获成功，王老吉则将自己定位为功能饮料，开始了狂飙之旅。

王老吉将自己的凉茶定义为“预防上火”的功能性饮料。这一定位首先明确了王老吉凉茶的产品属性是“饮料”，而不是“药”，摆脱了多年产品定位不清晰所造成的困扰；同时，这一定位明确了王老吉的功能是“预防上火”，由于“上火”是中国消费者普遍认知的一个概念，这就为红罐王老吉走向全国扫除了障碍，而不再局限于两广地区；这一定位也清晰地定义了凉茶的差别化核心价值，与其他品类饮料、其他功能性饮料形成了错位竞争，避免了国内外饮料巨头的直接打压；另外，这一定位成功地将凉茶产品的劣势转化为一种优势，其淡淡的中药味，成为“预防上火”的有力支撑。

清晰的品牌定位扫清了王老吉突破的障碍。2003 年，王老吉选择中央电视台作为进军全国市场的传播基地。第一轮投入了 1000 万元的广告费，取得了立竿见影的效果，销量明显上升，这给了王老吉极大的信心。其后王老吉不断追加传播费用，到了 2003 年年底，仅广告投放累计就超过 4000 万元。密集的高空轰炸加上渠道运作的得当，在 2003 年，王老吉的销售额一举突破了 6 亿元。2004 年，王老吉乘胜追击，一方面再次斥巨资购买了中央电视台 2004 年黄金广告时段，另一方面大举扩大产能以应对销量的急剧上升。在 2004 年，王老吉的销售突破了 10 亿元。一时间，国人皆知王老吉。

此后，王老吉保持了高歌猛进的态势。成功的定位、大规模的传播以及强有力的营销手段让王老吉以不可阻挡之势横扫中国。2005 年，全年销售超过 20 亿元；2006 年，销售近 35 亿元；2007 年销量则高达 50 亿元。2007 年，王老吉荣膺“中国饮料第一罐”，成功超越可口可乐，成为中国罐装饮料市场销售额第一名。

一场意外的“非典”为王老吉创造了成功的契机，销售额从 2 亿元到 50 亿元，王老吉只用了 5 年的时间便缔造了一个神话，不得不说，对于“非典”这个时机，王老吉真是利用的很好。王老吉的成功让“凉茶”从一个边缘性、小众性、区域性饮料一跃成为中国市场的主流饮料。换句话说，因为王老吉，才真正诞生了“凉茶”这个品类、这个行业。

用现代经济学的观点看，经济运行有一定的规律，即所谓的经济规律。商品的价格随着供求的变化而上下波动：商品供过于求时，价格下跌，而价格一旦下跌，商品供求量即会减少；商品供不应求时，价格上涨。而价格一旦上涨，商品供求量又会增加。所以，商品的价格总是不断地变动，即所谓“论其有余不足，则知贵贱，贵上则反贱，贱下则反贵”。

商人只需在商品价格下跌时买进，价格上涨时卖出，即贱买贵卖，就能在这中间获取利润。

众所周知，在华尔街发展为世界金融中心的过程中，摩根家族发挥了很大的作用。摩根曾被誉为华尔街的基石，他的经营思想和冒险精神，为摩根家族带来了难以计数的财富，他大胆的投机行动，刺激着无数投资者向华尔街涌来。

看准时机，就要大胆下注，全力出击，这是摩根成功的一个重要因素。这种意识，可以说，摩根从年轻时就已经具备了，只是后来在金融搏击中，运用越来越熟练了而已。

1857 年，摩根从德国哥廷根大学毕业，进入邓肯商行工作。年轻人特有的气质和摩根自身独特的素质，使他干得非常出色。不过他大胆的行动和冒险精神，常常让总裁邓肯先生心惊肉跳。

一次，摩根去古巴为商行购鱼虾海鲜归来，途经新奥尔良码头停泊时，一位陌生人敲开了他的房门。

“先生，买咖啡吗？上等的咖啡，我们可以半价出售！”

“上等咖啡？半价出售？”摩根疑惑地盯着陌生人。陌生人马上自我介绍：“我是这艘巴西货船的船长，为一位美国商人运来一船咖啡，货到了，可是那商人却破产了，这一船咖啡只好在此抛锚。先生，您如果买，等于帮了一个大忙，我愿以半价出售。但有一条，必须现金交易。”

摩根一看咖啡的成色不错，价钱又便宜，就自作主张，以邓肯商行的名义买下了这船咖啡，然后，他给邓肯发去了电报。

邓肯得到消息，又惊又怒，因为商行在咖啡生意上已经几次上当，而今摩根竟招呼也不打一声，便自作主张，如果其中有诈……邓肯生气地回了电报：“你这个浑蛋！你想拿邓肯商行开玩笑吗?！立刻撤销交易，损失自己赔！”

摩根勃然大怒，他只好求助于在伦敦的父亲。父亲回电同意他用自己在伦敦公司的户头偿还挪用邓肯商行的欠款。摩根非常高兴，索性壮着胆子，放手大干，在巴西船长的推荐下，他又买了其他船上的咖啡。

摩根初出茅庐，就做如此大的一笔买卖，不能不说是一桩冒险之事。但老天偏偏青睐于他，就在他买下这批咖啡不多久，巴西出现了高寒天气，咖啡大减产。“物以稀为贵”，咖啡的价格一下子暴涨了两三倍，不用说，摩根大赚了一笔钱，不仅令父亲大为高兴，连邓肯也对他刮目相看了。从这次咖啡生意上看，摩根相信对于看准的就要大胆地放手去做，在以后的商海生涯中，这种信念一直伴随着他，使他成为华尔街的风云人物。

摩根购买咖啡，就算之后咖啡价格没有暴涨，由于他购进时的价格大大低于市场价，他仍然有钱可赚，至少不会赔本。他看准了时机，大胆出手，富于冒险精神，通过贱买贵卖，从中获取了巨大的利润。

要想有效利用时机，就需要企业管理者具有很敏锐的眼光，能洞察市场形势的变化，抓住那些转瞬即逝的机遇，最终才能在复杂多变的市场波动下游刃有余地穿梭，取得别人所不可望的利益，让自己变得更加强大！

第四章

有所随，有所不随

在实施模仿之前，应该认识到，模仿即使依赖于现有元素，也可以别具一格，有所随，有所不随。随机应变相时而动，必须以实力为先导。因此，在做决策之前，必须首先对市场前景做出正确的考量分析，然后再制定详细策略，实现原型与跟随模仿的对应。最后，在竞相模仿对方的同时，也要保留自己的特色，做出自己的品牌。

兴趣点也是增值点

罗素曾说过，他的人生目标就是使“我之所爱为我天职”。也就是说，他要把生活中最感兴趣的作为其终身事业。企业管理者也要善于根据兴趣确定自己要跟随模仿的行业。

所谓兴趣，是指一个人力求认识某种事物或爱好某种活动的心理倾向，这种心理倾向是和一定的情感联系着的。“我喜欢做什么?”“我最擅长做什么?”一个人如果能根据自己的爱好去选择奋斗目标，他的主动性将会得到充分发挥。即使十分疲倦和辛劳，也总是兴致勃勃，心情愉快；即使困难重重也绝不灰心丧气，而能想尽办法，百折不挠地去克服它，甚至废寝忘食，如醉如痴。

爱迪生就是个很好的例子。他几乎每天都在实验室里辛苦工作十几个小时，在那里吃饭、睡觉，但他丝毫不以为苦，“我一生中从未做过一天工作，因为我每天都感到其乐无穷”。相反，如果一个人不知道自己的兴趣所在，一味的人云亦云，是永远也不可能成功的。

曾经有过这样的事情，有两位分别叫伯特和乔的美国人，原先合伙在纽约开办了一间汽车修配厂，生意做得相当成功。但时间一长，便感到有点腻了，不久，两人干脆卖掉汽车修配厂，然后来到迈阿密。两人发现自从地产建筑热在此兴起之后，一直长盛不衰，他们感到“混凝土预制件”这门生意有奔头，于是把一家研制这种建筑材料的工厂股权买下来。可是，他们两人都是建筑行业的“门外汉”，既不懂建筑，也不懂施工，工厂亏损严重，最后，只好忍痛把该厂的股权全部出让，回过头来重新开办汽车修配厂。

类似事例在现实生活中也屡见不鲜。因此，生意人在考虑选择要干哪行生意为好的时候，首先要自问：“你懂得什么?”“自己干什么最有把握?”况且，通常也只能是懂哪行干哪行，哪行有把握就干哪行，直至干好为止。没有兴趣的事，不要轻易触碰它。

一个没有自己的兴趣的人，只能是“挣扎着”活着，随时都有可能被击垮。如果你没有兴趣，必须要善于寻找和培养自己的兴趣，做自己喜欢做的事，把自己的优势淋漓尽致地发挥出来。

曾有一位资深教授，问他的 3 名学生说：“你们的兴趣爱好是什么呀?”第一位同学说：“我最喜欢旅游，像徐霞客那样，游遍大江南北，把壮丽山河之美讲给每一位朋友听。”教授听后微微地笑了笑，点点头。

第二位同学说：“我喜欢音乐，因为它可以使我放松，陶冶情操，但我却不会去创作音乐，因为我只是喜欢欣赏而已。比起创作音乐我更酷爱舞蹈，优美的舞姿，让我的步伐更加轻盈，生活充满活力。”教授深深地点了点头说：“很好。”

这时，第三位同学说：“我的爱好很多、很广泛，比如：运动、棋类、音乐、购物、上网、看书等，太多了，总之对身体有益的，能让我丰富生活的，我都喜欢。”看着第三位同学满脸洋溢着灿烂的笑容，一副很自豪的样子，教授深深地叹了一口气，说：“爱好广泛，这并无可厚非，但广泛的背后却隐藏着一个可怕的问题，就是你太不了解自己了，太多的事物，扰乱了你的神质。”

3 年过去了，第一位同学真的实现了他的梦想，畅游全国各地及海外名城，他做了一名优秀的导游员。而第二位同学也成了一名优秀的舞蹈老师。第三位同学则在一家外企做策划，时而抱怨工作加班加点，太劳累；时而觉得生活所迫压力太大了，用他的一句话说就是：每天都很充实，但充实得透不过气来。

教授的前两名学生都是因为自己的兴趣爱好而圆了梦想，他们的生活同样充实，但充实中见活力，见生机。而第三位学生，因为不了解自己，没有认清自己真正喜爱的是什么，导致他一生平庸，生活繁乱。

世界上许多成功者，甚至是作出杰出贡献的伟人，也是因为了解自己的兴趣爱好而有所成就。魏格纳因浓厚的兴趣一生中 4 次去格陵兰探险；达尔文因兴趣爱好把甲虫放进嘴里；浓厚的兴趣爱好，使达·芬奇不顾教会的反对连续解剖许多尸体……

王庆是一名普通的高中生，他从小就很喜欢“动漫”。和我们一样，他也经历了高考生涯，但却落了榜。出乎意料的是，他没有像其他人那样选择复读再参加高考，而是用从小积攒下来的零花钱及每年的压岁钱，走进书店买下了当时能买到的所有著名的日本漫画书。然后，他报了一个电脑动画的培训学习班，不断练习。有人问他：“你为什么不复读一年？凭你的经验、刻苦学习的劲头，一定会考个好大学的。”他却笑了笑，回答说：“能考上一个好的大学就能有所成就？就能走上成功之路？我从来没有这样认为过。绘制、创意和设计动漫是我从小就感兴趣的事情，我愿意为我所喜欢的付出一切，做自己喜欢的事儿，再苦再累，我也不怕。”

他的父母都是老师，高级知识分子，起初并不支持孩子放弃高考，正如每个父母一样，他的父母也望子成龙，更何况他是老师的儿子呢？但王庆用一颗赤诚的心说服了他的父母，随即投身于动漫学习之中。后因王庆表现优秀，被送往日本留学，专门学习动漫设计制作。

兴趣爱好，能引人踏入某一专门知识的深广领域，可以把人引向伟大事业的辉煌峰巅；兴趣爱好，是构成学习动机的最具实际意义的因素，是学习的一种动力；兴趣爱好，是开启我们梦想大门的钥匙；兴趣爱好，是斩除荆棘的一把利器。由此可见，了解自己的兴趣爱好是一件多么重要的事儿，也只有先清楚地认清自己喜欢做什么事、想要得到的是什么，才能根据自身的条件找到适合自己跟随的旗帜。

杜邦公司创始人伊雷尔虽然身材不高，相貌平平，但他在学习和工作中有股近乎痴迷的专注劲儿。小时候在法国，家境还很宽裕的时候，伊雷尔受拉瓦锡的影响，对化学着了迷。那时候他父亲皮埃尔是路易十六王朝的商业总监，兼有贵族身份，谁也想不到这个家庭在未来的法国大革命中会险遭灭顶之灾。拉瓦锡和皮埃尔谈论化学知识的时候，小伊雷尔稳稳当当地坐在旁边，竖起耳朵听着。他对“肥料爆炸”的事尤其感兴趣。拉瓦锡喜欢这个安安静静的孩子，把他带到自己主管的皇家火药厂玩，教他配制当时世界上质量最好的火药，这为他将来重振家业奠定了基础。

若干年后，他们全家人为逃脱法国大革命的血雨腥风，漂洋过海来到美国。他的父亲在新大陆上尝试过多种商业计划——倒卖土地、货运、走私黄金……全都失败了。在全家人垂头丧气的时候，年轻的伊雷尔苦苦思索着振兴家业的良策。他认识到，目前战火连绵，盗匪猖獗，从事商品流通有很大的风险，与其这样倒不如创办自己的实业。但是有什么可以生产的呢？这个问题萦绕在他脑海里，就连游玩时他也在想。

有一天，他与美国陆军上校路易斯·特萨德到郊外打猎，他的枪哑了三次，而上校的枪一扣扳机就响。上校说：“你应该用英国的火药粉，美国的太差劲。”一句话使伊雷尔茅塞顿开。他想：在战乱期间，世界上最需要的不就是火药吗？在这方面，我是有优势的，向拉瓦锡学到的知识，会让我成为美国最好的火药商。后来，他就靠着这股专注劲，克服了许多困难，把火药厂办了起来，办成了举世闻名的杜邦公司。

著名学者郭沫若曾经说过：“兴趣爱好也有助于天才的形成。爱好出勤奋，勤奋出天才。兴趣能使我们的注意力高度集中，从而使得人们能完善地完成自己的工作。”同样，对于企业管理者而言，要想真正把你的事业做好、做大，也要问问你自己的兴趣所在。然后，把你的兴趣作为增值点，准确找到你的跟随对象，从而找出适合自己的成功之路。

前景是考量的杠杆之一

在当前市场竞争异常激烈的大环境下，企业要想获得成功，就必须不断提高市场敏锐度，善于捕捉市场变化信息，并从中抓住细节、创造战机、寻求优势、确立对策，做到棋先一着，抢先占领市场。

任何产品进入市场都绝非盲目或偶然，它们都是企业通过全面调研和深入分析而推出来的。但同样是经过一系列复杂流程而推出的产品，为什么有些能迅速获得消费者的青睐，并快速抢占市场，而有些却难以引起消费者的购买欲望，自始至终都冷冷清清？造成两者天壤之别的根本原因就在于，企业是否考虑到市场前景。

我们熟知的山寨手机，之所以能抢占很大一部分市场份额，根本原因也在于制造商对市场前景具有高度灵敏的嗅觉。他们深知，作为大众需求的通信工具，对于不同的消费群体应该满足不同的需要：对于热爱技术的人来说，智能机是他们的宠物；对于看重娱乐的年轻人来说，强大的音频视频能力和拍照功能不可或缺；而对于中老年用户来说，最重要的就是易用实用。

这诸多的功能对于一个已在市场建立品牌的手机企业来说，实在有点力不从心，但山寨手机却能兼备以上所有功能，真正全方位适应消费者的需要。兼备手机的诸多功能，正是山寨手机厂家对市场具有高度灵敏的嗅觉的体现，它们是在充分了解市场之后才有针对性地生产出来的产品。虽然山寨手机的功能都是模仿品牌手机，但其市场优势显而易见。

苹果公司在2007年推出iPhone手机后，立即以其独特的技术吸引了众多消费者，然而4000多元的价格却让大多数人望而却步。面对这种状况，山寨手机商立即悟出其中的商机，生产出HiPhone手机，它既在技术

（不用手写笔即可输入，也具备手指触控功能）和外形（与 iPhone 具有同样的界面和外观）方面完全满足消费者的需求，又以比 iPhone 低廉得多的价格获得消费者的青睐。苹果公司推出的 iPhone 手机功能强大，外形美观，深受消费者喜爱，但为什么它至今也没能真正进入中国主流市场，反而被 HiPhone 手机捷足先登？其根源便在于 HiPhone 制造商比 iPhone 厂家具备更敏锐的市场嗅觉，它们能从市场本土化出发，扬长避短，既紧紧抓住市场热点，又摒弃被消费能力所限的价格因素。

企业处于一定的市场之中，必须随时了解自身所处的市场环境，把握其中的细微变化，把握新的趋势。企业要通过观察研究行业市场、进行问卷调查或凭借主观经验去了解市场趋势、把握市场机遇、评估市场风险，从而减少投资决策失误。

比亚迪在创业初期只有 7 个人，200 万元资金，如今已发展成在全球拥有 7 万多名员工，200 多亿元资金，主业也从早期单一的通信业发展到通信业与汽车业相结合。比亚迪以其独特的发展模式和年增长率超过 100% 的发展速度，创造了企业界的奇迹。然而，这个奇迹的产生其实一点也不奇怪——正是得益于其对市场前景的敏锐观察。

1993 年，比亚迪创始人王传福从一份国际电池行业动态分析报告中得知，日本将不再生产镍镉电池。这个消息并没有引起太多人的注意，但王传福却从中预感到这是一个黄金机会。于是，他坚定地进入了镍镉电池的生产领域。自 1995 年起，名不见经传的比亚迪就以每年超过 100% 的发展速度，迅速发展成为全球最大的镍镉电池制造商，拥有全球 40% 的市场份额，同时也是拥有全球 20% 市场份额的手机锂电池制造商。2005 年以来，手机部件又成为比亚迪另一个新的增长点，仅 2005 年销售额就达 19 亿元，占集团整体销售额比例增至 29%，而锂电池则占 32%，镍电池占 27%，汽车占 10%。

比亚迪虽然是靠着生产别人已经放弃的产品起家的，带有浓厚的山寨意味，但它能从一个专门生产镍镉电池的小企业发展成一个横跨通信和汽车制造两大领域的集团公司，关键因素在于其经营者对市场拥有敏锐的观察力和良好的把握，能从一份普通的市场信息中发现机遇，并当机立断做出决策。

春兰集团的前身是一家固定资产仅200多万元，年产值不足1000万元的冷气设备厂，而如今已成为拥有金融、空调器、摩托车、贸易四大群体的多元化的跨国、跨行业的大型经济实体。

春兰集团成功的秘诀在于准确地把握了市场趋势，当时的新任厂长上任后，通过一系列的市场调查分析发现：空调将是一个新的消费热点。于是，春兰的上层管理者迅速做出决策，大胆砍掉了一大批成本高、效率差的产品，把所有重心都放在空调的生产之上。正是从这种“小而专”的空调生产开始，春兰迈开了走向世界级企业的步伐。而当一些空调厂家都致力于开发3000~7000大卡的产品时，春兰集团再次把握了市场趋势，集中精力发展了3000大卡以下的复式空调和7000大卡以上的柜式空调，此举使春兰集团再一次撕开市场突破口，大举占领了其通过市场调研所发现的市场。

具有山寨精神的企业，可能并不像一些品牌企业那样急于挖掘市场需求，抢先争夺市场，而总是先以旁观者的身份冷静地观察行业市场动态，同时努力探求市场走向，等到时机真正成熟了，再决定进入某行业或推出某产品。这种模式的优势在于，其能真正了解市场动态，掌握市场方向，适应市场所需。可想而知，由于抓住了稍纵即逝的市场机遇，赶上了红红火火的市场需求，它们都能在激烈的市场竞争中为自己争得一席之地。

华为技术有限公司于1988年成立于中国深圳，是一家生产销售电信设备的员工持股的民营科技公司，主要业务范围是交换、传输、无线和数据通信类电信产品，在电信领域为世界各地的客户提供网络设备、服务和解决方案，服务全球超过10亿用户。目前，华为在印度、美国、瑞典、俄罗斯以及中国的北京、上海、南京等地设立了研究所，拥有员工近50000名。

华为能从一个规模相对较小的民营企业发展成为世界知名企业，与其研发人员对市场具有高度灵敏的嗅觉，努力发现新业务和新功能是息息相关的。

1997年，天津电信有人提出这样一个问题——“学生在校园里打电话很困难”。任正非得知该消息后，立刻觉察到这是一个机会，因此当时就紧急指示华为内部：这是个金点子，立刻响应。不过是短短的两个月时间，华为通过在交换机原本就有的200卡号功能上进行的“一点点”技术创新，做出了201校园卡，推出后市场反应热烈，很快便推向全国。等到其他公司反应过来时，华为已做了近一年，占据了40%的市场份额。

1999年，华为成为最先和中国移动一起做神州行预付费业务的企业。之前，华为已经觉察到这个将要出现的市场了，因此，暗自做好了技术储备。待到中国移动的需求一提出，华为立刻做到了全力响应。一期工程在全国铺设了25个省市的点，全部由华为一家承建。在最初的两年内，华为几乎没赚到钱。但是该业务推出后，中国移动获得了巨大收益，结果在二期招标的时候，一次性付给华为8.2亿元，这是当时华为成立以来最大的一笔合同，利润率也远远高于其他的产品。后来，别的厂家也跟进了这一市场，但该工程项目的价格已经大打折扣了。

综观华为成功的因素，其中最重要的一点就是，对市场前景的准确预知和把握，因此也就能比竞争对手更快地响应客户的需求。虽然有时候，市场的走向是不断波动、难以预测的，但波动中必然存在某种规律，支配着市场的大体发展方向。企业只有通过市场分析把握市场前景的演变趋势，才有可能不费太多研发成本就推出顺应市场需要的产品或服务。

柳传志曾在《我的跑步观》里说：“跟在别人后面跑，总免不了要吃一些尘土。”作为市场的主体，每家企业都必须置身于你死我活的市场争夺中。面对众多的强劲对手，谁能预先考虑到市场前景，谁就能抢占市场先机。否则，就只能跟在别人后面，亦步亦趋，眼睁睁地看着别人在市场中如鱼得水，而自己却只能默默地躲在角落里黯然神伤。因此，考量前景，充分把握好市场动向，也是你的必修课之一。

要能产生鲜见的推力

这是一个讲究个性的时代，也是一个追求效益的时代，更是一个模仿的时代。成功并没有什么特定的概念限制，做出自己的个性就是成功。即使在你跟随模仿他人的时候，也要保持自己独一无二的特质，只有这样，才能闯出自己的天地，才能产生鲜见的推力。

海底捞餐饮有限责任公司成立于1994年，是一家以经营川味火锅为主的连锁餐饮民营企业。很多人去海底捞，首先是冲着它的服务去的，其次才是火锅味道。这在中餐业中实在是有些另类。一位网友用“刘姥姥进大观园”来形容自己初次去海底捞用餐的感受。

要想在海底捞吃一顿晚饭，需提前2～3天订座，如果需要的是包厢，那么订座的时间还要提前到两周。如果没有预订，也不早早赶到占位子，那只能是漫长的等待，一般得等两个小时。虽然海底捞每家分店都开辟出1/10左右的空间作为给等位客人的休息区，但大多时候都是座无虚席。一般而言，就餐排队是一个极其枯燥的过程，不过很多顾客将在海底捞的等位看做一种休闲与放松。

当顾客在海底捞等位时，充满自然微笑的服务人员会立即送上炸虾片、各色水果以及豆浆、柠檬水、薄荷水等饮料，都是无限量免费提供。不仅如此，在等位区还可以打牌、下棋、看报纸、看电视和上网冲浪。更令人意想不到的是，顾客还可以享受到擦皮鞋、美甲等服务，而这些所有的附加服务都是免费的。孩子们也能在等位区找到兴趣所在，有条件的分店甚至还设有儿童乐园，有阿姨专门看管，每位小朋友都有“免费”蛋羹。

进餐时，服务员过来帮顾客把外衣罩好，给顾客每人一条围裙。更夸张的是，服务员会帮顾客把手机装到小塑料袋以防进水，会给长头发的女士提供橡皮筋和小发夹，为戴眼镜的朋友送来擦镜布。在进餐的过程中，每一个路过的服务生，都会主动过来帮忙，盘子、热毛巾也经常更换。和许多红火的饭店不同，海底捞的客人不会有找不到服务员的时候，每个客人都被关注着、被尊敬着，不会被冷落。因此，无论何时，只要顾客需要帮助，都能轻易在附近找到服务员关注的目光。而且，不同于高级饭店那种虽然表面上彬彬有礼，但缺乏内涵的经过职业化培训的服务，海底捞的所有服务都显得相当自然、亲切、温馨、主动，从不会让顾客感到一点点的生硬，哪怕这些服务只是一些常规的普通服务。

有一次，一位顾客结完账，临走时随口问了一句：“有冰激凌送吗?”服务员马上回答：“请你们等一下。”五分钟后，这个服务员拿着“可爱多”气喘吁吁地跑回来：“小姐，你们的冰激凌，让你们久等了。”这是服务员刚从附近的易初莲花超市买来的。还有一次，一位客人无意中同朋友说了一句“坏了，手机没钱了”，身边的服务员问清具体情况后，马上跑了出去，一会儿就气喘吁吁地为客人代买回了充值卡。如果赶巧哪位客人过生日，那么这个生日一定会让这位客人终生难忘：海底捞的服务员会奉上一捧鲜花表示祝福，当生日快乐的歌声响起时，所有的服务人员都会站直了和着节奏同声高唱。这样的小故事每天都在海底捞上演，经常把顾客感动得一塌糊涂。

在海底捞，顾客会经常看见员工端着菜盆跑步前进，用极快的速度抹桌子、铺桌。究竟是什么魔力让海底捞的员工一个个发自内心、热情洋溢地投入到枯燥、琐碎的服务工作中？很多人都在问同一个问题：这些海底捞人的笑容和激情是如何培训出来的？张勇的回答是：“无法培训，只需要提供员工想要的。”

“把工夫下在服务上”的理念，来源于张勇的创业经历。海底捞的前身是四川路边并不起眼的小摊位。1994 年，下岗工人张勇在家乡简阳支起了 4 张桌子，卖起了麻辣烫。那时的他对餐饮业一窍不通，按照他的话来说：“店址和东西都不好，想要生存下去只能态度好些，别人要什么，你都快一点；顾客有什么不满意，你就多赔笑脸。结果大家都说我的东西不好吃，却又都愿意过来吃。”从那时起，张勇就意识到，做好餐饮行业，服务才是取胜的关键。自此，张勇确定了海底捞的宗旨：服务为王。

做好服务，这在服务行业中是一个浅显得不能再浅显的基本理念，很多管理者抱有同样的意识却无法做到。一个重要的原因是，企业的管理者没能将服务的意识真正传递到员工身上，没能让员工将企业的服务理念化为自觉自愿的行动，即使制订了严格的奖惩制度，即使经过了严格的培训。要知道，为顾客提供服务的是员工，而不是管理者本人。贫寒起家的张勇却以朴素的“平等、尊重”意识轻易地做到了这一点。

“我要让我的员工快乐地工作，因此，能为员工想的、做的，我都会努力去做。太多人往高处走的时候，都忘记自己原本的样子了，其实对员工的尊重不过是人的本能。”张勇是这样说的，同时也是这样做的。

对餐饮业稍有点认知的人都会有这样的感觉：餐饮行业的服务人员待遇低、流动率高。以北京为例，月薪 600~1000 元，管吃管住，常年无休，有事得请假——这是餐饮行业的一般状况。管吃就不用说了，所谓的管住通常是潮湿、阴暗的地下室。在海底捞工作时，员工的工作底薪是 1500 元左右，比同档次的餐馆高不了多少，但是员工的隐性福利却让人无比羡慕。海底捞的所有员工都租住正式小区或公寓，而且距离店面走路不超过 20 分钟，因为太远会缩短员工的休息时间，若是夫妻俩都在海底捞工作的，就会给他们提供单独一个房间；员工在居住处可以享受到 24 小时的热水和空调；为了减少员工外出上网可能带来的危险，公司还为每套房子都安装了可以上网的电脑。目前，海底捞一个门店光员工住宿的费用一年就要花掉50万元。此外，领班以上的员工还有带薪年假、报销回家往返的火车票、孩子上学补助、每月直接由公司寄到员工家里的300元父母补贴等一系列员工福利制度。

2006年6月23日，200名来自百胜中国的区域经理将年会前聚餐的地点选在了海底捞位于北京牡丹园的分店。与其他客人不同，他们的兴趣不是火锅，而是海底捞的服务员以及他们的服务。这顿饭的目的是“参观和学习，提升管理水平”。按照海底捞餐饮有限责任公司董事长张勇的话说：“这简直是大象向蚂蚁的学习。”这个比喻不无道理，每个百胜区域经理手中都至少有36家门店，而当时海底捞全国的门店数加在一起，才不到20家。次日，在百胜中国年会上，应邀作为演讲嘉宾的张勇就如何提升员工热情被“新学生”们追问了整整3小时。百胜旗下的必胜客和肯德基一直是中国餐饮业顶礼膜拜的典范，这次“意外”的拜访在当时引起了不小的轰动，百胜免费给海底捞作了一次品牌传播。

海底捞的成功自然引起了同行的关注，很多餐饮企业开始模仿海底捞：开辟温馨的等位区环境、复制海底捞的种种服务细节、模仿海底捞的服务流程与制度、提升员工的待遇……遗憾的是，绝大多数模仿者都彻底失败了。有些企业不堪重负，不得不停止了试验；有些企业劳而无功，最后不了了之；有些企业的服务水准虽有提升，但投入产出不成比例，甚至还产生了新的混乱……

张勇直言：餐饮业门槛较低，技术含量不高，易于模仿。但他坚信，做到形似容易，但神似很难，海底捞背后的文化与价值观是无法轻易模仿的，是海底捞的文化造就出海底捞的员工与服务。“平等、尊重”的价值观一手构建了海底捞成长的动力之源，用张勇的话说，创造一个公平公正的工作环境、致力于使双手改变命运的价值观在海底捞变成现实是最为重要的两个目标。在张勇看来，快速发展赚大钱从来就不是海底捞的第一目标，那不过是水到渠成的事。

总结海底捞成功的经验，我们不难看出，它的成长虽然相对缓慢了一些，但却产生了鲜见的推力，能够始终坚持自己的特色，不是一味的跟随他人盲目地收取自己的利益。也许，这就是海底捞真正成功的关键所在。

最需求的东西最有价值

有句希腊谚语说得好："金子就在手边，路就在脚下。"商机无处不在，但是只有真正有市场眼光的人才能发现并且利用它。一切有用而短缺的东西都可能在某一种契机下变成商机，也许在大家看来，空气到处都是，不存在短缺的现象，可在高原或者密封空间里，空气也会是商机，因为最需求的东西最有价值。

在这个世界上生存，本身就意味着上帝赋予了你奋斗进取的特权。你要利用这个机会，充分施展自己的才华，去追求成功，而不是一味地跟在别人的屁股后面毫无希望地乱转。

19 世纪中叶，美国加州传出消息，说在那里发现了储量可观的金矿。消息一经传出，整个美国都沸腾了。人们群情激昂跃跃欲试，很多人放下手里的工作，日夜兼程、马不停蹄地奔赴加州。谁也不想错过这个千载难逢的发财机会。17 岁的穷孩子亚默尔也在这庞大的队伍之中。

一时间到处都是淘金者，而狼多肉少，金子的数量是有限的，自然也就越来越难淘。况且当地气候燥热，到处是荒山野谷，粮食和生活日用品霎时变成了稀缺物品。人们像是走进了沙漠，看不到希望，水更成了绝对的稀有资源。在这样艰苦的条件下，许多淘金者因为不适应那里的气候条件，带着没有找到金子的遗憾永远地长眠在这块传说中藏满金子的地下。亚默尔和大多数人一样，不但没有挖到金子，还被饥渴折磨得浑身无力。

这天，亚默尔因为不舒服，就没有去挖金子，而是躺在用木板搭起的简陋的床上，思考着自己的未来。

身上带来的钱很快就要花光了，可到现在为止连一粒金子也没有挖到，关键是还要忍受没有水喝的痛苦。想到水，亚默尔绝望地看了看已经空了的水袋。突然一个念头在他脑袋里一闪而过："淘金的希望太渺茫了，这样下去，不光什么都得不到，身体还会垮掉，还不如卖水呢！对！卖水！一定没问题！"亚默尔想到这里马上兴奋起来，很快忘记了身体的不适，从床上跳下来，把挖金矿的工具收拾到一起走出帐篷。此时，亚默尔心里因为装了那个卖水的希望，浑身上下充满了力量。他很快开始打听这个地方离哪处水源最近，挖水渠又需要哪些工具。一周以后，亚默尔正式开始了自己找水卖水的新事业。

亚默尔要放弃挖金矿改行卖水的消息一传出去，立刻遭到了那些狂热的淘金者们的嘲笑。他们笑这个孩子胸无大志，千辛万苦地赶到加州来，不挖金子发大财，却干这种蝇头小利的买卖。可亚默尔不管这些，他埋头苦干，开始挖水渠，从百里之外将河水引入水池。没有人理他、帮他，他就一个人没白天没黑夜地忙碌，双手都磨出了血泡。饿了啃口黑面包，困了躺在石头旁睡一会儿。附近的农夫看了很不忍心，于是纷纷过来帮他。很快，水就被引进了水池。亚默尔用细沙将水过滤，使之变成清凉可口的饮用水。然后将水装进桶里，挑到山谷，一壶一壶地卖给那些狂热的找金矿的人。大家仿佛在沙漠中看到了绿洲，一看到水就匆忙跑过来。一时间，排队买水喝的人挤破了头，自己一次喝够了还要再买一些回去储存起来。水总是供不应求，因此亚默尔常常要忙到深夜。后来，亚默尔又雇了几个人来帮忙，可依旧是一天 24 小时地忙，没有一刻空闲的时候。

有了充足的水，大家又被淘金刺激地充满了斗志，梦想发财的人们继续全力以赴地挖金子。然而，金子怎么会那么容易就得到呢？几年的时间里，淘到金子的人寥寥无几，大多数人都是一无所获的空手而归，有些人甚至因此沦为乞丐。

而亚默尔却在很短的时间内，靠卖水赚到了6000美元，这在当时可是一笔非常可观的数目。那些当初嘲笑亚默尔胸无大志的人此时不得不佩服他的眼光了。有了这笔钱，亚默尔用它成立了一家专门生产和加工肉制品的公司，也就是后来美国著名的亚默尔公司。

看到这些淘金的人，总是让我们想到前几年那些扎堆报专业的人。前几年管理热、法律热，于是那些经历过高考，成功走进象牙塔的人，纷纷报选这两个专业。但任何事情都有一个亘古不变的规律——物极必反，否极泰来。当供过于求的时候，就会向一个相反的方向滑落。结果可想而知，学法律、管理的毕业生遍地都是，而找到工作的却寥寥无几。

每位成功的企业家都有自己独特的经营之道，泰国第一富翁陈弼臣的经营哲学说起来其实很简单，就是能够远见卓识地抓住各种机会。他说："开银行是做生意，不仅仅是做金融业务。我判断一笔生意是否可做时，最重要的就是观察这个顾客本身，包括他的过去和他的家庭情况。"盘谷银行之所以能发展如此迅速，与陈弼臣敏锐的目光、深邃的洞察力、捕捉时机以及预见未来的能力是绝对分不开的。

所谓物以稀为贵，既是为贵，就不易珍藏。因为不是所有的庙堂，都能享有尊佛。就如罂粟，它饰有美丽诱人的花朵，却怀有摧残人性的毒汁。所以，在把握住商机资源的同时要积极付诸行动，事物的边边角角往往易被人忽视，而这也正是企业可以利用的空隙。

日本东京有家面积仅有43平方米的小得不能再小的不动产公司。一次，有人向这个公司推销一块几百万平方米的山间土地，对这块土地其他不动产者谁也不感兴趣，因为那块地人迹罕至，无任何公共设施，不动产价值被认为等于零。然而，这家公司老板渡边却认为，城市现在已是人挤人了，回归大自然将是不可遏止的潮流。因此，他毫不犹豫拿出全部财产，又大量借债将地买了下来，并将其细分为农园用地和别墅用地；而后大做广告，其广告醒目、动人，充分抓住山地青山绿水、白云果树特色，适应了都市人向往大自然的心理，结果不到一年，土地就卖出4/5，净赚了50多亿日元。

渡边的成功正是因为他抓住了别人不屑做的“边角”生意。这也正如他所说的：“别人认为千万做不得的生意，或是不屑做的生意，这种生意往往隐藏着极大的机会。因为没有人跟你竞争，所以做起来就稳如泰山，钞票就会滚滚而来，重要的是，要捕捉住机会。”

微软公司曾有意识地采取“技术跟随模仿”的战略：紧盯着市场上任何新的技术动向，密切观察新技术对市场的潜在影响力，分析新技术与微软现有产品技术相结合可能产生的制高控制力。当少数新技术生存下来并被证实了巨大的潜在价值时，微软就毫不迟疑地跟随模仿，并在很短的时间内开发出产品，或者干脆把原创者购买过来，并迅速占领市场。“技术跟随模仿”战略的好处是，省去大量人力、时间、开发经费，最有效地利用全行业的创造智慧，避免了投资失误。尽管微软常常被指责没有发明什么新东西，但是微软总是能后来居上。其原因在于：充分利用已有的市场优势，使产品十分贴近用户后，再利用完善的研究开发管理体制，打败那些小公司。

最经典的战役是微软打败网景公司的案例。网景的浏览器曾一度占据了压倒性的领先优势，当微软认识到浏览器的重要性时，立即投入巨大的人力、财力搞开发，开发目标非常明确，就是以网景浏览器为蓝本。刚刚开发出来的Explorer的功能与网景的Netscape非常相像，甚至连界面都非常相似。微软之所以能够打败网景，不是因为微软早期的浏览器比网景的好，而是因为微软的浏览器是免费的，并且直接捆绑在微软的操作系统上。用户购买微软操作系统时可免费得到浏览器，当然不会再花钱购买网景的浏览器。微软就是这样打败了网景。

虽然网景在创新方面总是先行一步，包括其预见性的市场眼光、浏览器的功能和结构等方面，但最终胜利的是微软，因为微软在操作系统方面具有垄断性优势，当产品不相上下时，额外拥有操作系统垄断优势的微软最终胜出，这就是微软采取技术跟随模仿战略的理由和基础。

最需求的东西最有价值，人类永远都不能抗拒稀少物品的诱惑。如果明天有人说萝卜、白菜马上要在地球上绝迹，说不定明天就有人掏高价抢购。不要担心定价太高不会有人问津，只要你的东西真的“稀有”或者你能将它说得“稀有”，不愁没有买主。商机就如昙花一现，如流星即逝，你可要抓好了！

市场效益是最终标准

对于一个企业而言，开发一个跟先发者相似的产品，制订一个相似的价格，应用相似的渠道，并采用相似的传播手段，这是一个最为稳妥的跟随之道，也是很多跟随模仿者都会采用的跟随模仿策略，但是，企业管理者却忽视了一点，跟随模仿并不是要你完全模仿先发者，市场效益才是最终标准。

对率先创新进行改进和完善，进一步开发和生产富有竞争力的产品——一直是模仿者一个重要的差异化手段。美国科学基金会曾经调查过1953—1973 年全球出现的 500 项主要技术创新，结果发现其中近 90% 都属于改良型，而改良在某种程度上就是模仿创新。

2006 年，法式小面包（密封袋装小面包）作为一种新的休闲食品开始风靡中国市场，先发者三辉麦风把这个新产品率先带入行业的视野，但真正功成名就的是来自福建晋江的盼盼。

所谓法式小面包，是指一种采用现代工艺制成的小型面包，这种面包看上去和蛋糕坊出售的普通小面包外形相似，由于其采用了特殊的工艺流程，在没有添加防腐剂的情况下，保质期延长到6～9个月，更易于保存、携带和食用。同传统烘焙的面包相比，由于法式小面包水分更少，所以口感更硬，不易下咽；相对饼干来讲，法式小面包没有那么干口；相对于蛋黄派来讲，法式小面包没有那么甜腻。

三辉麦风认为法式小面包应该是一个有前途的新品，可以作为简易的早餐、夜宵或者日常点心。在三辉麦风试探性投放广告并取得一定的市场业绩后，其他食品企业开始闻风而动。于是，市面上各种各样的法式小面包品牌层出不穷。在这些跟随模仿者中，盼盼与达利的动作最大、最为凶猛。

盼盼是跟进最为迅速的一个，不仅请来拥有温和可亲形象的蒋雯丽代言，而且还打出“法式小面包，还是盼盼好”的精彩广告语，再加上年投放高达5000万元的电视广告投入，风头瞬间就盖过了三辉麦风。

虽然达利的步子慢了一些，没有占到先机，但它对跟随模仿战略早已轻车熟路。为了切入法式小面包市场，达利不但请来许晴代言，以温情脉脉的家庭亲情吸引消费者关注，而且凭借成熟的网络与渠道，把达利园小面包很快铺到了各大终端。

在各大卖场渐渐塞满了各色各样的法式小面包之后，降价促销这面旗迅速被举起：今天你做堆头搞特价，明天我搞特价做堆头。很快，法式小面包从理论意义上的“蓝海”变成了血淋淋的“红海”。此时，已抢得先机的盼盼食品凭借产品的创新一举突出重围。

2007年年底，考虑到第一代法式小面包较为干涩、不易下咽的缺点，盼盼食品推出了法式小面包的第二代产品——夹心的法式小面包。这一产品从根本上改变了法式小面包食用时“形同嚼蜡、没有美食享受感觉”的负面影响，弥补了第一代法式小面包存在的缺陷，还为原本千篇一律的小面包口味添加了各式各样的夹馅，大大丰富了法式小面包的口味。

时至今日，盼盼凭借出色的营销与产品创新成为法式小面包的大赢家，也成为了法式小面包品类的第一品牌。

如果跟随模仿者在营销策略与顾客体验的各个环节上和先发者相似，这样做的结果很可能是：顾客难以辨认跟随模仿者的优点，只是将跟随模仿者的产品当成先发者的替代品来使用。于是，跟随模仿者想要获取更多的销售机会，唯一可能的做法就是要杀价，把产品卖得更便宜。但问题是，在一个细分市场上打起价格战，谁更吃亏呢？很可能是作为弱势品牌的跟随模仿者，因为弱势品牌的最大特征是消费者对其还没有形成深刻的印象或稳固的认同。

20 世纪 90 年代初，两位学者 Golde 和 Telli，通过对第二次世界大战前后 36 种产品的研究发现，创新产品的失败率为 47%，而早期跟随模仿产品失败率为 8%；他们的研究还表明，在过半数的产品领域，跟随模仿者一直占据着具有领导地位的平均市场份额——28%，而率先创新者的平均市场份额只有 10%。

由于经济发展不均衡，各地文化、历史的多样性，导致中国市场呈现出多层次、多元化的市场特征。不同的区域、同一区域不同的层级，消费购买力、消费习惯与文化、消费偏好存在着极大的差异，这为跟随模仿者开拓新市场、开拓不同于先发者的销售区域创造了空间和条件。

2003 年 5 月，乐百氏推出功能性饮品脉动。这款原定位于一级市场的高端饮品，出乎意料地在须臾之间横扫全国。脉动不仅在其最早定位的一级市场异常火暴，在二、三级市场同样引起疯狂的追捧，山西、甘肃、辽宁、河北、吉林等市场经常出现脱销现象。

脉动在全国只有两条生产线，分别设在武汉和河北。产能的不足导致全国范围内经常断货。在饮料销售旺季出现全国供货告急的紧要时刻，乐百氏被迫调整战略，重点照顾北京市场，产能的 50% 供北京需求，其余的向其他市场供应，甚至在部分地区实施限量供货，市场的饥渴状态一直持续到当年的 8 月。

其实，脉动产品的灵感来自达能在新西兰和澳大利亚的畅销饮品Mizone。新西兰和澳大利亚人崇尚自然，酷爱户外活动，Mizone一上市就获得了巨大的成功，尤其深得年轻人的喜爱。Mizone的成功促使乐百氏将其引入中国市场，并获得了成功。而且脉动的成功超出了自己的预期，生产能力的不足便是一个明证。

不过，脉动的成功可以称之为“非典型成功”。2003年席卷全国的“非典”，使得脉动的人市变得生逢其时。由于经历了非常时期的考验，健康、运动、保健得到国人空前的关注，此时，脉动补充维生素、提高自身免疫力的诉求与概念恰好迎合了消费者的需求。

脉动成功了，虽然脉动的成功有点儿偶然的意味，但是众多的竞争对手却不这么认为。“非典”的来临、脉动超常的成功，让饮料行业的参与者不约而同地得出这样一个结论：期待已久的功能性饮品的爆发性拐点来临了！于是众多的跟随模仿者争先恐后涌入市场。

虽然不是第一个进入市场的，但毫无疑问，推出脉动的乐百氏是功能饮料市场真正意义上的市场先发者，是脉动的成功引发了行业的跟随模仿狂潮。这其中有旗鼓相当的行业巨头，有名不见经传的区域中小企业，还有对中国市场垂涎已久的跨国巨头。由于产能不足导致脉动频频断货，这也给了跟进者巨大的市场机会。

以创意闻名的养生堂推出了“尖叫”，跨国巨头雀巢推出了“舒缓”，统一推出了“体能”，康师傅推出了“劲跑”，椰树推出了“热舞脉动”，以跟随模仿闻名的娃哈哈更是先后推出了两款功能性饮料，前期的“康有利”不成功，后期又重磅推出了“激活”品牌。甚至还出现了跟随模仿的升级现象：汇源推出了“他+她”维生素饮料，名字有别于脉动，更倾向于浪漫，相比众多跟随模仿者更能吸引人的眼球，因而“他+她”也成为一些区域品牌跟随模仿的标杆，涌现出“男孩女孩”“他酷她酷”等名字、品牌风格类似的品牌。

但是不到两年时间，由脉动掀起的功能饮料狂潮迅速滑向低谷，绝大部分跟随模仿者黯然出局，除了早期的跟随模仿者因脉动的产能不足获得了一定的收益外，大多数跟随模仿者损失惨重。时至今日，能够称得上全国性品牌、还能保持一定销量的，只剩下先发者脉动。因为，脉动当时的繁荣有很大运气成分，无论是乐百氏自身，还是众多的跟随模仿者都明白这一点。不过明白归明白，在脉动的直接刺激之下，众多的跟随模仿者失去了基本的判断力，包括对产品性质的判断、对顾客需求属性的判断。

因此，企业管理者在跟随模仿的时候，要拥有自己独特的判断力和灵活的运用力。如果能在跟随模仿中进行适当的产品创新，往往既可减少市场风险，又可获得差异化发展的机会。如此，就可以将市场效益扩展到最大化了。

吃到嘴里的才是肉

企业管理者在跟随模仿时，一定要衡量好自己付出与利益之间的比例关系，既要充分利用好自己手中的资源，又要避免不当跟随策略产生的损失。记住：吃到嘴里的才是肉。

1999 年 2 月，腾讯推出了 OICQ 的第一个测试版本。最初 OICQ 软件的设计是为了参加一家寻呼台的投标，实现电脑和电脑、电脑和寻呼台的即时信息传播，结果没有中标。扔掉又觉得可惜，于是腾讯就把它放到网上让大家随意下载。2000 年 5 月，腾讯 OICQ 在线人数首次突破 10 万大关。腾讯从中看到了即时通信的巨大潜力，开始将主要精力集中在腾讯 OICQ 上，不断推出新的版本，增加新的功能。

技术完善后，腾讯又遭遇了资金问题。由于 OICQ 的急速发展，使得腾讯的运营成本也同步上升，每月以几何级增长的服务器托管费用让腾讯难以承受。为了公司能继续生存下去，创始人马化腾一度想把OICQ卖掉，可是，和几家公司的谈判都因价格谈不拢而没有成功。

既然卖不掉，马化腾只好设法继续寻找资金，但是银行不愿意放贷，国内风险投资机构也兴趣寥寥。最后，马化腾拿着改了6个版本、有20多页的商业计划书开始寻找国外风险投资。最后，IDG和盈科数码为腾讯注入220万美元的投资，占有40%股份，使腾讯度过了最艰难的时期。可以说，没有当初马化腾的执著坚持，就没有后来腾讯的辉煌壮大。当初IT行业做类似OICQ产品的公司不止一家，但坚持下来的却只有腾讯。后来，迫于专利侵权的纠纷，腾讯被迫将OICQ更名为QQ。

腾讯探寻QQ的赢利模式从网络广告开始。2000年7月，在新一版软件中，腾讯的第一条BANNER广告条被加入到客户接收端中。尽管腾讯的网络广告销售开展得很不错，曾经在“网络广告先锋”的调查中排第三位，紧跟新浪、搜狐之后，但是相对于每天新增注册用户几十万、最高时每天新增用户曾达80万、一个月就要新加两台服务器的投入而言，网络广告的收入有点杯水车薪。当时，腾讯已经拥有近亿级的互联网注册用户量，而且这些用户有大量的消费诉求，但是，腾讯却苦于没有收费的渠道，所以无法使客户资源转变为现金流。腾讯的巨大流量，还曾经一度被讥讽为“垃圾流量”。

正在这个艰难时刻，2000年年底中国移动推出了“移动梦网”。“移动梦网”的收费模式一下子挽救了一批互联网公司，腾讯就是其中最大的受益者。“移动梦网”通过手机代收费的“二八分账”协议（运营商分二成、SP分八成），成为腾讯发展的分水岭，腾讯也逐渐成为通信领域的霸主，从此开始有意识地为自己设计发展战略，并最终出台了一个跟随模仿战略。在一些领域，跟随模仿者腾讯大获成功，而在另一些领域，腾讯却尝到了失败的苦果。由此可见，在跟随模仿路上，甚至连大型企业也不是一帆风顺的。

伦敦商学院教授马基迪斯认为，从企业技能与资产角度而言，大企业也不应该成为创新者。马基迪斯将企业分为拓荒者和整合者两类，其中，拓荒者由衷地热爱技术、极具灵活度与适应力，擅长在杂乱无章的动态环境中探索新技术，从一无所有中创造出新市场；而整合者高度结构化而且有纪律，对赚钱的兴趣甚于技术，擅长分析市场、建立市场秩序、扩大生产规模，并展开有效的营销，将新市场发展成为大众市场。创新开拓所需的技能、思维方式和组织结构，与整合、商业化所需的技能、思维方式和组织结构有本质上的区别，甚至相互冲突。

毋庸置疑，相比其他的模仿者，大企业的模仿更容易获得成功。按照马基迪斯的逻辑，后发者在对创新成果进行商业化、规模化生产方面的能力，是它们得以称霸大众市场的基础，这些能力本身就是大企业所固有的竞争优势。后发的大企业如果能够充分利用自身的规模化生产能力、传播能力与推广能力，再加之自身所积累的品牌声望，就可以成功且迅速地形成规模优势，进而转化为成本优势和竞争优势，从先行企业手中夺走市场份额，并超越其他的模仿者，得以后来者居上，成为新市场的主导者。

可是，大企业的跟随模仿更容易获得成功，并不意味着大企业的模仿就一定成功。娃哈哈在乐百氏推出“脉动”维生素饮料后，迅速跟进推出“激活”，然而大力推广之后并未能获得真正意义上的成功；微软进入搜索市场，几经努力也没能获得实质性进展，市场份额依然远远落后于谷歌、雅虎；腾讯公司虽然在博客、休闲游戏等领域实现了后来居上，但是跟随模仿进入邮件、搜索、在线拍卖等领域就几乎没有什么影响力，地位显得很尴尬。以上这几个企业是运作跟随模仿策略的典范，却也难免在一些领域跟随模仿失败。

QQ 有 3 亿左右的超大注册用户量，依托这个庞大的客户端资源，腾讯在业务上的可能选择极其丰富。腾讯采取了跟随模仿战略，跟在别人后面，把创新的风险留给别人，通过利用自己强大的客户资源后发制人。近两三年来，腾讯在这条道路上走得很成功。

2005年，QQ游戏几乎一夜之间击败了曾经的在线休闲游戏老大——联众公司，当QQ聊天工具与QQ游戏客户端绑定后，QQ用户便失去了去联众在线玩游戏的必要性。紧接着，腾讯在休闲游戏领域同游戏之王——盛大展开了短兵相交。盛大将泡泡堂做成“世界第一休闲游戏”的同时，又引进了“冒险岛”，其中，“冒险岛”公测不到几个月最高同时在线人数就突破了20万。腾讯则加速开始了自己的“QQ堂”，从内容上来看，“QQ堂”和“泡泡堂”非常接近，凭借庞大的客户资源，腾讯“QQ堂”也做得风生水起。

在博客领域，腾讯并不是中国最早的博客服务提供商，但一旦开通了和QQ绑定的Qzone，它便像QQ秀那样一发不可收拾地流行起来，迅速蹿升为国内年轻用户最流行的、使用人数最多的博客产品。

不难看出，腾讯在这几个领域之所以能够后来居上，一个主要的原因在于腾讯充分发挥了自己独特的竞争优势——QQ庞大的用户群，通过捆绑等手段，使这些QQ用户很自然地成为新领域的客户。但是，这一独特的竞争优势并没有在腾讯进入在线拍卖领域、在线搜索领域时发挥作用。

腾讯的C2C在线交易平台“拍拍”从2005年9月试运营迄今已超过3年，尽管其用户数已与淘宝不相上下，但它只占了不到5%的交易市场份额，这意味着十几个拍拍用户才能产生一个淘宝用户的价值。后来，腾讯不断加强拍拍与QQ用户的连接——只要注册过拍拍的账户，该用户QQ面板上的拍拍图标就会自动点亮，但即使如此，仍然收效不佳。

比拍拍境况更难堪的是腾讯2006年推出的搜索引擎“搜搜”。中国互联网信息中心2007年搜索引擎市场调查报告称，腾讯“搜搜”的首选率仅为0.7%，即使是腾讯QQ的用户，也很少选择使用“搜搜”。在谷歌、百度两大搜索引擎的夹击下，“搜搜”很难有更好的表现，甚至难以超越搜狐旗下的搜狗。这有很大一个原因在于消费者的“惰性”，一旦消费者

“习惯”了某个企业的“产品”，即使后来者的产品技术含量再高、消费者体验再好，也很难吸引消费者转换。另外，腾讯QQ用户基本上是消费能力不高、注重休闲娱乐的青年群体，这与在线拍卖市场的目标用户群很少重合，这一方面也许是当初腾讯没有考虑到的。

利益的追逐固然重要，但企业管理者也要量力而为，在跟随模仿的同时，还要将自己的企业与对手相比较，以确保争取最大的利益。但如果收入甚微，就应该适当放手而转移到其他方面。吃到嘴里的才是肉，不要在不必要的付出上留恋太久。

有能力驾驭是前提

崇拜强者，是商界乃至整个世界的一条不成文的法则。我们羡慕强者的成功，于是就会不自觉的产生模仿他们的心理，希望能通过跟随他们成功的步伐，从而实现自己的成功之路。能有这种积极的心态固然好，但有能力驾驭是前提。

现代商场竞争激烈，不进则退，是强者请亮出你的底牌，实力永远都是硬道理。在竞争舞台上，没有后门，只有前台；没有关系，只有实力；没有救世主，只能靠自己。只要你的实力足够强，拥有驾驭的能力，你就是最后的赢家。

1996年年初，中国中央电视台黄金时段广告竞标会上便演出了一幕龙争虎斗的商战剧。中央电视台黄金时段广告是指新闻联播结束到天气预报开始之前的2分钟内所播的电视广告。这一时段的广告可谓中国广告界的制高点，其广告效应之大是任何形式的广告传媒都无法比拟的，它成为实力雄厚的商家必争之地。

中央电视台为了适应社会主义市场经济的发展需要，构建了一个公平竞争舞台——黄金时段广告竞标会。会上云集了全国商界的各路豪雄，有350多家企业，700多人会聚一堂。在正式对黄金时段广告进行竞标之前，中央电视台台长为了感谢大家在过去的一年里对中央电视台的支持，举行了盛大的招待会。与中央电视台台长同席共桌的是上一年度中央电视台的10个广告客户：孔府家酒、孔府宴酒、505、江中、椰风……商界的强者不是捧出来的、拔出来的，也不是天上掉下来的。打肿脸充胖子不是商人的性格。

商人要让数字说话，让实力证明自己的存在。中央电视台黄金时段广告的费用以秒为单位，以千万元计算，不是任何一个商人都能在此拍胸脯、说大话的。

然而，当盛大的招待宴会在一片热烈的气氛中即将结束之际，东道主中央电视台台长身边来了一位山东汉子与之叙谈、交杯。喧闹声中，山东汉子说了一句令中央电视台台长震惊的话："台长，明年坐在你身边的应该是我。"是一时激动，还是良好愿望？总之，台长当时并没有太在意他的话。

次日，竞标会充满着一股浓烈的商战气氛。它既需要气魄，又需要智慧，知彼知己，方能百战不殆。人们把目光聚在"两府"（孔府家酒和孔府宴酒）的老总身上，因为他们是上一年度电视台广告的"大哥大"。孔府家酒老总，温文尔雅，一派儒商风范。他不紧不慢一字重千钧，一语惊四座：孔府家酒的竞标额为62988888.88元。这一标额较上年度已大幅上扬。

孔府宴酒的老总，军人出身，文武双全，善于商战，以一种势在必得的气魄，报出了63999999.99元的标额，令人刮目相看。正当群情激动之时，竞标会冲出一匹"黑马"：山东秦池古酒厂以66866666.66元，将中央电视台黄金时段广告的头把交椅归于其名下。这时，中央电视台台长才完全明白了，昨天与之交杯的山东汉子——秦池古酒老总一席话的真正内涵。

出于对强者的崇拜心理，我们希望跟随强者的脚步，模仿他们的成功例子，但并不是每个人都拥有那么强大的实力背景，所以，就出现了一些别样的成功模仿——山寨。

诚然，在正统、精英所共同构筑的藩篱面前，山寨显得既小气又寒碜，其“强盗式”的行为也多被人诟病，但山寨凭借着顽强的生命力和无所畏惧的创新性，不断颠覆、反判、解构着主流事物，同时还在支持与批判的矛盾中促进了主流事物的变革与创新，推动整个主流世界向前发展。

企业管理者若想取得成功，就不要有太多的顾忌，正所谓“不管白猫黑猫，能逮到老鼠的就是好猫”。在跟随的同时，你必须考虑好自身的条件，有能力驾驭是你能够取得模仿成功的前提。

不悖于法理道德

企业管理者在跟随模仿他人时，一定要有自己的一些原则标准，必须有所随，有所不随，不能只看到眼前的利益，而过于盲目的一味跟随模仿。偷税漏税是一种搬起石头砸自己的脚的行为，企业管理者一定要重视。

犹太人的经商格言之一就是：绝不漏税。在犹太商人的观念中，漏税是一种可耻的行为。曾有个瑞士人到海外旅行，回来时将一颗宝石藏在鞋里企图逃过纳税而入境，结果被当地海关查出扣留。一位同行的犹太人看到这种情况，十分奇怪，问道：“为何不依法纳税，堂堂正正地入境?”

在犹太商人眼里，依法纳税是明智之举。事实上，犹太商人比世界上任何一个国家的商人缴税都积极。他们认为，纳税是他们和国家定的无形的“契约”。不管发生什么问题，自己也要履行契约。谁漏税、偷税、逃税，谁就是违反了和国家所签订的契约。违反“神圣”的契约，对犹太人来说是不可以原谅的。

巨人集团董事长史玉柱也曾说过：“能争取国家的优惠政策，尽一切可能争取，但在这个基础上，我给财务的规定是不准偷漏一分钱的税款。这样至少保证公司不会出现大的问题。”从当前调查掌握的情况看，有六种偷税漏税的现象值得企业管理者自省，千万不要涉入其中。

• 换牌逃税。目前，部门机关团体开办了一些经济实体，但由于自身缺乏相应的资金和经营管理的能手，只好采取招聘经营、定额承包的办法经营企业。这给了少数不法经营者、个体工商户以可乘之机。他们摇身一变，戴上校办企业、国有企业的“红帽子”，成为机关团体经济实体的承包者。如此一来，他们不仅逃避了现行较为合理的税收，还享受到新办经济实体的一些减免税优惠政策，致使国家税收流入个人腰包。

• 瞒税。少数企业管理者利用发票做手脚，采用虚报丢失、伪造涂改、大头小尾、两次填写等手段逃避税收。例如，某企业承包人将实际金额 5 万元的业务分两次填写，在业务报销联上填的金额是 5 万元，而存根联上竟只填了 50 元。还有少数商人公然违反制度规定，设两本账。在应付税务人员的假账上填写少量的金额，却在给自己看的暗账上记载大宗经营收入，通过这种手段来减少税收。可是，他们忘了，要想人不知，除非己莫为，再好的伪装也有露马脚的时候，对于这种妄图瞒天过海的偷税手段，税务人员只要下工夫是能够查出来的。

• 无证经营。极少数经营者，为了躲避税收管理，采取不办税务登记和营业执照的方法进行无证经营。也有些经营者借别人的营业执照副本经营。他们采取“你来我走、你追我跑、你疲我卖、你查我躲”的游击战术，打一枪换一个地方，结算完毕就迅速逃离经营现场，逃避纳税检查。

• 以小瞒大。少数经营者利欲熏心，他们深谙利润多交税也多的道理，便节外生枝，虚增成本，假摊费用，达到账面上减少利润而偷逃税收的目的。

• 私立账户。一些经营者对开设的银行账户弃之不用，而又另立账户或采取现金交易不入账的手段，隐瞒收入，逃避税收。

• 偷梁换柱。为了提高利润，谋求更多的财富，个别经营者公然销售经营范围以外的商品，而且将这部分商品的销售收入隐瞒，以图少交税。例如，某发廊总经理擅自销售电视机和电风扇，某杂货店老板非法经营建材。税务部门坚决取缔他们超出营业执照范围的经济合同，把已经获取的收入照章追缴了税款。

每一个企业管理者都应该有合理避税的意识，但绝不能偷税漏税。而犹太人的“绝不漏税”，也并不表明他们愿意轻易地缴出税款。他们也知道，依法纳税而不漏税，这需要一笔较大的费用。但是，他们没有选择偷漏税的方式，而是采取一些巧妙的手段，合理避税。大家都知道，董事长的薪资是比较高的，一般标准都在该公司职员平均月薪的50倍以上。假如公司职员平均工资为2000美元，则董事长的薪俸应是10万美元。这样高的薪资，要向国家上缴的税额也是相当可观的。在日本，一个有1000万日元薪水的董事长，交税后所剩余的钱仅可糊口而已。

面对如此巨额的税收，多数商人都是不太愿意缴纳的。因为他们不想自己的努力最终只是为税收作贡献。于是，不少董事长或总裁都把自己的薪资调低，以达到合理避税的目的。

在做生意的过程中，避税不仅要合理，还应该巧妙，这是精明的生意经营之道。避税的目的并不只是为了降低缴纳的税额，其最终的目的在于降低企业运营的成本。因此，对于合理避税不能偏执地认为，只有少缴税款才算避税，这是不对的。事实上，即便没有减少税款，如果能够推迟税款缴付的时间，也可以降低企业的运营成本，从而达到避税的效果，这同样也是巧妙而合理的避税手段之一。

例如，某工业企业采用分期收款方式销售产品，售价50万元，实际成本25万元，据合同规定，分4次收款，其中本年应收30万元，其余为第二年结清，对应本年结转的成本为15万元。忽略其他因素，只从成本收入角度考虑对所得税的影响，则当年应纳所得税为（300000 - 150000）×33%，即4.95万元，其余的3.3万元税款计入第二年。

倘若企业采用托收承付方式销售产品，则发出货物、办妥托收手续的当天确认收入，当年应纳所得税为（500000 - 250000）×33%，即8.25万元。

虽然前后相比，两种方式应纳所得税总额是一样的，但是，很显然第一种方式推迟了税款的缴纳，这就相当于无息占用了政府的一笔资金，从而避免了一部分税收。

作为一个企业，绝不能违法偷漏税，但可以合理避税。合理避税最关键的问题之一是财会人员的执业水平，这是避税筹划成功的保证。成功的避税筹划方案是“斗智斗勇的结果”，因此财会人员必须具备较高的税收政策水平，具有对税收政策深层加工的能力，这样才能保证避税筹划方案的合法性。

其实，合理避税有很多方法，下面是对于一些企业管理者能够合理避税的建议，希望对大家有所帮助。

- 换成“洋”企业。国家对外商投资企业实行税收倾斜政策。
- 进入特殊行业，比如对服务业的免税规定：托儿所、幼儿园、养老院、残疾人福利机构提供的养育服务，免缴营业税。婚姻介绍、殡葬服务，免缴营业税。医院、诊所和其他医疗机构提供的医疗服务，免缴营业税。安置“四残”人员占企业生产人员35%以上的民政福利企业，其经营属于营业税服务业税目范围内（广告业除外）的业务，免缴营业税。残疾人员个人提供的劳务，免缴营业税。
- 注册到“宝地”。凡是在经济特区、沿海经济开发区、经济技术开发区所在城市的老市区以及国家认定的高新技术产业区、保税区设立的生产、经营、服务型企业和从事高新技术开发的企业，都可享受较大程度的税收优惠。

- “提高”生产成本。可以考虑如何对经营中所耗水、电、燃料费等进行分摊，员工生活费用、交通费用及各类杂支是否能够列入产品成本。还可以合理提高职工福利，并将这些费用在成本中列支，这样不仅能够减少税收负担，同时也能够帮助调动员工的积极性。

在做一笔生意之前，不妨粗略地算出在除去税款以外，有多少钱能装入自己的口袋。如果利润太低，就不要去做。

有句话说得好：愚昧者偷税，糊涂者漏税，野蛮者抗税，精明者避税。天网恢恢疏而不漏，企业管理者绝对不能做偷税漏税的违法之事，但也一定要开动脑筋，学会用适当的方式合理避税。

第五章

移植迁变跟随法

事事有标准，样样有佳例，在这样的时代，我们反而容易错失某些显而易见的机会。因此，我们需要放眼世界，而不拘泥于小小天地，超越行业界限，尽可能的增加我们的模仿对象，提高学习效果。当然，在实施跟随模仿策略的同时，我们也要融入效率和创意，运用移植迁变的跟随方法，争合得当，成为最终的赢家。

踩着别人的脚印前行

鲁迅曾说："我们要或使用，或存放，或毁灭。那么，主人是新主人，宅子也就会成为新宅子。然而首先要这人沉着，勇猛，有辨别，不自私。"模仿的最高境界就是在踩着别人的脚印前行的过程中，走出一条属于自己的路，拥有自己的特色。

只要你学会模仿，灵活掌握跟随的技巧，赚钱就不是难事，甚至有时候，它轻松得连你自己都会难以置信。

就拿大隆机器有限公司来说，在1994年，大隆与中国台湾鞋机生产商益鸿公司合作，为其生产配件，引进并模仿台商的生产技术并加以创新，两年后将自己研制生产的鞋机推向市场。之后，大隆又洞察到了意大利的先进技术，于是他们选择了意大利的沙巴和BC合作，引进了意商具有国际水平的鞋机图纸，边生产边借鉴其高科技技术。大隆就是依着这条模仿再创新的线路，跻身于世界一流鞋机生产厂商的行列。在模仿的基础上进行技术创新，他们自豪地把此举堪称为"站在巨人的肩上"。

如今汽车界模仿之风劲吹，从中到外，各种车型的模仿无处不在。尤其在我国，汽车市场持续升温，大小厂商竞争激烈，对于实力较弱的汽车厂家来说，模仿是在所难免的。因为按照汽车界的规律，完整地开发一辆全新轿车的外形需要投入几千万美元，周期至少四五年。适当地借鉴他人的成功之处对这些相对稚嫩的企业来说，是起步发展壮大的重要途径。

吉利汽车的前脸像奔驰一直不是什么秘密，但它前不久推出的吉利豪情"少帅"却把这种"模仿秀"推向了极致。吉利"少帅"的大灯用的是奔驰C级车的形状。从车头望去，像奔驰的不仅有车灯，还有水箱格栅、车标，而且都经过了电镀处理，明光锃亮，颇有些豪华车的气派。原先镶嵌在引擎盖上的吉利豪情车标也像奔驰车一样被竖了起来。总之是越看越像“具体而微者”的迷你“大奔”。

吉利也从没有否认过是从模仿起家，但也并不是说模仿就是简单的克隆、抄袭。吉利所说的模仿是个学习的过程，是吸取别人成功经验的过程。韩国车发展学习了日本，日本车发展学习了美国，而美国车发展学习了欧洲，这就形成了世界汽车创新发展的过程。要说现在的吉利车模仿了谁，是奔驰，是夏利，还是其他？谁都说不准，要说有，它都有，说没有，它都没有，它就是具有自己特色的吉利车。因为经过这几年的发展，吉利已完全具备了自己独立的知识产权。模仿不是简单的“移植”，而是一个学习的过程——少走弯路、创新发展的过程。吉利确实从模仿起步，但只用了不到3年的时间便跨越了一些汽车企业十多年的发展历程，制造出中国价格最低的家用经济车型。

汽车行业的模仿之风已经蔓延开来，你可以说这是彼此之间的借鉴，也可是说是智慧之间的互用，不管怎样，最终的受益者自己心里有数。

最近，在国内低档SUV市场上，出现了一款很富有个性的车型。说它有个性，是因为它的外形酷似国内比较畅销的进口车型本田CR－V。这款车就是石家庄双环汽车有限公司生产的双环来宝S－RV。

来宝S－RV和本田CR－V无论从车的整体造型，还是前脸后背，乃至灯饰、门拉手都极为相似，唯一不同的就是来宝S－RV的车身尺寸要比本田CR－V稍大一些，轴距也相应长一些。来宝S－RV的进气格栅采用了网格状，中间有双环的标志——两圈相套。侧开式后门上的后风挡不能单独开启，门拉手上方和外挂备胎上有汉语拼音“LAIBAO”标识。与本田CR－V相比，来宝S－RV尾部的立柱式尾灯采用了透明的灯罩，灯的形状为圆形和椭圆形，看上去更酷一些。

来宝 S－RV 的坐椅和门内饰板采用了棕色斜条纹针织面料，与整体的浅内饰色调搭配比较和谐。相较而言，仪表台造型普通了些，而且做工也略显粗糙。车内还有许多人性化的设计，像前排坐椅的椅背后都有折叠的小桌板，行李舱两侧以及行李舱门内侧都有储物盒。另外，来宝 S－RV 的坐椅还可以拆卸或者折叠，从而可以根据需要得到想要的车内空间。

配置方面，除了转向助力、电动车窗、遥控中控锁和电动调整外后视镜外，还配备了全自动智能空调、松下单碟 CD 音响、伟巴斯特电动天窗、前后雨刮和后风挡除霜装置并配备了 MABS（机械式 ABS），配置相对来说比较齐全。

雷克萨斯就是我们大多数人熟知的凌志。据说，这个品牌的雏形最初也是模仿汽车界的老大哥奔驰而来。不过，经过多年的积淀，雷克萨斯已经悄然完成了从模仿秀到与奔驰平起平坐，甚至转换成为超越者的角色。

事实是，自从 1989 年在北美问世以来，雷克萨斯就变为了“豪华”的同义词，成为畅销全球的国际汽车品牌，其销量在美国市场的豪华车种类中排名第一。雷克萨斯 GS430/GS300 来中国的时间还不足一年，就已成了街头的常客。

在第二届广州车展上，更让我们大开眼界：双环来宝模仿本田 CR－V；通田阁萝克隆大众 Polo；北京现代索纳塔下沉的车尾、线条分明、突出的行李箱盖与捷豹有“异曲同工”之妙；福特蒙迪欧的三角双色尾灯明显借鉴了奔驰 S 级的设计；比亚迪 F3 貌似丰田花冠；双环 CEO 公然拷贝宝马 X5；丰田 RAV4、飞碟 UFO、北旅御豹简直就是“三胞胎”。

从吉利的模仿起家，丰田 1989 年推出的 LcxusLS400 模仿奔驰 S 系取得巨大成功，到奇瑞 QQ 和双环 S－RV 大获成功之后，越来越多的国内汽车厂家发现了这条“终南捷径”，“模仿秀”水平比以往更高，基本上都不是“全盘照抄”，而是“局部模仿”，即在一些关键的部位进行模仿，以达到“神似而形近似”的效果，消费者一眼就能看出它像谁，但又不完全像谁。汽车模仿秀风靡天下，火热进行。但唯一可以肯定的是，他们利用模仿节省时间，创造最大价值。模仿有绝招，对于不同行业有不同“模仿创新”，汽车的行业，就在于他们模仿的神似。

企业管理者要明白，模仿并不代表落后，相反，模仿使人进步。在向人家学习时要全力模仿，吃透学透，但同时也要拥有自己的独到见解，能够果断独创，走出不寻常的成功道路！

用别人的智慧为自己谋利

21 世纪最重要的是什么？是人才！科技发展需要人才，企业成长需要人才，作为企业管理者，要知贤善用。事业的成功，需要个人的主观努力和奋斗，也需要众人的扶持和帮助。选贤任能是企业管理者最重要的能力之一，是衡量管理者管理水平、能力高低的重要标志之一。用别人的智慧赚自己的钱，是为企业谋福利的有效方法。

古语说：“千里马常有而伯乐不常有。”企业管理者应该充当新时代的伯乐。人各有所长，又各有所短，只要能扬长避短，天下到处是人才，用火眼金睛识别人才，更要让金子在需要的位置发光，让他们的智慧为自己所用，是帮助企业飞黄腾达的必要战略。

李世民是我国历史上有名的政治家和军事家，他能够取得统一国家的胜利，并不光是靠太原起兵时的宿臣旧将，而且与一大批降将的功劳也是密不可分的。无论是对于哪一类将领，李世民都能体察下情，施恩接纳，因而每一个将领都愿以死相报，真可谓是“滴水之恩”换取了“涌泉相报”。其中，最为典型的就是尉迟恭。

尉迟恭，是隋唐时期有名的战将之一，为唐朝立下了不可磨灭的功劳。他原为宋金刚的部下，后来宋金刚兵败逃命，尉迟恭等人被迫投降了李世民，一同投降的寻相将军及宋金刚的部下士卒在夜间偷偷地逃走了。屈突能、殷开山等人害怕尉迟恭逃跑，为大唐留下后患，就把尉迟恭捆了起来，然后跑去劝李世民杀死尉迟恭。

李世民却说：“尉迟恭如果要叛变，他怎么可能落后于寻相将军？现在寻相叛而敬德留，足见尉迟恭毫无叛志呀！”说完，赶忙走到尉迟恭面前，亲手为他解开了绳索，并把他引到了自己的卧室，拿出一箱金子相赐，说：“大丈夫只以义气相待，请不要为小事介怀。如果将军不愿意留在这里，这箱金子可作为路费，略表我的心意，我绝不会强留下不愿与我交朋友的人。”尉迟恭当即被感动的声泪俱下，并发誓愿一生效忠李世民。

第二天，李世民带了500骑兵巡视战场，突然遭到王世充骑兵的包围追杀。王军人数超过万人，带队的大将是隋唐的骁将，惯用长槊，紧紧地缠住李世民不放，李世民眼看就要被生擒，正在这性命攸关的紧急关头，突然一员猛将飞驰而至，冲开层层包围，把李世民从刀枪丛林中救了出来。此人正是众人皆疑独李世民信任的尉迟恭。经此事变以后，尉迟恭几乎成了李世民的贴身侍卫，每次征战，都寸步不离。

秦皇汉武，唐宗宋祖……固然可歌可泣。然而，那些能够借他人之力，成就自己霸业的成功人士，才让人真正敬佩。汉高祖刘邦平楚兴汉，夺得天下，文依张良运筹帷幄，决胜千里；武靠韩信披荆斩棘，所向披靡。刘备正是依靠诸葛亮的“神机妙算”才得以称帝，形成“三国鼎立”的局面。而“一代天骄”成吉思汗靠耶律楚材的辅佐“攻无不克，战无不胜”，使中国的疆域达到历史鼎盛……

中国历史几经沉浮，但英雄豪杰却流芳千古，放眼今天的商界，哪个显赫的企业家没有几个贤臣能将？哪个成功的企业没有一个坚不可摧的团队？他们的成功就在于他们懂得利用别人的智慧为自己所用，就连赫赫有名的比尔·盖茨也深谙此道。

比尔·盖茨在创业之初，他的强项在技术方面，对管理没有多少经验，且并无兴趣，他的合作伙伴保罗·艾伦也是如此。随着微软公司成员越来越多，激情的技术天才感到他们越来越需要一位精通管理的人才来统帅整个公司。为此，比尔·盖茨想到了他的校友，交际高手史蒂夫·鲍尔默。在哈佛，盖茨和鲍尔默是最要好的朋友，他们彼此了解对方的长处，也都是聪明人，在很多问题上都有共同的看法。

1979年，鲍尔默到西雅图来看盖茨，盖茨对他说："你来微软公司吧，我们需要一个经理。"鲍尔默当时说："还需要考虑考虑。"1980年年初，盖茨把鲍尔默请到西雅图，再一次劝说他为微软公司工作，但鲍尔默仍在犹豫。为了请动鲍尔默，盖茨把父母也动员起来，让他们出面做说服工作。最后鲍尔默终于答应了盖茨，但是，他说手边的事还没有处理完，至少要等到夏天。到了夏天，鲍尔默果然来到微软公司，在这里，他的年薪是5万美元，职务是总裁助理，盖茨还让鲍尔默拥有微软5%的股权。

鲍尔默一上任，就把微软公司改革成了横向组织，建立了9个部门。每个部门按同样方式构成：一个产品部经理，一个开发部经理，一个程序部经理。每隔6个月，公司集中检查考核所有部门的工作。经过鲍尔默这一番部署，微软公司不但扩大了知名度，增强了销售量，各项工作也有条不紊，进展神速。特别是采纳鲍尔默的建议，微软公司实现了股份上市，源源不断的股市的集资使得微软公司一举改变了过去的形象，成为了世界级的著名软件公司。

有一个公司的老总，在谈及企业成功、人才使用之时说道：曹操爱才，但更会用才。我的成功源于企业的每一个员工，更源于曹操给我的启示，我效仿他的用人之道——用人之长，也用人之短。我把他的用人之术拿到我的企业来，比如：爱钻牛角尖的人就安排他去当产品质量检查员；处理问题头脑太死板的人就安排他去当考勤员；凡脾气太犟、争强好胜的人就安排他去当攻坚领头人；办事婆婆妈妈、磨蹭的就安排他去抓劳保方面的工作；能言善辩喜欢聊天的就安排他当公关接待。其实每个人都有其长处，只要善于发现，善于利用，每位员工都可以发光放热。

第二次世界大战后，日本的松下幸之助为重建松下集团的胜利者唱片公司，从众多候选人中选中了原海军上将野村古三郎，决定委任他为胜利者唱片公司的经理。胜利企业是以经营音乐唱片为主的大型企业，可是野村对音乐、唱片一窍不通，也不会做买卖。松下幸之助之所以选中了野村古三郎，原因很简单，就是他小有名气。野村古三郎曾在日美战争中作为和美国谈判的特命全权大使，大多数人，对他并不陌生。起初对于野村出任松下集团胜利者唱片企业经理一事，松下集团董事内部看法不尽相同。大部分人都对他的能力产生了质疑，认为他无法胜任此职，当时就连野村自己也不太自信，没有太大的把握干好，如果真的是硬要他干，除非给他派几个懂业务的人做助手才行。

在一次董事会上，大家谈到音乐作品《云雀》时，野村却问别人："《云雀》是谁的作品呀?"顿时会上鸦雀无声，堂堂的唱片企业经理竟不知道名曲《云雀》是谁的作品，这件事顷刻间变成了一则爆笑新闻，人们议论纷纷，指责说像这样的人怎么能担任胜利者企业的经理？松下集团最高决策人松下幸之助并没有理会别人的言论，他胸中有数，他认准野村不但有豁达大度、高尚的品质，而且极会用人，擅长经营。

松下幸之助效仿古人的用人策略——用其长处，避其短处，给野村配备了优秀的业务人才，让他们把一切业务工作承担下来，使野村居于他们之上，摆脱具体业务的缠绕，发挥他组织、调度、控制和督促大家的作用。结果如松下幸之助所料，胜利者唱片企业在野村的经营下经济效益迅速提高，企业一派兴旺。

商场如战场，市场竞争的规律与军事战争的规律何其相似。正如松下幸之助所言："商场就是战场，买卖就是用兵。中国古代先哲孙子，是天下第一神灵，我公司职员必须顶礼膜拜，认真效仿，灵活运用，公司才能兴旺发达。"借别人的智慧为自己谋福利是成功者的谋胜之术。如果一个人能够细心观察身边的人、事、物，并在适当的时候为己所用，想必会收到出乎意料的惊喜。

人才，是人类最宝贵、最有决定意义的财富。有人做过这样的比喻——一个国家民族的振兴、经济的腾飞需要有两个飞轮：科技和管理，两个飞轮的轴心是人才。企业管理者要留心身边的人与事，学会利用他人的智慧为自己赚钱才是王道。

享用别人的情报消息

我们生活在一个变化多端的信息时代，一个人能否取得成功，往往取决于他捕捉信息和运用信息的能力。享用别人的情报信息，不仅可以让你在跟随模仿中受益无限，甚至还能够帮你掌握市场竞争的主动权，从而走出自己的道路。

别小瞧大街上行色匆匆的人群，也不要介意在人声嘈杂的公共场合多逗留几分钟，因为也许正是那电光火石的一刹那，灵感已涌上你的心头。

在一场盛大的足球比赛即将开赛之际，3 个青年在 2 元 1 件的汗衫上印上足球巨星的名字，比赛那天，到某体育馆入口处用 10 元 1 件的价格卖出。结果，引来了数以万计的球迷们争相抢购，不到半天时间他们的 5000 件汗衫就被一抢而空，资本也由 10000 元升到 50000 元。在旅游季节，游人们游兴正浓却突然遭到大雨袭击，这时总会出现兜售廉价雨衣雨伞的小商贩，生意很好，有时还供不应求。

真正懂得生意之道的人，明白成功与否源自街上那些看起来最普普通通的人群，因为他们的一言一行、一举一动，都可能会带给你生意上的灵感；他们的喜好与否，任何时候都决定着你的发展方向。

在大都城生活的人都有这样的体会，当乘地铁时，玻璃窗外漆黑一片，面对面式的座位更是令人憋闷和尴尬。一般人对此都呈现出一种无可奈何，可懂得生意之道的商人却巧妙地加以利用，他们在车厢顶部贴上小广告，并且在小小的框子里填满不大的字，因为他们知道，此时乘客都有空余的时间注意它。相反，挂在站台或楼梯边的广告灯箱，就不适宜填满广告文字，因为这种情况下的人们均是匆匆赶路，没有多少时间驻足观看。

在特定的环境里，漂亮的画面、简洁的文字，或是令人眼前一亮，或是发出会心的微笑，总是能给人留下深刻的印象。例如，在电影院或公园附近，一般都有像冷饮、小食品之类的店铺，这些依赖影院和公园生存的店铺平日可能门庭若市，可一旦影院或公园冷清萧条，或是碰上市容清理，那他们的生意必然大受影响。

因此，做生意很多时候都带有投机性，看到好的一面，一定要想到不好的一面，如依附旅游胜地的商店，很多商家只看到游人穿梭不息，经营效益肯定不错，一旦处于旅游淡季，生意也必然随之下降。而很少有人会想到有些旅游景点也会因为城市规划需要，而被征作他用，随着现在房地产旺销的有利时机，将店铺改为写字楼，以赚取更多的租金。

市场经营品种是否“合群”，也直接影响店铺的生意，比如该市场主要经营建材类新商品，便不宜开设新潮气派上档次的精品店和舞厅之类娱乐场所，因为与周围环境格格不入，生意也很难顺利进行。

干事业讲究天时、地利、人和，做生意更强调这一点。深入了解周围环境和人事关系，对于生意成功有百利而无一害。因为，只从单方面考虑，周围所发生的任何事，轻则影响营业额，重则影响你店铺的存亡。

假如你拥有一个中等规模的商店，生意不错，经营也还算顺利，而且你自认在不断留心消费者、保持联系、改进服务等方面，已做得无可挑剔。可是在一次外出中，你偶然发现某地和你差不多的商场竟比你红火得多，此时的你千万别嫉妒和耿耿于怀，反而应该抓住良机，设法在极有限的时间里，学到对方一招半式对你有用的好方法。如果你这样做了，那你无疑会得到一次免费参观见习的好机会。

现在的工作，即使那些保证你向成功迈进的阶段性工作，很多都是需要信息来辅助完成的。比如在订立计划或说服上司的时候，你需要有市场现实状况、市场趋势分析、公司内部的需求等多样的消息来源，才能够了解全盘情况，做深入的探讨，而这些都必须靠不断获取信息来实现。由此可见学会捕捉信息对企业的重要性。那如何去捕捉信息呢？不妨参考以下几点建议。

1. 主动及时地捕捉信息

你要养成主动捕捉信息的习惯，也就是培养对信息的敏锐观察力，只要有信息出现，你就要立刻捕捉并储存起来。当然，你更要注意信息的时效性，也就是及时地捕捉到最新的信息，一条旧信息往往没有什么利用的价值，而一条新信息却通常蕴藏着通往成功的机遇。

你可以从各种媒体上收集，比如报刊、广播、电视、网络等，也可以做市场调查，还可以主动向别人探询信息。当然，问的时候一定要态度和蔼，一定要尊敬对方，你才有可能得到想要的信息。

2. 有针对性地捕捉信息

你在不同的发展阶段，所需求信息的层次也会不同。根据你的需求，有侧重地捕捉信息，往往能带来事半功倍的效果。

3. 建立起自己的信息网络

你必须知道从哪里可以得到需要的信息，对于得到的信息要找谁证实。凡是同学、朋友、同事以及他们认识的人，都可以成为你的信息来源。只要你平时注意多与他们交往，能把这些人融入到你的信息网络中，就是一笔可观的无形信息资产。

要建立自己的信息网络，就不能把范围局限于公司内部，其他的团体也会举办各种讲习会、研讨会或培养班，你最好争取参加的机会，去获取在公司内部捕捉不到的信息。

4. 从与他人的交谈中获取信息

与人交谈会得到许多意想不到的财富。同友人交谈，如同开启了重要的情报源。在各个行业活跃的人，都有自己的宝贵经验和难得的资料。只要你善于将之化为己用，你的信息量就会大大丰富。在诸多情报中一定会有许多有关经营方式的启示。如果接触到不同的思维方式，就会如鱼得水，充满活力。如能正确地加以利用，事业必定如同注入新鲜血液一样生机勃勃。

商场会很自然地形成一些团体组织，它实际上是因某些共同的利益自发而成的。一旦大家凑到一起，会自然地谈到哪一家采取了什么办法使事业有了起色，市场上目前流行什么，将来流行什么，等等。如果把这些话题当做耳旁风，无疑会失去对自己极为有益的机会。

5. 不要错过“跟风”信息

注意观察你的周围，观察目前最热门、最成功的行业、公司或产品，你就可能找到有用的信息。这种事例我们并不少见，例如，有人因“忍者神龟”就赚了上百万美元，还有人因在T恤衫、礼品盒上印上小狗“史努比”的图像，就使这些产品销量大增。

6. 对信息进行多角度分析

对你捕捉到的信息，你要进行多角度的分析，辨清哪些是正确的，哪些是错误的，哪些是有用的，哪些是无用的，而且要从平凡的事物中发现不平凡的内涵。日本的“尼西奇”公司之所以能由一个濒临破产的小公司成为誉满全球的“尿不湿大王”，就是因为该公司董事长从一份人口普查资料上看到了全国每天出生250万婴儿的简单数据。

按照以上六条去做，留意身边不起眼的小事，你就会逐步培养起捕捉信息的良好习惯，并能发现促进工作的有用信息，抓住走向成功的机遇，成就一番事业。

当今时代是信息的时代，信息就是金钱。一个人的信息是很有限的，企业管理者要通过群体拓展思路，如果一味埋头经营，是很难在竞争中站住脚的。在享用别人的情报信息的同时，更要善于利用信息，只有这样才能将信息转化为自己的财富。

从别人碗里捞饭吃

从别人碗里捞饭吃的商场专业术语叫做：争取市场。即企业凭借自己的产品、方案、策略和实力与其他竞争对手抢占市场份额的过程。随着科技的逐渐发达，企业之间的竞争也日益激烈，怎样拥有独到的眼光，争取到市场的最大利益，是企业管理者的一大课题。

企业之所以挖空心思，制订出各项策略，如低价营销策略、技术创新策略、塑造品牌策略和抢占市场空白点等，无非都是要争夺市场，扩大自身的市场占有率。企业只有争夺更广阔的市场，占有更多的市场份额，才能得到更多消费者的认同，才能获取更多的利润，才能保证企业快速稳定地发展。

从市场营销的本质和市场行情来看企业发展，企业之间争夺市场的根本点无外乎产品质量、人才储备、营销策略、技术创新、管理能力、品牌竞争六大方面。企业若能做好这六方面，必然能提升自身的市场竞争力，拥有更雄厚的市场争夺资本。

产品质量。产品是争夺市场的主体，保证产品的质量是赢得市场的关键。企业所提供的产品无论是有形产品还是无形产品，必须具备的就是具有较强的品质力和有效性，可以满足目标群体的需求。因此，打造经得起市场认可的产品品质，才是企业争夺市场的第一要素。因此，从长远的发展策略来看，企业在加强与竞争对手争夺市场的同时，要牢牢把好产品的质量关。

技术创新。企业要发展，单靠模仿和跟随只能在有限的时间和空间内取得成功，并不能夺取引领行业和市场的优势。要想实现跨越式的大发展，创新能力则必不可少。创新既包括产品、工艺、设备等有形方面的提升，也包括操作模式、思想、标准等无形方面的创新，有形方面的创新容易模仿，无形方面的创新则很难照搬，所以企业发展的最高境界就是思想、体制、模式、行业标准等无形方面的创新。

金立是一个从“山寨”中走出的手机品牌。在竞争激烈的手机市场中，金立就是一个争夺市场的高手。手机市场品牌众多，从外观竞争到和弦竞争，从彩屏竞争到价格竞争，一波高过一波。然而，作为一个新入局者，金立没有迎锋而上，而是避开锋芒，另辟蹊径，开创一个新型的竞争领域，打出 IP 手机概念，自己做领跑者。由金立公司自行研发的名为 GIONEE303 系列 IP 手机，以其独有的 IP 一键拨号创新设计，填补了当时国内 GSM 手机市场的一个空白。IP 手机一上市就引起极大反响，金立欲依仗“研发”和“销售”这两把利器杀入市场，形成自己独特的竞争优势。

金立公司通过研究分析市场发现，节省手机话费是现代手机一族的梦想，IP 电话则可以帮助手机用户实现这一愿望，而当时恰恰没有 IP 手机这一概念和产品，在这种情况下，以“为消费者省钱”为宗旨研发出 IP 手机，成为金立公司发展的目标。金立公司坦言：市场的空白点就是争夺市场的最好机会。金立IP手机的特别之处在于在手机上专门设置了IP按钮，只需输入长途区号和电话号码，按下IP键就可拨打长途电话。无论在待机状态下直拨长途，还是在电话簿里查找长途号码，抑或回复短信息号码，包括直接回复长途来电显示号码，只需按IP键，就完成了拨打IP电话。与其他手机相比，IP手机为消费者节省了拨打时间和通话费用。因此，金立手机凭借着这项独门的创新技术在竞争激烈的手机行业中闯出了一片天，并夺得了自己的市场。

营销策略。企业在与对手争夺市场的竞争中获得最终收益的整个过程，也就是企业的营销行为。营销的根本是什么？就是运用一切外在手段和资源满足消费者的某种需求。在这样一个过程中，谁可以最快、最好地将营销的相关元素落到实处，谁有更高效的市场开发手段和策略，谁就可以取得较高的收益，达到夺取市场、引领行业的目的。

在营销所涵盖的产品、价格、渠道、促销四大环节中，更多的是体现在“渠道”和“促销”两个方面。企业需要将合适的产品放到合适的渠道，配合最有效的促销手段获得最大化的销量，并最终达到夺得市场的目的。这样一个过程，需要企业仔细研究渠道和市场特性，不断完善企业的应对手段，提升相关市场导入策略的及时性和有效性，保持产品在渠道流通过程中的高效、增值；同时，将产品流通的相关环节优化，并不断地完善和提升。而后续服务、市场发展趋势把握等方面，也是体现企业营销力的重要组成部分。

再好的市场营销方案假如执行不到位，也会效果不佳；而再不先进的营销方案，只要在细节处理等环节做到最完美，也会取得不小的收益。

管理能力。企业的管理可以分为两个方面：营销管理和内部日常管理。两者在企业的经营行为中同等重要，相辅相成。但是，实际情况是我们身边的太多企业过分追求营销方面的管理，而忽视了其他部门和员工的管理工作，导致市场营销工作风风火火、辅助营销相关工作则松松垮垮，严重影响了企业争夺市场的能力。

品牌竞争。企业的品牌竞争，归根结底是综合实力的比拼。当行业之间的竞争越发激烈时，企业的品牌影响力就逐渐显现出来了。一定程度上，品牌影响力不仅对企业的经营行为有着相当强的正面促进作用，而且还是企业与竞争对手争夺市场的法宝。

品牌思想在中国的发展，也是伴着营销体系的逐渐完善而建立起来的。当企业的经营行为受到越来越多的模仿和挤压时，要让目标消费者清晰地记住企业的产品和服务，就是通过有效整合企业的优势资源，通过有效的媒体实施传播，在行业和市场上树立只属于自己的形象和认知上的明确表象，也就是树立品牌。

在《三国演义》中，有一段著名的故事——草船借箭。故事讲的是，诸葛亮以天时（浓雾）、地利（江中）以及装满草人的船只向敌方“借”箭的故事。这个故事可谓精彩绝伦，诸葛亮的机智与谋略更是令人拍案叫绝，佩服不已。

在商场上，精明的商人就把“草船借箭”这招运用到具体的生意当中，不仅打败了对手，还增强了自己的实力，获得更多的利益。

芦荟排毒胶囊的崛起就是借用其他产品之名，不仅加强了自身的市场实力，还打击了对手。这一招与诸葛亮的“草船借箭”如出一辙。

当时，在排毒保健品市场中，“排毒养颜胶囊”“排毒将军”等产品占有绝对的优势，属于“排毒”市场中的开辟者和领头羊。这些产品通过大量的前期造势和市场培育，在排毒保健品市场中树立了品牌领袖的形象。面对这种情况，芦荟排毒胶囊要从市场中崛起，就要突破品牌领先的对手所造就的垄断包围圈。如果采取直接跟进这些品牌的做法，那就只能做一个跟随者，很难获得更大的利润，更不用说成为“排毒”市场中的王者了。

芦荟排毒胶囊采取的是从高端杀入、抢占制高点的方式，运用概念炒作的方法，站在其他各品牌的肩膀上去摘取桂冠。芦荟排毒胶囊使出了绝招：消费者可凭任何品牌的排毒产品的空盒，换取芦荟排毒胶囊试用装一袋。如果说概念炒作是对顾客进行的一种空泛的心理影响，那么“品牌空盒换芦荟”则是直接而实际的心理入侵。这一招使出就使其他品牌的客户变成了自己的客户，大量排毒保健品的使用者迅速被吸引。经此一战，芦荟排毒胶囊迅速占领了市场，成了新一代的排毒保健品领头羊。

好一招“草船借箭”，不仅省却了造“箭”的成本，还直接把对手的顾客也收归到自己手中，不能不说这一招用的高明。一般来说，这一招往往用于创业初期，或者生意进入低迷时，可通过同行对手的名头，扩大自己的影响力。事实上，不少商家都曾经用过这样的办法，只不过，有的商家特别精明，把此法运用得不露痕迹，因而让人无法察觉。

跟随模仿是一种奇妙的战术，生意场上离不开模仿。模仿在成长中很重要，在竞争中更关键。模仿不是盲目地跟风，而是在模仿对方优势的情况下，创造更新、更亮的突破点，从而成功地从别人的碗里捞到饭吃。

分享同一块儿蛋糕

随着国际经济一体化的到来，在现代市场经济中，企业之间的竞争对手越来越多，竞争也是越来越激烈，一味的相互厮杀只会搞得两败俱伤。利益是生意场上的黄金法则，只要有利益，就不存在敌人，只要能够得到获利机会，就应该联合起来，形成统一“战线”，资源共享，分享同一块蛋糕。

企业的资源共享包括企业内部和企业之间资源共享两方面。

企业内部资源共享是指企业在内部尽可能地公开信息和知识，使每位员工都能接触和使用，使企业内的资源能够得到充分全面的利用，从而提高资源的利用效率，实现资源协同效应。企业通过营造资源共享的空间，采用信息技术，建立资源共享文化。

实施资源共享，有利于企业员工了解企业目前的信息，更新知识，促进创新，有利于企业节约培训和技术改造成本，减少研发费用，有利于企业加快新产品开发和产品改造，提高资源使用效率，增强竞争力，同时还有利于增强企业的凝聚力。

夏普公司的企业文化强调：公司就是一个大家庭或者一个共同体，它的成员应该相互合作以获得更大的收益。与终身雇用的政策相一致的是人事变动很少，这也鼓励每个员工都使各自的利益相互协调，而且追求整个公司利益的最大化。这一共同的目标也减少了在共享重要资源——比如研究与开发以及零部件制造时相互间不可避免的冲突。

企业是社会中最基本的生产经营组织，其本身并不是一个封闭系统，而是随时随地与外界交换物资、交流信息、交换资金，甚至交换人员的系统。企业在其生命周期中，与社会的其他组织和成员建立了各种各样的联系。这些外部联系，是企业竞争力的重要组成部分，也是企业赖以生存发展的宝贵资源。为了提升竞争力，企业在整合优化内部资源的同时，还必须对外部资源进行合理的运用，这就是企业之间的资源共享。

在蒙牛集团内部，广泛流传着一个关于团结协作、共享资源的故事：狼和羊共同生活在澳洲大陆，由于狼经常追吃羊，当地人就采取了一个措施，把狼杀光，让羊发展。最终的结果却是：因为没有了狼，羊也就没有了天敌，全部变得慵懒死气，羊群数量不仅没有增加，反而加剧了染病的危险。后来人们不得不又从外国引进一批狼，狼的到来，使羊重新进入大自然“适者生存”的法则当中，很快恢复如初，且羊的肉、毛质量都得到提升。

蒙牛深知共享资源的道理：在竞争激烈的市场面前，需要与竞争对手团结协作，一起培育一个强大的市场。蒙牛老总牛根生认为是市场经济缔造了伊利和蒙牛。言下之意就是：要做奶业大王，光一个伊利不行。在一个共同的市场胞体中，企业之间一损俱损，一荣俱荣，必须团结协助、共享资源。

企业之间的资源共享包括：信息资源共享、物流资源共享、技术资源共享和营销资源共享。

信息资源共享。企业之间团结协作的基础首先是信息共享，它能把客户订单、销售数据、库存报告、产品需求信息、生产安排信息、订单传递信息、交货及库存状态信息和产品在途信息等，从一个企业开放、有效、自动地流向另一个企业，使每个企业都可以分享信息资源。

物流资源共享。物流资源共享就是把属于本企业的物流资源与其他企业共享，其共享方式可以是有偿的也可以是无偿的。物流资源共享的内容既可以是有形的集装箱、配送车辆等物流设备，也可以是无形的物流信息以及综合配套的物流系统共享，如仓储、分拣、配送等系统。

技术资源共享。技术资源共享就是将本企业的部分技术资源与其他企业共享，从而相互取长补短，达到提高技术、降低企业研发成本的目的。

营销资源共享。营销资源共享的主要内容是营销渠道的共享。在竞争性的市场上，渠道中各企业的关系并不是独立的、完全竞争的关系，作为明智的营销管理者，应该在渠道中强调与利益相关者建立长期的、彼此信任的、互利的关系。只有通过建立这种互利关系，渠道中的利益相关者才可能充分发挥各自的优势，取长补短、联合行动、协同运作去实现对各方都有益的共同目标。

在快餐业，只要有麦当劳的地方，同样也会看到肯德基的身影。两家巨头快餐店，不论是经营哲学（一重质量，二重服务，三重卫生）、产品特色、形式装修，还是设计店堂都有甚多相似之处。

1990 年，麦当劳的中国第一家餐厅在深圳开业。这家已在世界 120 多个国家和地区开设了 28000 多家餐厅的餐饮业巨头，目前已将他巨大的黄色“M”标志插满了中国各大中城市。被认为是世界上最成功的特许经营组织。大约每隔15小时，麦当劳公司就要开一家新的分店。其在全世界的餐饮行业中70%的餐厅是通过特许加盟的方式开设的。但麦当劳在中国特许经营的模式却是慎之又慎。

特许经营是国际上最流行的商业经营模式之一，在美国，超过35%的零售业营业额来自特许经营。肯德基和麦当劳在全球的大部分分店也是采用了这一经营方式，号称“不从零开始”的肯德基，1993年以特许经营的方式在西安开店，到目前肯德基特许经营店已有20多家，其中13家集中在西安，而其余400多家肯德基连锁店仍是以独资和合资方式经营。

只比肯德基迟来中国3年的麦当劳，从产品形式及阵式上并不逊色于肯德基。在以肯德基为标榜的同时，从模仿中创新，迅速与其展开商业大战。

炸鸡战：1996年6月，麦当劳的“麦辣鸡翅”和肯德基的“香辣鸡翅”展开广告促销大战，此时的鸡翅已成为流行美食的选择，使消费者为之心动，纷纷踏至购买，麦肯两店营业额暴涨。

甜筒战：2000年夏，麦当劳的“圆筒雪糕”和肯德基的“脆皮雪糕”展开降价促销大战，结果又是双赢，两家都出现了为甜筒而排队百米的场景。

玩具战：战端一开财源滚滚，麦当劳、肯德基花样翻新乐此不疲。麦当劳刚推出各式各样的小狗“史努比”，肯德基就抛出16款“山德士”上校，为了俘获儿童易变的心，麦肯两家大搞玩具兵团促销大战。

优惠战：暑假伊始，肯德基推出周一～周五的优惠早餐，原价13.5元、12.5元的两套套餐一下降为6元。晚餐更优惠，买一赠一。麦当劳很快跟进推出5～6元的早晚特价套餐、8元黑椒汉堡、黑椒汉堡套餐赠甜筒冰激凌等。

然而，麦当劳与肯德基竞争的结局却是双赢的。根据中国国家统计局的统计数据得出，由中国饭店协会发布的2002年度中国餐饮业十强之中，肯德基和麦当劳联手占据了十强中的8个席位。其中肯德基占有5家，麦当劳占有3家。单从统计数据来看，中国餐饮市场上的顶级争夺已经变成了美国两个餐饮品牌的内战，这不能不说是对以“食文化”享誉天下的中国餐饮业的一个极大的讽刺。

相对肯德基、麦当劳战略竞争的大手笔而言，目前国内企业的竞争策略却显得贫乏无力。同质化企业、同质化产品之间的竞争往往一不留神就变成了自相残杀的“肉搏”，最终陷入价格战的怪圈不能脱身。而麦当劳与肯德基则表现出了更为高明的一面，他们每一个都是主动的竞争者。麦当劳主动地将目标客户群向年轻人转移，肯德基在加速本土化的步伐。他们随时都在关注对手，但是他们从不排斥对手，甚至在适当时刻与对手进行合作，从而达到相互赢利。

在现代社会，尤其是在中国，“同行是冤家”这句话已经需要我们进行重新审视和考虑了。因为在日趋激烈的商业竞争中，只有看准并与同行交上朋友、进行合作，以充分发挥每家企业及每个部门各自的特长和优势，才能使行业和企业永远走在时代前沿！

第六章

变换更新跟随法

善于跟随模仿的企业管理者通常会对行业内的创新保持着高度警觉，虎视眈眈地注视着先发者的一举一动，观察着创新产品的潜力和发展趋势。一旦确认先发者的创新具有较大的市场机会，就会在合适的时机大举进入。最终的结局往往是，先发者开创了新的市场，而真正享受创新成果、创新荣耀与声誉的却是那些善于变换更新的跟随者。

权当他物为上马石

石油大王洛克菲勒曾说过：“有些事情何必自己去干呢？你只需要干自己必须去干的事情，其他的事情交给别人去干就好了。一个人倘若事必躬亲，不论其才干有多么高超，也难以兼顾。我永远信奉干活儿越少，赚钱越多。我只去做那些需要自己认真思考的事情。”

太多的成功人士都不仅仅是依靠勤勉来致富。任何一个人都不可能马不停蹄地劳动，只有充分挖掘自身的潜能，利用自己的智慧，同时懂得借用各种资源，把所有的资源整合起来作为自己的上马石，才是最大的成功之道。

华尔街是众多投资者们聚集的地方，也是他们争夺机遇与利润的地方。为此，许多投资者每天都要紧紧地盯着电脑看市场行情，不放过任何一个关于市场分析及评论的信息。因为他们知道，信息就是机遇，错过一条有价值的信息，就等于失去了一次赚钱的机会。尽管这些人为此而紧张地工作，但是，结果却不尽如人意。大金融家摩根却总是在休假、娱乐，但是他的资产却仍旧在不断地增长。人们对此很不理解。摩根却说：“那其实是工作的一部分，只有远离市场，才能更加清晰地看透市场。那些每天都守在市场上的人，最终会被市场中出现的每一个细节所左右，也就失去了自己的方向，被市场给愚弄了。”可见，一味艰苦地工作并不见得就能取得成功。

在一次公司聚会上，一位下属在喝醉酒的时候对他的老板说：“讲到勤奋你不如我；论成功，我根本不敢和你比。这是为什么呢？”

老板听了，非常惊奇地看着下属，对于下属的疑问他很快理解了其中的意思，于是他反问他的下属：“为什么你们会以为我应该比你们更加勤奋呢？为什么我非要比你们更加勤奋才能赚钱呢?”不等下属有所反应，这位老板又接着说，“我从来没有想过自己的钱是靠勤奋赚来的。尽管我也曾经勤奋过，那已经是很多年以前的事，那时候，我替自己的老板工作。在那个年代，我比你们要勤奋、刻苦得多，却没有你们现在所挣的多。在这个社会，大部分的人都勤奋，但不是大部分的人都能够发财。靠勤奋发不了财。”

下属对老板的一番话表示诧异，他不解地问：“发财不是靠勤奋，那是靠什么?”

老板一笑，说道：“既然大家都那么勤奋，难道缺我一个地球就不转了么？我的长处，是提供让别人有机会勤奋的工作职位，而不是我要比他们更加勤奋!”

这就是一位老板的心声，也是那些大老板之所以成为老板的原因所在。最努力工作的人，最终也不一定会成为最富有的人。因此，如果你想致富，你就需要勤于“思考”而不是勤用四肢，独立思考，适当模仿，而不是盲从他人。

日本的山田六郎竞选议员失败后，专心做餐馆生意，当上了大阪市最大的“吃光餐厅”董事长，他上任不久，500 多名员工罢工。他并未因此气馁，反而因此巧施妙法，吸引了多家报刊为其做了两次免费“广告”宣传。

第一次，给员工加薪三成，劝员工复工。他利用罢工一事大做文章，在店堂内贴满了“欢迎罢工”“欢迎攻击”的标语。这种啼笑皆非的做法在日本独一无二，各家报纸、杂志纷纷报道，“吃光餐厅”热热闹闹地上了几天报纸。

第二次，山田租来十几头牛，给每头牛都穿上衣服，花花绿绿，衣服上印着“吃光餐馆”字样，牛背上挂满竹筐，筐内装满洋葱、土豆、青椒、西红柿、鸡、鸭、鱼等各种各样的菜。山田亲自牵着这群牛招摇过市，引得成千上万的人驻足观看，在日本可谓“千古一绝”。各家报纸、杂志都抢登新奇新闻，连篇累牍地做了几天专题报道，驻足观看的人、翻阅报刊的人、接受传播的人，心中都在想：这家餐厅每天需要那么多菜，我也要去光顾光顾。

结果，山田六郎不仅省下了一大笔的广告费用，销售额也连年上升，第一年7000万日元；第二年1.5亿日元；第三年4亿日元；第四年达到18亿日元。山田六郎想出别人不敢想、不愿干的事，以新奇取胜，取得了惊人的效果。

著名营销专家黄继毅就曾说：“相对于广告等传播手段，借势营销以小博大，花小钱、办大事，往往能取得四两拨千斤的传播效果。这对许多公司而言，无疑具有相当大的诱惑力。”

2005年，东北某市的一家丝绸厂由于决策失误，一度积压了大量的迎宾缎、锦花缎及其他面料，资金大量被占用，原料进不来，新项目又无法上马，工厂处于半瘫痪状态。厂长多次派推销员上下打通，八方叫卖，又不惜花重金，连篇累牍地在电视、广播、报刊上做广告，可是收效甚微。

后来，厂领导专门请来了一位舞蹈专家，要对挑选出来的厂里30名男女青年工人进行为期一周的舞蹈培训。厂里的人对此迷惑不解，猜测纷纷，怨声四起。

舞蹈班终于亮相了。男着笔挺的西装，女着优美的旗袍，男女服装色调相配适宜。尤其是15位女士的旗袍，是厂里请来的服装设计师精心设计制作，花色款式各不相同，个个楚楚动人。

舞蹈队随着舞曲跳了起来，美妙的舞姿，使在场的人都看呆了。原来他们是带着特殊使命的舞蹈队，即将带着全厂的厚望，为提高丝绸厂的知名度和美誉度，奔赴“白天鹅舞厅”“银雪宾馆”“天河大厦”开拓丝绸厂的事业。

两天后，在几家宾馆的舞厅门前，车水马龙，人们摩肩接踵，排着长队买舞票。看来，丝绸厂的舞蹈队着实吸引了一大批人。

丝绸厂的客车，一边广播，一边免费赠送《新款式旗袍、西装裁剪法》和《不同肤色、不同体形选用面料的艺术》小册子。这更增添了舞厅前的热闹气氛。后来有些舞厅经理，为了吸引消费者甚至主动上门来邀请丝绸厂舞蹈队光临。信息在街头巷尾传递，新闻记者也来采访。一时间，报刊、广播、电视屏幕上频频出现《丝绸厂的旗袍、西装，征服了俊俏女郎，风流小伙》《你想楚楚动人吗，请到丝绸厂》等新闻报道，刮起了一股丝绸热风。

丝绸厂销售科、销售门市都忙起来了，市内各服装厂、百货商店、个体商户蜂拥而至。甚至外地商场、服装厂也纷纷来函、来电、来人洽谈订货。大宗主顾，厂长亲自接待，签订了许多长期的合同。厂里还负责送货上门，丝绸厂的产品一下子成了紧俏货。从此，该市丝绸厂摆脱了沉重的包袱，插上了腾飞的翅膀，冲出东北，飞向广阔的国内和国际市场。

借他人之势，巩固自己地位，发展自己事业，古来有之。狐狸借老虎之势，坐上兽中之“王”的宝座，这就是狐狸的聪明之处。当你的事业处于低谷的时候，当你的生意不景气的时候，当你遇事不利的时候，当你胸有大志而无处施展的时候，当你凭自己真本事而未被选重的时候，你是否会想到借强者的声势补己的弱势呢？

一个分公司的经理，由于下面的员工屡次向总公司老板反映他工作不得力的情况，总公司老板听得不耐烦了，找来他问询。

老板对分公司经理说：“你如何管理下面员工的？你要树立自己的权威啊，这样下去，下面不乱才怪。”这位分公司经理说：“老板，你说过不让我打着你的招牌跟员工说话，但是，事实上你从来没有对下面的员工说过一句要支持我的工作的话。要不这样，明天我主持一个会议，请你参加。你对员工说一句话就行了，你就说，支持我的工作，经理是代表我行使权力的。”老板答应了这个请求。

第二天，在召开会议的时候，老板果然照做，对这位经理的工作做出了肯定与支持，从此，分公司的情况大大好转。这位分公司经理正是借总区老板的势力，作为自己的上马石，成功控制住了手下的员工，顺利开展自己的工作。

亿万富翁亨利·福特说：“思考是世界上最艰苦的工作，所以很少有人愿意从事它。你的头脑是你最有用的资产，但如果使用不当，它会是你最大的负债。”企业管理者应该认识到，大事业是靠智慧和精明取得的，而不是靠体力，你必须多动脑筋，如果只知道拼命，虽然会小有成就，但是却很难有大的突破。所以，企业管理者必须懂得巧干加实干，懂得利用别人的势力打造出自己的品牌，为自己营造出强大的声势。

改变关键点，可成全新产品

跟随模仿是企业管理者在成功道路上的一个捷径，它避免了你在未知道路上的迷茫乱撞，减少了你“吃螃蟹”的风险，但同时也会降低你争取利益的主动性。企业管理者在跟随模仿之余，更要拥有自己的独特、另类之处，有时候，改变一个关键点，就可以成为一种全新的产品。

2003 年 2 月，曾经以运作“背背佳”而名噪一时的杜国楹在从常州到南京的路上，听说苏州有一个叫“e 百分”的英语学习机卖得非常好，市场感觉敏锐的他马上让司机调头直奔苏州。经过几天的市场考察，杜国楹认定英语学习机市场是一块非常诱人的“大蛋糕”。

据调查发现，中国现有 2.5 亿的英语学习者，并且以每年约 2000 万人的速度增长，专家预测中国的英语教育市场潜量不低于 100 亿元。从消费者需求特质上分析，中国父母最舍得在孩子身上花钱，尤其是在孩子的教育上，而在孩子的教育中最受关注的又是英语。另外，从小学到大学，甚至是毕业后找工作，英语成绩都是衡量人素质的重要指标之一。

英语学习机实际是电子词典这一行业的别称。当时，电子辞典市场发展的历史虽然不长，但竞争格局相对比较稳定，文曲星、好译通、记易宝、e百分、步步高、名人等几大品牌是行业的领先者，占据了很大的市场份额，余下的市场被众多的中小品牌瓜分。通过跟几个技术专家的沟通，杜国楹发现英语学习机在技术上完全可以模仿，几乎没有壁垒，通过OEM（原始设备制造商）即可实现。面对这样一个极具潜力的“金矿”，杜国楹决定进入。然而杜国楹深知，一个行业的后来者如果按照行业的惯例去运作市场几乎不可能成功，想要成功地切割一块市场甚至实现后来居上，必须另辟蹊径。

经过深入的分析之后，杜国楹发现目前电子辞典市场竞争的焦点主要集中在辞典权威性、词汇量和发音上。“你装朗文，我装牛津，他装英汉；你是30万词汇量，我加到50万，他突破100万。”所有厂家都在试图突出自己的与众不同之处，但其实都是围绕着“查单词”这个基本功能在竞争，竞争严重同质化。按照这样的竞争路径，行业后来者很难找到切入的缝隙。

既然从竞争角度无法找到市场的切入点，杜国楹开始抛开行业竞争的惯性思维，尝试从消费者需求与动机角度去重新理解电子辞典市场，从消费者英语学习所面临的一些困惑去解读这个市场。在英语学习中，由于缺乏相关的语言环境，如何轻松与牢固地记住单词成为学习者最大的挑战之一。经过多方研讨，杜国楹最终决定将“记忆”作为自己产品的卖点。以“记忆”作为产品定位，自然就与市场上现有的竞争产品产生了些微差别。

找到了差异化的产品定位，杜国楹给即将问世的产品取了“好记星”的名字。“好记星”分别取自三大品牌名称中的一个字组合而成，好译通的“好”、记易宝的“记”、文曲星的“星”，意喻着好记星暗藏的野心。更重要的是，“好记星”与“好记性”谐音，品牌联想一步到位，更容易激起消费者的购买欲望。

那么，用什么来支撑“记忆”的产品定位呢？好记星找到了两大支点：一是所谓的“五维立体记忆法”：通过词库选定所学内容，经过朗读、速记、测试三道程序，实现对单词的看、听、读、写、译，从而实现快速牢固记忆单词的目的；二是词库与教材同步，好记星的词库包括了小学、初中、高中、大学各年级不同版本的英语教材，迎合了学生同步预习、复习的需求，这一功能其实早有厂家在做，可是却没有一家把它作为一个核心的产品支点去传播，而杜国楹却对这一点给予了高度的重视，并通过改变这类产品的关键点，产生了一个新的产品。

好记星还采取了出人意料的传播模式。在好记星电子辞典进入市场之前，行业的竞争参与者基本上不做大规模的广告传播，而是倾向于通过渠道的精耕细作和终端的直接推广来实现推销。虽然好记星的所有启动资金只有不到200万元，但是好记星还是决定打破行业的营销惯例，以广告推动市场快速启动，借鉴保健品行业的做法、将报纸作为广告的主要载体成为基本的传播方向。

2003年5月，好记星的济南试点市场启动，以测试所设定的营销策略是否对路、广告作品是否有效。试点获得了极大的成功，成功地轰开了当地市场。从此，好记星形成了一套可以复制的报纸推广模式：选择当地影响力最大的报纸媒体、投放整版的证言广告、通过使用者的语言评价来诱惑消费者。2003年7月，好记星在全国市场迅速铺开，每到一个区域，就密集式地投放整版报纸广告，迅速地拉动一个市场。

2003年年底，好记星开始在各家省级卫视的边缘时段播出直销广告（电视购物），仍然采取功能介绍和证言人讲述的形式，进一步扩大在区域市场的渗透。电视购物广告的运用可以让消费者对好记星这种理性消费商品的功能有比较全面、深入的了解。可以说，正是借助了整版广告和电视购物广告这一行业从未采用过的传播模式，好记星出人意料地成功引爆了市场，这对于行业的已有的竞争参与者而言，简直难以想象。

另外，传统的电子辞典厂家一般都集中在商场，一些老品牌更是在商场渠道上精耕细作了很多年：地理位置好、终端陈列好、营业员惯性推荐、设专柜、派促销员。如果好记星初入市场就走商场渠道，无疑会被其他品牌湮没。好记星必须开辟新战场，这样书店便成了好记星渠道差异化的首选。

书店本身就是电子辞典产品天然的绝佳渠道：首先，书店是学习的象征，好记星在书店里销售，潜意识里就是告诉消费者——好记星是帮助孩子学习的；其次，书店里的目标消费群体非常集中，家长都有带孩子逛书店的习惯，这样，即使看不到好记星的广告，照样会提高好记星与家长和孩子的见面率。由于好记星不跟竞争品摆在一起，其他品牌连终端拦截的机会都没有，因为消费者在看了广告后去书店咨询，旁边没有其他品牌，消费者连对比的机会都没有，好记星的销售达成率当然会高。

2004年11月，在中央电视台黄金时段广告招标会上，好记星出现在招标现场，最终以数千万元成功中标。有了中央电视台这一国家权威媒体的支撑，在投放广告数月之后，无论是从销售量，还是从品牌认知度、美誉度上，好记星都实现了一定的突破。在进军央视的同时，好记星还提炼出了“心有大未来”的新品牌主张。从此，好记星的传播开始由直销型的广告向品牌传播转变。2005年，好记星投入数百万元摄制的品牌形象片陆续在央视以及全国各省卫视联播。

2006年年初，经过近一年时间的研发，好记星推出了首款自主研发的高端机型——好记星手写全能王e8000，一举扭转了好记星在消费者心目中“依靠炒作，技术水平低”的品牌形象，摆脱了好记星产品功能差、质量差的负面形象，在一定程度上提升了消费者对好记星品牌的好感度。此后，好记星的产品不断向娱乐化和综合学习工具方向升级。

正是差异化的产品定位、传播模式和渠道选择，这些在行业先发者看来颇为“另类”的策略，使好记星获得了超常规的发展，从而打造出了自己的品牌亮点。企业管理者要时刻拥有灵活的思维，有跟随，也有变新，既模仿，又有特色。

变一变，你的就是我的

商场的竞争瞬息万变，没有永远的强者，也没有永远的弱者。你既不能关门造车，也不能邯郸学步，别人的成功之道是你快速发展的帮手，你自然是要借鉴模仿的。但在模仿的同时，也不可忘记适当的变一变。虽然你是在跟随模仿他人，但只要你变得适当，变得有技巧，那么他的也会变成是你的。

牵手的创始人在日本、东南亚、美国等地考察时发现，近几年这些国家非常流行一种蔬菜汁和果汁按照一定的比例混合起来的饮料——果蔬汁，而当时的国内饮料业还没有这一细分品类。身为业外人士的创始人经过仔细分析后发现，国内饮料的发展史其实是国际饮料品类更迭的一个翻版，国际饮料业市场（尤其是东亚、东南亚地区）的发展经过了这样几个阶段：碳酸饮料——纯净水——茶饮料——果汁——果蔬饮料，每一个新品类的兴起都降低了原有品类的市场份额而取得相对固定的市场地位。牵手的创始人断定，国内饮料的消费趋势必然还会遵循这一规律，具有“水果的美味、蔬菜的营养”的果蔬汁肯定会占有一定的地位，而随着消费者健康意识和消费水平的提高，果蔬时代很快就会到来。为了抢占这一市场先机，创始人迅速和国家蔬菜技术研究中心合作，开发出以胡萝卜为主的果蔬汁，这个产品还获得了“国家科技进步奖”。

1999年下半年，产品正式问世后，牵手创始人为新产品起了一个具有浪漫色彩的名字——牵手，以“果蔬营养专家”作为品牌的核心价值，开始在北京地区进行试销。结果效果出奇的好，两个月的时间销售收入就已达到800万元。试销的成功带给牵手极大的信心，于是从2000年年初开始了大规模的品牌运作，投入的推广费用在4000万~5000万元，在北京、上海、广州等消费水平较高的中心城市的专项投入甚至达到了数百万元。作为一个民营企业，显然难以承受这样高额的推广费用，寻找战略投资者成为牵手必然的选择。

2000年9月，上市公司顺鑫农业收购了牵手（同时保留了创始人的操盘手地位），为继续实施品牌运作扫清了障碍。大规模的品牌运作迅速打开了市场，在只有一种产品、两个规格的情况下，2001年牵手销售了近1个亿，在饮料市场引起巨大反响，以果蔬为概念的牵手品牌也一炮打响，就连当时的汇源都大呼自己又增加了一个强势竞争对手。为了迎接新的销售高潮的到来，牵手在大规模扩建生产基地的同时，也初步完善了它的营销组织。牵手在全国建立了22个办事处，销售人员达到了300人。

2002年牵手维持了同样的推广费用，品种增加到近30个，但销售增长却比预期中的低了许多，只有1.4亿元。牵手认为，销售队伍的能力与综合水平是企业快速发展的因素，于是就进行了一次销售人员大换血。牵手还从可口可乐等公司挖来大量营销精英，几乎替换了全部原有的销售人员。但2003年的销售增长依然不甚理想，与投入根本不成比例。在巨大的压力之下，新的营销人员也陆续开始流失，牵手的经营陷入困顿，创始人也黯然离去。此后，牵手调整了战略方向，进入了低浓度果汁市场，而其果蔬汁产品只局限于北京等几个中心城市。

牵手的问题到底出在了哪里呢？为数众多的营销专家开出了自己的药方。有的专家认为产品的定位有问题，牵手产品定位于生活营养型饮料，表面上差异化明显，而在消费者看来，牵手同其他果汁类产品没有什么区别，应调整产品定位；有的专家认为牵手的品牌形象模糊，缺乏鲜明的品牌个性和打动消费者的记忆点，当务之急应从寻找消费者的感觉出发，重新确立品牌的核心价值；还有专家认为，导致牵手陷入经营困境的根本原因在于概念超前，消费者目前还没有认识到果蔬汁的营养价值。

以擅长策划闻名于业内外的农夫山泉公司却认为，这些专家的判断并没有切中要害，“消费者的认知障碍”才是造成牵手困局的关键因素，因为普通消费者会想当然地认为含有蔬菜汁的饮料肯定是难喝的、低廉的。作为中国市场果蔬汁品类首创者的牵手，虽然采用了大规模的广告传播来引导消费者，但是改变消费者的认知是困难的，甚至是徒劳的。残酷的现实是，只有部分大城市中的女性白领认识到蔬菜汁的营养价值。在现阶段，果蔬汁只能作为一个小众产品存在，何时能成为饮料产业中的主流品类还是一个未知数。

即便如此，农夫山泉公司仍看好果蔬汁的未来。同时，农夫山泉公司急需在矿泉水之外再寻找一个新的利润增长点。既然先发者牵手未能成功激活果蔬汁市场，农夫山泉公司沿着牵手的路径获得成功的可能性也不大。如何突破消费者的认知障碍，是农夫山泉公司启动市场的关键。通过一系列的运作，农夫山泉公司通过概念性创新，成功地规避了消费者的认知障碍，实现了后来居上。

农夫山泉公司将“果蔬汁”重新定位为“复合果汁”“混合果汁”。这一概念性创新充分迎合了消费者的固有认知，将消费者对“果蔬汁”的认知从劣势转化为优势。其一，一般消费者都会认为，“多种”肯定比“一种”营养价值高；其二，对于果汁饮料而言，口味是消费者非常注重的一个指标，混合果汁能够做到各类水果风味互补，调制出独特的口感。此后，农夫山泉公司迅速推出了橙、胡萝卜、苹果混合和菠萝、芒果、番石榴混合等多种混合果汁。

值得一提的是，农夫山泉公司针对混合果汁的特点，将果汁系列产品命名为“农夫果园”，而在果汁饮料行业，通常是以水果类别命名。这一品牌给人的联想是和谐淳朴的果园风情，宁静悠远的天然环境，增加了果汁来源的真实性；这一名称也延续了“农夫”的品牌优势；这一与众不同的命名，还具有很好的延伸性，以后出台新的果汁饮料可以统一在“农夫果园”的旗下，品牌的推广可为以后的新品积累影响力。

当然，跟随模仿产品的创新更大程度上属于边缘性、概念性的创新。虽然这种边缘性的创新仅仅是些小伎俩，不高明，但在实战中却很有效，不一定能塑造长期的竞争优势，但对迅速提升产品的短期销量一定是有所帮助的。

而娃哈哈是业内外公认的此类典范。“快速跟进”一直是娃哈哈产品策略中的核心词汇，如娃哈哈八宝粥、非常可乐、娃哈哈果汁饮料、瓜子、激活等产品属于典型的跟随模仿型产品，不过，娃哈哈在跟进中进行了一定的产品创新，主要是边缘性的创新。1991 年，娃哈哈跟进广东乐百氏果奶儿童饮料。当时乐百氏只有两种口味，娃哈哈却一下子推出“菠萝、荔枝、哈密瓜、草莓、苹果、葡萄”六种口味，且六种口味为一组打包销售，增加了顾客购买的便利性和选择性，再加上大手笔的电视广告轰炸，销量很快后来居上。随后，乐百氏推出钙奶，娃哈哈马上推出 AD 钙奶，其广告语“维生素 A + D 更有助于钙的吸收”诉求到位，迅速赶超对手。康师傅推出绿茶，以“绿色好心情”为广告语，对公众进行普及教育，而娃哈哈绿茶以“水源地和原料”区隔，以“天堂水，龙井茶”诉求，卖点突出，快速进入了行业三强。

宗庆后对娃哈哈跟进策略作了这样的解释：“因为开始实力不够时，只好采用跟进策略。但这个跟进也不是‘跟在屁股后头’的那种，而是有创新的跟进，坚持有所突破。与国外大企业相比，我们在新产品开发上与现实市场贴得更紧，可以根据市场的需要随时调整研发规划，所以研发周期就比较短。而国外大企业更多地着眼于未来的市场，他们开发一个产品，从市场调研、开发到上市都需要比较长的时间。这种不同，是由我国市场变化快、产品生命周期短等特点决定的。比如人家做钙奶，我就做AD钙奶，包装上也不断改进，确保了产品的更高品质。”

其实，很多重要的模型公司也在借鉴和组合其他公司的产品或模式，因此模型本身就是复制品。这些公司之所以备受模仿者青睐，主要是因为它们取得了显著的正面效果。不过，这些效果也往往要归功于对别人的借鉴，然后才能在独具特色、成本低、效益高并且持续改进的组合包中加入借鉴元素。

企业管理者要不断在模仿的过程中进行一些创新举措，从而形成竞争优势。虽然转变过程是困难的，但也是无法避免的，因为只要你想强大，就必须有能够拿得出手而别人无法取代的东西。当然，不要期望一夜之间看到结果，这需要你的不断努力哦！

后来居上：反客为主之道

这是一个模仿的时代，模仿无处不在。我们可以对模仿下一个简单的定义：模仿者通过提供与先发者、创新者大致相同、可以相互替代的产品，或者采取相同的商业模式来分享先发者的市场与收益。如何跟随、模仿是企业运用跟随模仿策略的核心内容，如何后发制人、后来居上更是实施跟随模仿策略企业的梦想，然而在现实中，若想实现这一梦想，就需要你拥有适时而变、不断更新的跟随策略。

跟进先发者，在诸如降低市场风险、增加产品开发成功概率、弥补产品缺陷与不足、准确抓住市场机会等方面存在诸多的益处。后发优势为跟随模仿者低成本进入市场、低价格销售创造了条件，也为跟随模仿者后来居上创造了可能。因而，跟随模仿成为了一种普遍的策略选择。

当马云注资1亿元创办淘宝网的时候，互联网冬天的阴影还很沉重，淘宝网的投资实际上是整个互联网冬天之后业界的第一次大规模投资。马云在这样的时刻选择进入C2C领域被很多人看做是“非理智”“疯狂”和“豪赌”的行为。但是马云坚持认为，个人电子商务已经度过最初的市场教育期，开始逐渐成熟，这是自己介入的最好时机。

淘宝网2003年5月10日诞生在杭州时，以1.8亿美元的代价控股了易趣，同时自以为已经控制了中国市场的电子商务巨头美国eBay公司也没有在乎这家新公司。当时，易趣已经占领了中国80%以上的市场份额，在中国C2C在线交易市场处于绝对的领先地位。

作为一个追随者，马云认为淘宝网不需要太长的时间就能够打败eBay公司所控股的易趣，因为马云发现了易趣的致命弱点——收费经营模式。eBay是全球最大的C2C在线交易公司，在全球市场均坚持收费交易模式。当时，易趣的收费分为两部分：一是登录费，每件售卖的商品登录一次为1元到8元不等；二是交易费，按交易额的0.25%～2%收取，两样都针对卖家收取。

eBay公司坚持收费的原则给了淘宝绝佳的进入机会。马云的思路简单直接，他决定先拥有客户基础，三年后再考虑通过收费等模式实现赢利。于是，在2003年5月10日淘宝平台正式开通后，淘宝网就公开宣称，在前三年运营中将不收取交易或注册费，这一表态被业内人士认为是淘宝网对易趣收费模式的直接挑战。

在开通20天后，淘宝网就迎来了第1万名注册用户，当时易趣的注册会员是440万。因此，虽然淘宝网成长的速度相当惊人，但是按照这样的速度，即使易趣不再增长，淘宝网也需要25年才能赶上易趣。对于淘宝网而言，想要进一步加快成长速度，只能通过广告等传播手段来提升自己的知名度和影响力。

在淘宝网成立前期，口碑成为最主要的传播推广方式。虽然“口口相传”为淘宝积累了一批忠诚度比较高的客户，但显然这种推广模式不能满足于淘宝网快速成长的需求。于是，淘宝网只能向先行者学习，借助广告推广模式。对于一个 C2C 网站，最好的广告载体是类似新浪、搜狐等门户网站。但是先行者易趣已经和这些门户网站签订了排他性的广告协议以打压后来出现的跟随模仿者。

既然大的网站不能做广告，淘宝就选择了在小网站上做广告。淘宝当时的策略是以较低的成本，与成百上千个小网站结成策略联盟，而这些网站是易趣无法顾及的。通过近两年的努力，淘宝在积累了大量的人气后，终于打破了易趣对淘宝的广告封锁，相继同搜狐和 MSN 建立了合作伙伴关系。借助搜狐和 MSN，淘宝网吸引了大量成熟且具有相当消费能力的注册用户，成长速度进一步加快。

同时，阿里巴巴的成功运作也为马云积累了其他跟随者无法比拟的优势。淘宝网有很多从阿里巴巴公司直接移植过来的运作经验，更重要的是，阿里巴巴的运作经历让淘宝网更加了解中国消费者的消费心理、消费方式和消费需求。比如，易趣禁止买卖双方在交易前进行联系，以免失去控制收不到交易佣金，而淘宝网用“淘宝旺旺”让买卖双方充分讨价还价，商量交货方式。

2006 年 5 月，几乎所有的公开数据都显示，淘宝在中国 C2C 市场的份额已经超过了易趣，跟随者淘宝网只用了三年时间就超越了占据绝对领先地位的易趣。时至 2008 年年末，淘宝网注册会员数已经接近 1 个亿，全年完成了约 999.6 亿元的交易规模。此时，淘宝网以 208 万个店铺的规模，占据了 77.1% 的份额，而易趣已经下降到了 4.8%。

马云曾经这样评价淘宝网与先行者 eBay 的竞争：“eBay 可能是条海里的鲨鱼，可我是扬子江里的鳄鱼，如果我们在海里交战，我便输了，可如果我们在江里交战，我稳赢。”这句话实际上传递出这样一个理念：充分借助后发优势，在洞悉消费者需求的基础上实施差异化竞争，才有可能让一个后来者实现后来居上。

通常而言，学习成本（模仿、消化、吸收和再创新成本）一般大大低于创新成本，因此，后发者第一个显而易见的优势表现在学习成本层面，我们称之为模仿者的成本优势。从技术研究与开发环节看，模仿者能够冷静观察率先创新者的创新活动，研究先发者的技术动向，了解哪一种产品无法成为主流设计，哪一条路是走不通的，从而在模仿改进时，避免大量技术探索中的失误，大大降低了技术开发活动的不确定性；从产品的生产环节看，模仿者可以直接借鉴先发者的生产操作培训，能够从先发者处聘请技术人员、熟练工人来企业传授经验，以迅速提高自身的生产技能，从而使生产成本随产量增加而下降的速度有可能快于率先创新者；从营销环节看，模仿者可以节约大量的市场开拓成本，包括数额不菲的市场研究费用和带有行业公益性质的市场教育费用，能够集中投资于传播推销自己的品牌。

众所周知，实质性创新成功的比率是很低的。由于市场的不确定性，创新者即使投入大量的资源、时间，也无法保证获得合理的回报，这是创新者无法回避的风险。但是模仿者由于入市比较晚，可以有效降低甚至规避顾客需求及趋势不确定所带来的风险，避免因不断“试错”而支付的高额成本，这就是后发者所享有的经验优势。经验优势还包括跟随模仿者有机会向先发者学习经验，同时减少或规避先发者所犯的错误。

先发优势并不等于“胜势”，能否将先发优势转化为市场上的胜势，既取决于主观的努力，又决定于复杂、动态的客观环境。甚至在某些情境下，运气也是至关重要的。因而我们可以说，先发优势只是为先发者的成功创造了一种可能。如果创新者不能迅速建立壁垒，比如品牌强势、知识产权、上规模后的低成本、掌控关键资源等，将难以补偿先期承担的研发和市场培育成本，有可能成为“先烈”。这样的判断同样适用于跟随模仿者所享有的后发优势，并非所有后发者都能受益于后发效应。

任何一种策略选择都有其内在风险，自然企业实施跟随模仿策略也是有风险的，甚至可以这样说，跟随模仿策略固有的风险一点也不比创新小。在不同情境下、不同行业中，模仿者如何充分借势于后发优势，把握跟随模仿的时机，反客为主，就是企业实施跟随模仿策略时必须认真和审慎地思考的了。

用别人之砖为己敲门

著名经济学家于光远说：人有三种，一是天才、二是人才、三是蠢材。花大钱办小事是蠢材；花小钱办大事是人才；不花钱办大事是天才。很多成功的商人是在“零资产”“零资源”的情况下发展起来的。善用他人之砖为己敲门，他们花别人的钱办自己的事，实现了从贫穷到富裕的两极跨越，创造了无中生有的创富神话。

经商做生意，借来借去最终脱离不开一个钱字。但是一开口就跟人家借多少钱，十有八九要碰一鼻子灰。自己的钱自己心疼，再亲的亲戚，再好的朋友都要掂量掂量这钱出去能不能回得来。所以高明的借钱者，总要先让人家明白会得多少好处，让他自愿地把钱拿出来给你使。要么就来个乾坤大挪移，在一番借来借去之间让自己的十两纹银做成上万的大生意。

中国传统商人有以“一文钱创天下”的志向和能力，但真正创业的人就会亲身体会到，完全靠自己一点一滴地积累欲求发家，无疑这个过程会十分漫长，遥不可及。因此，最有效的致富捷径就是跳过最初的资金积累阶段，直接进入负债经营——贷款。所以，要想成为一名成功的经营者，应该学会走好第一步——筹措资金，只有迈好了这一步，才能为将来的事业打下良好的基础，这也正应验了另一句名言“良好的开端是成功的一半”。

胡雪岩是一个“钱眼里翻筋斗”的高手。在他事业的草创阶段，其实是身无分文，就是因为他知道如何在“钱眼里翻跟斗”，他的一项项事业，也就一项接着一项地“翻”出来了。

胡雪岩要开办药店，在和刘不才商量药店事宜的时候，他一开口就是“初步我想凑10万银子的本钱”。这个“牛皮”可是吹得有点大，因为当时他根本就不知道这十万银子在什么地方。不过，这也没有难倒胡雪岩，他脑子一转，便转到了为药店筹集资本的两个主意：在这兵荒马乱之际，开药店本来就是极稳妥的生意，又有济世活人的好名声，于是他回杭州，找到杭州抚台黄宗汉，请他拿出一笔钱来投做股本，另外又找了一些有钱的官儿们来凑数，筹到了不少的资金。

后来支撑胡氏商业王国几乎半壁江山的典当行生意，也是在两手空空的情况下，巧借苏州潘叔雅那班富家公子的钱开办起来的。胡雪岩看中苏州那班富家公子，也是抓住了一次借助别人的资金、开办自己的事业的机会。胡雪岩销洋庄，为求当时派任苏州学台的何桂清的帮助，去了一趟苏州。在苏州为解决阿巧姐的事情，又结识了苏州富家公子潘叔雅、吴季重、陆芝香等人。

当时正是太平军大举进攻苏、浙之时，苏州地面极不平静，一方面官军打仗，保民不足却骚扰有余，另一方面太平军也步步逼近，因此这帮富家公子都有心避难到上海。这些富家公子在苏州的房屋、田产自然是不能带到上海去的，但他们却有大量的现银。他们知道胡雪岩是钱庄老板，因而想借胡雪岩的钱庄，把这些现银带到上海用出去。这笔现银一共有20多万两。胡雪岩当场就为这些阔少将这20多万两现银如何使用做了筹划，他建议将这些银钱存入钱庄，一半做长期存款，以求生息，一半作活期存款，用来经商，存款的钱庄以及生意的筹划，都由胡雪岩一力承当，总的原则是动息不动本，以达到细水长流的目的。胡雪岩等于给自己又吸纳了一笔可以长期运用的资金。

胡雪岩之所以要为这帮富家公子如此筹划，是因为他“发觉自己又遇到一个绝好的机会”。本来依胡雪岩的观察，这帮全不知稼穑艰难的阔少，往往既不切实际又不辨好歹，和他们打交道常常会吃力不讨好，实在是犯不着。不过，转念一想，如果这些阔少不是急功近利，能够听自己的建议放远去看，对自己的生意实在也是一大帮助，有了这20多万两可以长期动用的资金，自己什么事情不可以干！于是就有了胡雪岩为这帮富家公子所作的精心筹划，也有了胡雪岩要利用这帮富家公子交给自己“用”出去的20多万两开办典当的计划。

按当时的情况，有5万两资本，就可以开出一家不大不小的当铺，有这20多万两，能开几家当铺？于是，胡雪岩的典当行，也就这样开办起来了。胡雪岩曾说过这么一句话：“八个坛子七个盖，盖来盖去不穿帮，就是会做生意。”做生意确实要学会如何“八个坛子七个盖，盖来盖去不穿帮”，会这样“盖来盖去”，也就学会了在“铜钱眼里翻筋斗”，也就可以用10万两银子，做出百万两的生意。

商务经营，开办实业，都需要本钱。没有资金，必将寸步难行，天大的本事，再好的机会，都将是一句空话。立志在商场争雄的人，不能不会为自己筹措资金。当然，为自己筹措资金的方式可以是多种多样的，最稳妥的方式，大约也就是有多少资金，做多大的计划，凭着自己的尽力经营，从少到多地慢慢积累。

丹尼尔·洛维格于1897年出生在美国密歇根州的小镇南海漫。在洛维格10岁时，父母因为个性不合离婚了。此后，洛维格跟随父亲一起生活，后来他随父亲离开家乡，搬到了得克萨斯州的小城——阿瑟港，一个以航运业为主的城市。

在这个城市里，随处都可以见到轮船的身影，洛维格从小就对船特别感兴趣，所以，他高中还没念完就迫不及待地去码头工作了。起初，他只是为一些船主做帮工，拆装、修理轮船引擎。但洛维格在这方面就好像是一个天才，无师自通。由于他手艺出众，在当时也小有名气，所以码头的活也越来越多，很多人都是慕名而来，每天都忙得不可开交。他见此情势，觉得自己已经有足够的能力胜任一个摊位，于是他辞掉了码头的工作，自己开了一家修理行。就在洛维格的修理行经营了数年之后，想扩大自己的事业，但他也很清楚：自己并没有那么多钱，要想拥有资本就得借贷，用别人的钱开创自己的事业，为自己赚更多的钱。

就当时情况来看，洛维格唯一致富的办法就是向银行申请个人贷款。但是他一无偿还能力，二无抵押之物，所有的银行都不愿冒着风险把钱借给他。就在绝望之际，洛维格突然心生一计。他想起了他唯一拥有的一条老油轮，于是他迅速地把它重新修理改装，并精心“打扮”了一番，以低廉的价格包租给了一家大石油公司。然后，他带着租约合同去找纽约大通银行，说他有一艘被大石油公司包租的油轮，如果银行贷款给他，他可以让石油公司把每月的租金直接转给银行，以分期抵付银行贷款的本金和利息。经考查证实后，大通银行的经理们答应了洛维格的要求。

在拿到了大通银行的第一笔贷款后，他马上买下了一艘货轮，并进行加工改装，继续把货轮包租给石油公司，获取租金，然后又以租金为抵押，再次向银行贷款去买船，如此循环下去。随着洛维格拥有的船只越来越多，租金也滚滚而来，洛维格不断积聚着资本，生意越做越大，不仅还清了贷款，自己的钱包也是越来越鼓。于是，洛维格又有了新的设想：自己建造油轮出租。他开始为一些顾客“量体裁衣”地设计一些油轮和货船，然后拿着设计好的图纸找到顾客，一旦顾客满意，立即就签订协议。船造好后，由这位顾客承租。

洛维格拿着这些协议，再向银行申请高额贷款。此时他在银行家心目中的地位已与过去不可同日而语了。以他此时的地位及信誉，加上承租人的信誉，洛维格向银行提出给予他很少人才能享受的“延期还贷款”待遇，也就是说，在船造好之前，银行暂时不收回本息，等船下水正式营运后，再开始归还银行贷款本息。这样一来，洛维格可以先用银行的钱造船，然后租出，以后就是承租商和银行的事，只要承租商还清了银行的贷款本息，他就可以坐收源源不断的租金，自然而然地成为船的真正主人了。整个过程他不用投资一文钱。

洛维格的赚钱方式，不得不让我们叫绝。“空手套白狼”是每个创业者都想得到的一件法宝，借钱生财，从小到大，从弱到强，克隆洛维格的智慧，你也可以做到小钱聚富。

每个人都想成功，但要想成功，靠自己的才干、学识固然很重要，可仅仅凭一人之力办成大事的人，从古到今，都少之又少。成功的办法多种多样，只要办法得当，便可快捷省力。因此，你可以巧用他人之砖为你敲开成功之门，自然也就加快自己的成功步伐了。

求变：旧罐盛新汤

有人说，人类最为重要的发明只发生过一两次，个人、社会、企业要想不落人后，唯一的办法就是模仿别人的发明。换言之，很多发明都是现成的，我们不应重新发明，而是要在其基础上加以突破性的改变，用旧罐盛新汤，照样能取得非凡的绩效。

小肥羊餐饮连锁有限公司的前身是包头市小肥羊酒店，成立于1998年8月。说是酒店，其实只是一家营业面积不足400平方米的不大不小的餐馆，主要经营火锅。其火锅的独特之处在于“不蘸小料”的锅底，据说配有草果、当归、枸杞、桂圆等60余味中药，具有去膻、保鲜嫩、香味适口、久涮不淡的营养滋补功能，加上来自内蒙古锡林郭勒大草原的羔羊肉，从而使得它自营业之初便赢得了当地消费者的青睐，生意出奇的火暴。

两个月后，小肥羊在包头又开了两家分店，同样获得了成功。生意的红火引起了众多嗅觉敏锐的人的注意，前来谈合作、代理的人络绎不绝，在这些人中大多数并没有从事过餐饮业的经营。应该说小肥羊是被众人推着走向了连锁加盟的扩张之路。

在2000年的时候，小肥羊终于走出内蒙古包头，正式开始特许经营加盟；2001年发展了445家连锁店，实现了15亿元营业额；到了2002年销售额是25亿元，2003销售额达到35亿元。在2003年的中国餐饮百强企业评比中，小肥羊名列第二，仅次于百胜集团（下属有肯德基和必胜客），超越了北京全聚德、成都潭鱼头、沈阳老边饺子等许多久负盛名的老字号。

起初，小肥羊发现招商加盟是一个巨大的金矿后，就推出了加盟连锁的经营方式，靠品牌输出来实现赢利。但是，因为之前毫无经验，所以此时的扩张是无序的甚至有些混乱：省会城市的加盟者每年交纳20万元即可获得品牌使用权，地、县级市及欠发达地区每年交纳5万～10万元，总公司负责羊肉和配料的统一供应。

到2003年的时候，小肥羊已经拥有600余家连锁店，其中500余家是加盟店，基本上采用品牌授权连锁模式。加盟商为小肥羊的迅速扩张立下了汗马功劳，也为小肥羊积聚了大量的现金，同时也逐渐演变成了小肥羊继续发展的瓶颈。有的加盟店，基层服务人员流动频繁，培训跟不上，难以保证服务质量；有的加盟店，管理水平低，人员素质差，环境脏乱，服务态度生硬；甚至还有一些加盟店为了谋取短期暴利以次充好……这些都严重损害了小肥羊的品牌形象。于是，小肥羊不得不放缓扩展的速度，实施战略收缩，以加盟商管理为核心，开始了长达四年的整合。小肥羊的店面数量从700余家缩减到300余家，因品牌维护不善、违规经营、重大投诉、经营不善等原因被关闭的店面达到了近400家。2008年，小肥羊才宣布重新开放特许加盟业务。

不管怎样，小肥羊的快速成功都足以引来众多的跟随模仿者，在小肥羊的发源地内蒙古，还派生出“内蒙古火锅”这一菜系。据当地报纸记载，内蒙古餐饮界“羊”品牌如雨后春笋般涌现出来，小尾羊、大尾羊、肥羊王、肥羊坊、小牧羊、小羔羊、鲜羔羊、金尾羊、小蒙羊等，全都是经营不蘸小料涮羊肉的火锅，也全部采用了小肥羊的全国连锁的经营模式。起初，这些跟随模仿者个个生意兴隆，到了2003年，这些跟风同行的营业额高达30亿元，几乎与小肥羊持平。但是，现如今，在众多的跟随者中，已有一部分的跟随者退出了江湖，一部分跟随者以微小的规模偏居于某个区域市场，只有小尾羊在众多的追随者中脱颖而出。在2007年的餐饮百强排名中，连续几年大规模收缩加盟店的小肥羊名列第三，紧跟其后的第四名便是小尾羊。

那么，小尾羊为什么能够成功？小尾羊的创始人余佳荣曾做过这样的解释：之所以选择进入这一行业，是因为我们拥有别人无法拥有的资源，放眼内蒙古，国内能数得上的企业，如蒙牛、伊利、鄂尔多斯，无一不是利用这片土地上的资源来做大做强的。所以做火锅连锁，内蒙古享有别的地区无法比拟的优势，那就是内蒙古的羊肉。

显然，余佳荣的解释有些避重就轻，并没有真正揭示小尾羊的成功跟随模仿之道。的确，从内蒙古崛起的企业大都依托内蒙古所特有的地理优势、资源优势和文化优势。但这是内蒙古企业的公共优势，余佳荣的解释太过笼统，也太过无力。在我们看来，在充分吸取领先者的经验与教训的基础上，变换跟随模仿是小尾羊的成功之本。因为作为跟随模仿者，小尾羊能够看到先发者小肥羊在前面所走过的路，这让小尾羊在发展过程中少走了很多弯路。

小尾羊吸取了小肥羊在连锁扩张之路上的经验与教训，将“连”与“锁”作为小尾羊扩张的主线条，也就是既要通过加盟来实现快速扩张，又要“锁”得住加盟商。依靠供应链控制、管理控制这两道“锁”，小尾羊对加盟商基本实现了有效控制的目标。

为了控制主要原料羊肉的品质，小尾羊进入羔羊养殖业，并在内蒙古锡林浩特建立了全国最大的羊肉加工厂，余佳荣也成为了内蒙古养羊协会的会长。由于传统火锅需要厨师配锅，很难实现质量统一，于是小尾羊将火锅汤料的生产也实施了标准化管理，汤料（主要原料）全部由机械化流水线生产，厨房工作人员只负责打开包装，倒入锅内，加热。

对于一家连锁企业，物流配送的及时性对食物的保鲜是非常重要的。所以小尾羊在成立不久，就定下一个基本的加盟原则——没有物流配送中心，不发展加盟商。目前小尾羊已经在包头、北京、上海、南京、合肥、南昌、深圳等地建立了近10个配送中心。羊肉、汤料、配送中心三位一体的供应链管理基本保证了连锁店的产品品质，在前期标准化的基础上，小尾羊还在有条件的地区成立了中心厨房，蔬菜（主要辅料）也实现了统一加工、统一配送。这样不仅节约了大量的人力成本，提高了劳动效率，还发挥了集中采购的优势。

各加盟店使用总公司提供的统一原料是餐饮连锁企业最主要的特点，但有的加盟店为了降低成本，以次充好的情况时有发生。为此，小尾羊一方面建立了一套详细的原料配送制度，汤料量和羊肉数量全部按照一定的比例进行配送；另外，先后在北京、深圳、江苏、上海、浙江、安徽等地设立了6家管理公司，其主要职责就是用直营店的标准监督和管理各加盟店，不仅会定期对所属区域内的店面进行检查，对于不符合要求的店面提出整改意见，还会定期对各店员工进行业务培训。

"蒙式火锅"的市场潜力是无须怀疑的，先发者小肥羊稳步成长就是一个明证。但是由于餐饮业有极强的"区域性消费"特点，先发者、市场领先者即使再强大，也无法覆盖所有可能的市场区域。显然，按部就班地沿袭小肥羊的成长之路已无法获得成功，必须另辟蹊径，突破品牌的瓶颈，才有可能摆脱跟随模仿者的困境。小尾羊将目光投向了上海。

2004年年初，小尾羊在上海市大连路、周家嘴路盘下了两个楼面，总面积达3200平方米，兴建了小尾羊华东地区规模最大的单店，作为“小尾羊”立足上海的样板店。开业即一炮而红，8个月便收回了全部投资。由于中心市场的顺利突破，小尾羊品牌得以真正意义上的确立，从此“小尾羊”步入了快速发展通道，将众多一起起家的追随者彻底甩在了身后。

此外，“火锅：涮羊肉＋涮青菜”一直都是火锅的主要模式，而小尾羊却率先引入了“火锅＋羊排”的经营模式，先后引进烤羊排、羊肉串、小点心等具有内蒙古传统特色食品，不仅推动了火锅消费，也使得小尾羊同先发者小肥羊有所差异。更重要的是，引入内蒙古风味的食品还为小尾羊赋予了浓郁的区域文化色彩，从单纯的产品营销上升到一定程度的文化营销，增加了顾客消费的附加值。

总结小尾羊跟随模仿的成功之道，它之所以能够在众多模仿者中脱颖而出，关键在于它能够在跟随模仿中走出差异，运用“旧罐盛新汤”的求变之法，秀出了自己的特色。

在功用上狠下工夫

跟随和模仿的目的不是更像别人，而是要发展自己。先发企业的长处固然值得我们学习与借鉴，但我们却不能全部照旧全搬。行业的前进形势已经确定，关键就是要在功用上狠下工夫，研究出自己产品的独特之处，在弥补先发者产品不足的同时，更创造出自己产品的特色。

显然，模仿与跟随模仿有些机会主义的味道，但我们如果就此作出“模仿等同于机会主义”的结论，那也是片面的、武断的。机遇偏爱有准备的人，那些在跟随模仿中能够积极、有效作多方面积累的企业，才有可能发现并把握住机会，才能在跟随模仿中获得成长，实现自我的蜕变。

在很多人的印象中，跟随模仿是小企业的“专利”，但实际上，大企业更偏爱跟随模仿。享有资源优势的大企业可以充分地发挥后发优势，通过将产品标准化、扩大生产规模、建立配销网络、建立起品牌与信誉度等一系列的经营举措成功地从先行企业手中夺走市场份额，取得成功。

20 世纪 70 年代初，阿迪达斯公司在运动鞋制造业中占据了支配地位。当时阿迪达斯、彪马和虎牌这 3 家公司共同组成了制鞋业的“铁三角”，其他公司都很难再挤进行列。然而仅仅过了 10 年，到了 20 世纪 80 年代初，耐克公司后来居上，在鞋业市场的产销额市场占有率达到了 50%，成为世界制鞋业的老大，阿迪达斯市场占有率一度降到 20% 以下，风光不再。耐克的后来者居上，制胜之处何在？它战胜运动鞋业老大的秘密武器是什么呢？

20 世纪 20 年代，阿迪达斯制鞋公司创立于德国，起初业绩平平，1936 年，著名运动员杰西·欧文斯在奥运会上穿着阿迪达斯制造的跑鞋，为德意志民族赢得了奥运金牌，同时也使阿迪达斯一夜成名。自此，阿迪达斯树立了“利用著名运动员和重大体育比赛展示产品的使用情况”的市场营销策略，一直把国际体育比赛当做检验产品质量的基地，这一策略一直沿用至今，并成为业界的金科玉律。

1954 年，穿着阿迪达斯鞋的西德球队击败了匈牙利队，夺得了世界杯。1976 年，在蒙特利奥运会上，穿阿迪达斯公司制品的运动员占全部个人奖牌获得者的 82.8%，这使阿迪达斯的声誉大振，销售额上升到 10 亿美元。正是这一关键市场策略的正确实施，为阿迪达斯成为业界不可超越的先锋铺平了道路。

耐克公司的前身是蓝丝带制鞋公司，成立于 1964 年，当时主要是给价格低廉、技术优良的日本虎牌运动鞋代销。1972 年，蓝丝带公司结束了与日本虎牌的合作，在美国奥运选拔赛中正式推出了自己的耐克（希腊胜利女神的名字）品牌，在运动鞋市场站稳了脚跟。1978 年，蓝丝带公司正式改名为耐克公司。

刚刚成立的耐克公司以阿迪达斯为标榜，看到阿迪达斯的广告经营策略取得显著的成效，耐克也模仿它的方法。当年，刘翔只跑出了近 14 秒时，耐克运动员市场部的张彤就寸步不离其左右。营销专家刘海龙指出："他们向来不签急功近利的合约，而是以培养彼此的感情，直至对方彻底被征服为止。"

2000 年，泰格·伍兹被耐克盯上后，耐克 CEO 菲利普·耐特毫不顾及自己的身份，亲自到赛场给"老虎"递毛巾、送饮料和拿球杆。最终，泰格·伍兹被打动，答应耐克出任其高尔夫产品代言人，5 年身价 1 亿美元。耐克在不断效仿阿迪达斯的同时，还将自己的运动鞋定位为具有创新设计与技术、高价位的高品质产品。耐克凭借其丰富的产品类型以及杰出的设计，2000 年占据了超过 39% 的美国运动鞋市场，几乎是阿迪达斯市场份额的两倍。

30 多年来，耐克体育用品在全球畅销不衰。然而，这家小作坊起家的公司在迈向成功的路途上，却经历了人们难以想象的艰难，他们独到的跟随模仿策略也极具传奇色彩。

耐克公司最初一直以阿迪达斯公司的制品为模型进行仿造，但是，它也一直都没有放弃自我开发。1975 年，耐克成功设计了一种新型"华夫饼干"式的鞋底，鞋底上的小橡胶圆钉使它比市场上流行的其他鞋底的弹性更强。这种看上去很简单的产品革新成为耐克事业的转折点，耐克在模仿和创新的两者兼顾下，战胜了先发者阿迪达斯。

耐克公司一直非常重视研究开发和技术革新工作，致力于寻求更轻、更软的跑鞋，并使之既对穿用者有保持性，也给运动员——世界级运动员或业余爱好者——提供跑鞋工艺所能制作的最先进产品。这一点突出地表现在它雇用了将近 100 名研究人员，专门从事研究工作，其中许多人具有生物力学、实验生理学、工程技术、工业设计学、化学和各种相关领域的学位。公司还聘请了研究委员会和顾客委员会，其中有教练员、运动员、设备经营人、足病医生和整形大夫，他们定期与公司见面，审核各种设计方案、材料和改进运动鞋的设想。其具体活动有对运动中的人体进行高速摄影分析、运动员踏车的情况分析、有计划地让300多运动员进行耐克实验，以及试验和开发新型跑鞋和改进原有跑鞋和材料等。1980年，耐克公司用于产品研究、开发和试验方面的费用竟达到了250万美元，占当年营业收入的1%，对于鞋子这样非常普通的物品，进行如此重大的研究和开发工作，可谓是空前绝后了。

耐克公司成功的关键因素是卓有成效的仿效。就跑鞋市场来说，长期以来阿迪达斯公司所施行的市场战略，是生产型号多样的鞋，在重大体育竞赛中让运动员穿用带公司标志的产品，不断使产品更新换代。耐克公司把这一操作方法拿来，就等于在企业成长中掌握了现成的经营方法，也就是抄了一条近路，使公司获得了快速发展的机遇。

成功后的耐克，在很多方面还是沿袭了阿迪达斯公司几十年前树立起来的制鞋业公认的成功市场策略。这些策略主要是：集中力量试验和开发更好的跑鞋为吸引鞋市上各方面的消费者而扩大生产线；发明出印在全部产品上的、可被立刻辨认出来的明显标志；利用著名运动员和重大体育比赛展示产品的使用情况；甚至把大部分生产任务承包给成本低的国外加工厂。而且也不单是耐克公司一家这样做，但耐克公司运用这些早已被证明行之有效的经营技巧可谓得心应手，比它的任何对手，甚至阿迪达斯公司运用得更好和更有攻势。

任何一种策略选择都有其与生俱来的局限性或者说是弱点。总结近年来中国企业的实践，我们不难发现，跟随模仿成功的概率在降低。主要原因在于中国市场越来越成熟，先发者所开辟的细分市场不足以同时容纳太多的竞争者，这显然有利于具有先发优势的先发者，也为先发者打压、限制跟进者创造了有利的竞争位势。

产品的实质性创新可能开创一个全新的细分行业（市场），商业模式的创新同样可能开创一个全新的细分行业，甚至是全新的产业。有创新就会有模仿，就会有跟随。不过，相对于产品模仿而言，商业模式的跟随模仿更具风险性与不确定性。深刻洞悉先发者商业模式成功的本质与关键要素，是跟随模仿者作出是否跟随模仿决策、如何进行跟随模仿的关键。

在模仿过程中，企业必须确立自己的个性。成功的模仿不是简单的盲从，模仿的只是成功的决策、标准和措施行为。借助有效的模仿，企业仍可树立与众不同的形象，采用与众不同的个性特征或标记，并研究出新的功能用途，从而在跟随模仿中走出自己的新颖之风。

第七章

从人而事跟随法

有句话是这样说的：三十岁以前要跟对人，三十岁以后要做对事。是的，要想成就一番事业，先跟对人很重要。因为跟对了人，你就会少走很多弯路。目前，越来越多的人开始意识到“跟对人，做对事”重要性。并且，事实也证明了人们利用这种行事理念取得了卓越的成就。因此说，从人而事的跟随法将会更有助于你走向成功。

跟对人，做对事

或许我们经常会有这样的疑问：为什么世界上到处都是有才华的穷人呢？或者是非常有才华，却没有什么建树呢？虽然说金子在哪里都会发光，但是如果没有人去发现它，它也只能永远被埋没在地下。同样，一个人再有才华，却没有一个懂得识别人才、运用人才的人扶持他、协助他，给他提供一个发展和表演的舞台，那么他的最终结果，只能是生活惨淡，落魄一生。另外，还有一种奇怪的现象，那就是很多人并没有什么才华和特质，而且也不像是能做大事的人，可最后他们却获得了巨大的成功，究其原因，也是在跟人上面。前者没有跟对人，有才华也被埋没了；而后者跟对了人，即使资质普通，却出乎意料取得了丰硕的成就。

在职场上，跟对人至关重要，那么怎样才叫跟对人呢？

曾经跟随马云、史玉柱、李彦宏等 CEO 打工的人，他们都算跟对人了。当时他们的老板并不发达，甚至一贫如洗，但是他们就认准了，一心一意为这些老板打工，风雨同舟、患难与共。今天这些老板都功成名就了，他们也都实至名归成了开山元老、赫赫功臣，有了让人惊羡的社会地位。不得不说他们是跟对了人，做对了事。

比如阿里巴巴，跟“狂人”马云一块创业的兄弟，当初可谓尝尽了创业的酸甜苦辣，可如今真是春风得意，当初的打工仔摇身一变，个个都成了身价百万千万的富翁。

可见，跟对了人，原来成功也可以这样简单！你的成功跟老板是绑在一起的，是“一条绳子上的蚂蚱”，只要你的老板能够升迁，你就会得到更多的升迁机会；只要你的老板前程似锦，那么你也将平步青云。只要你有足够的野心，甚至还可以闯出一番属于自己的事业。

跟对人，这个人就如同你事业上的指路灯，直接照亮你的职业前景，你的一生也将因此改变。相反，如果你遇到一个不好的老板就好比半路遇到一只拦路虎，会让你职途坎坷多蹇。业绩好的时候，他会把所有的功劳都算在自己的头上；业绩差的时候，他会把所有的责任都推给你。他无法教给你任何东西，他很难得到提升，他得不到提升的同时，你的前途也将是一片茫然。

你所跟随的成功者就是未来的巨人。只要你有机会与巨人站在一起，你就成功了一半。可前提条件是：你也需要有独到的眼界和胸怀。因为能和巨人走到一起的人其本身也不是一般的人。跟对人，这将是你职场成功的捷径。可以想象的出，和能干大事的人在一起，你难道会不发达吗？除非你的能力和品德太差，不然，你一定能搭上顺风的船，驶向成功的彼岸。

李嘉诚曾经说过："良好的品德是成大事的根基，成大事的机遇是靠遇到贵人。"他的意思是说，有些人之所以能够成功，与他认识的那些能够对他的事业起到很好帮助的贵人是分不开的。这里所说的贵人就是能够发现你的伯乐，人生不能没有赏识自己的伯乐，在每个人的人生中，除了要具备良好的品德和成就大业的能力外，更重要的就是伯乐的帮助。你身边的伯乐不一定是比你权力大、地位高、财富多的达官显贵，老板、同事、下属、朋友、竞争对手都可能是你的伯乐，他正是能够帮助你扭转乾坤、改变你命运的人。

下面大家不妨听听杜敏夫的故事。

有一个堪称天才的服装设计师叫杜敏夫，经他设计出的服装都别具一格。但是遗憾的是，在事业上的他却屡遭不顺，他曾先后在三家服装公司做过，他最近离开一家公司，原因是他提出了一个很好的设计方案，而不懂设计的店主不仅不予以嘉许，反而蛮不讲理地把他训了一顿。血气方刚的杜敏夫一气之下就辞职不干了。

有一次，杜敏夫的妻子偶然认识了当时正准备开办服装公司的戴维·史华兹。此时的戴维·史华兹正在为公司没有一个优秀的服装设计师发愁，因为他想只有设计出别人没有的新产品，才能在服装业中出人头地。所以，他需要找一个优秀的服装设计师做自己的合伙人。

经过这次巧遇，杜敏夫的妻子把杜敏夫介绍给了戴维·史华兹，杜敏夫欣然同意。

这样一来，杜敏夫可以放手工作了。杜敏夫由此也激发了灵感，果然身手不凡，他不仅设计出很多颇受欢迎的款式，而且还是第一个采用人造丝做衣料的人，由于造价低，并且抢先别人一步，戴维·史华兹的约兰奴真服装公司业务蒸蒸日上，可谓占尽了风光，不到十年的时间，就已经成为服装行业中的“龙头老大”，而杜敏夫也备受戴维·史华兹器重，取得了前所未有的成就。

具有设计天才的杜敏夫差点被埋没了，但正因为有了戴维·史华兹的相助，才有了施展的平台，他的才能终于得到了人们的承认，而在遇到戴维·史华兹之前，杜敏夫虽然也是勤奋拼搏，但是却以不被人赏识，只好辞职。

这就是跟对人的魅力，只要他扶着你走上一段，可胜过你个人多年甚至终生的辛苦辗转。有时人的一生就缺有人扶着你走的这段路，有了“这段路”不少有才能的人会创造出个人的奇迹，令世人刮目相看。

其实，世界首富比尔·盖茨最初也是因为跟对了人，才最终走向成功的。

20 岁时的比尔·盖茨，还是在校的大学生，没有什么人脉资源。可是，他是怎么找到生命中的“贵人”的呢？原来，比尔·盖茨的母亲是 IBM 的董事会董事，妈妈介绍儿子认识董事长，这不是很理所当然的事情吗？于是，比尔·盖茨签到 IBM 这个大单，奠定了他事业成功的第一块基石。因为比尔·盖茨签的不仅是他的第一份合约，而且还是当时全世界第一电脑公司。

比尔·盖茨的妈妈可谓是比尔·盖茨的伯乐，因为伯乐的相助，比尔·盖茨莱获得了创业史上的第一块基石，致使比尔·盖茨的前途开始变得明朗起来，他的成功开始变得一发不可收拾。

都知道，千里马本身并没有太深远的意义，只不过是一匹马而已。假如没有伯乐，千里马便永远只是一匹马，马便是马，吃草驮人的坐骑而已；而因为有了伯乐，千里马的存在才变得意味深远，它的生命与价值才得到了最终的诠释。

因此，只有你跟对了人，找到自己生命中的伯乐，才会在你的人生低谷、在你最危难的时刻伸出他的援助之手。伯乐是你成功道路上最为宝贵的资源，他可以一下子打开你人生机遇的天窗，让你拨云见日，豁然开朗，直接进入成功的序列和境界；他可以大大缩短你迈向成功的时间，提升你成功的速度。你找到了你的伯乐，你才能够拥有改变现状、摆脱庸俗的方向和动力，而掌握了这个方向和动力，前途就会是一片坦途。

牛顿曾经说过：“我之所以看得比别人远，是因为我站在巨人的肩膀上！”是的，能够站在巨人的肩膀上看风景，这是一种无法替代的优势！因为，只有跟对了人，才能做对事情，最终才能走向成功，走向卓越。

名人效应：借名人提升名气

一般情况下，在普通人的思维中，有一种这样的心理习惯：名人代言、推崇、赞赏的东西，一定是好东西，质量、性能更不用说，无须再去怀疑、等待、考验。对他们来说，可信度是最高的。同时，社会上也存在一种模仿名人的风气：无论是名人用的、穿的、吃的……人们都竞相去模仿。一经名人代言的东西，不但能引起人们的重视、青睐，而且很可能在社会上引起购买热。这就是所谓的名人效应。

的确，我们还会发现这样一种现象：有很多畅销产品很早就存在了，只不过存在的默默无闻。偶然一次经名人推崇、使用，自此便身价倍增，名扬海内外。其实这些产品的功能，在名人使用以前已经存在，并非是在名人使用时提高的。同一产品在这前后身价竟然大不一样，正是说明名人效应的威力。可见，在商场上借名人做了广告、宣传，树起了威信，就能提高产品的身价。

有的企业管理者善于借着名人大造声势，以适时、准确、广泛、生动的宣传，提高本公司的知名度，增强公司产品对消费者的吸引力，达到抢占市场，扩大销售的目的。

1964 年，法国电影明星阿兰·德隆首次到日本访问，由于他曾主演过《佐罗》，他突然到日本访问的这件事便引起了日本洛腾口香糖公司经理辛格浩的密切关注。

辛格浩为什么会如此密切关注呢？因为此时的“洛腾口香糖”正是销售疲软、资金周转不灵的时期。经过一番苦思冥想，辛格浩派人四处活动，想尽千方百计邀请阿兰·德隆来厂参观，决定利用这一机会做广告，改变一下经营的被动状态。功夫不负有心人，阿兰·德隆终于被请来了。

阿兰·德隆来的这一天，全厂张灯结彩，一派节日气氛，公司的首脑人物站在厂门口列队欢迎阿兰·德隆。在辛格浩的精心安排下，五六个怀揣微型录音机的职员充当接待人员，不离阿兰·德隆左右，同时还聘请了录像师把参观的全过程都拍摄下来。阿兰·德隆在参观完配料车间、压制车间后，来到包装车间。阿兰·德隆在车间里尝了一块口香糖，随口说了一句：“我没想到日本也有这么棒的口香糖……”

阿兰·德隆本来是出于客套，才说了这句话。可是却被欣喜万分的陪同职员录了下来。于是，从当天晚上开始，电视上天天出现一则很惹人注意的广告：阿兰·德隆笑眯眯地尝一小块口香糖……

谁知，这则广告立即像磁铁一样吸引了日本成千上万阿兰·德隆的影迷，大家都争先恐后地购买这种口香糖。很快所有商店里的洛腾口香糖都脱销了，库存也一扫而光。

从上述例子可以看出，辛格浩正是靠适时变通，借名人之名为自己的产品“冲”开了销路，挽救了濒临倒闭的洛腾公司。是的，企业管理者应该知道，利用名人替自己的产品“冲”开销路是非常必要也是有效的营销手法。在不具备名人出面相助的情况下，也要敢采用更大胆的“借名”之技。

要想卓有成效地提高企业和产品知名度，是一门科学与艺术。借名扬名不失为一种成功秘诀。即与名人建立联系，将企业的产品提供给他们使用，利用名人在社会各界的重大影响，为企业和产品做“活广告”。

最初，《波士顿》杂志原本是一本名不见经传的小刊物，杂志发行量小，读者也不多。为此，老板卡吉斯非常忧心。他经过认真分析，找出问题的关键在于该刊从未刊登过著名作家的作品。于是，卡吉斯便邀请一些著名作家们在《波士顿》杂志上发表文章，可是著名作家们根本不把该杂志放在眼里，不予理睬。这些名作家中包括当时很有名望的女作家奥可敦女士。然而，卡吉斯是个坚强的人，他不甘就此失败，并下决心要把奥可敦的稿件登在他的《波士顿》杂志上。

卡吉斯是个有心计的人，他首先着手研究起奥可敦女士以往发表的小说和其他作品，从中分析出她对慈善事业有着特别的热心，她极力宣传慈善事业对于人类贡献的伟大意义及前景等。卡吉斯针对这一发现，有了主意，他马上着手对《波士顿》杂志的版面做了重大的调整，专门为慈善事业设立了专栏，然后给奥可敦女士寄出样刊，请她提出宝贵意见。

奥可敦女士见《波士顿》杂志的主办人如此重视慈善事业，很受感动，就提出了进一步调整的意见，还连同自己刚写的文章一起送到《波士顿》杂志社。卡吉斯如获至宝，立即将奥可敦女士的文章和意见刊载在经过调整的杂志上，令人耳目一新。此后，奥可敦女士时常在杂志上发表文章，并带动了一些有影响的作家为该杂志供稿，这使《波士顿》杂志的身价陡然升高，销售量日见增加，终成为拥有300多万读者的权威杂志周刊。

有家不出名的餐厅坐落在美国肯塔基州的一个小镇上。这家餐厅就餐的人本来就不多，尤其是每当周二的时候，来就餐的人特别少。老板几次想扭转这种冷落局面，但都收效甚微。一个周二的傍晚，老板闲坐无事，便随手翻阅桌上的电话簿，翻着翻着，老板忽然看到一个熟悉的名字——约翰·韦恩，老板顿时一愣，但很快明白过来。此人名正好与当时红极全美国的巨星同姓同名的人，老板来了灵感，何不借用真约翰·韦恩的名字和名气，请“假”约翰·韦恩来就餐呢？到时候，镇上的人出于好奇，一定会光顾餐厅。餐厅老板先给“假”约翰·韦恩打了电话，邀请他偕夫人于下周二晚8点到餐厅来就餐，餐厅免费供应他双份晚餐，“假”约翰·韦恩欣然同意。而后，老板贴出一张大海报：

“隆重欢迎约翰·韦恩先生于下周二光临本餐厅！”

这张大海报一贴出去，果然轰动不小。小镇上的人们在纷纷议论的同时，又焦急地盼望下一个周二早些来到，好一睹这位明星的风采。终于等到了周二，餐厅的生意大增。顾客们纷纷询问老板：“约翰·韦恩什么时候光临？”餐厅老板回答：“晚8时准时到达。”傍晚，顾客们早早地就进入餐厅就餐；不到7点，想要就餐的人就不得不在餐厅门外排起了长队，接近8点的时候，餐厅的内外已是人头攒动、水泄不通了。

8点整，餐厅老板通过餐厅内的扩音器宣布：“各位先生、各位女士，约翰·韦恩偕夫人一起光临本店，让我们共同来欢迎他和他的夫人！”

顿时，餐厅内、外变得鸦雀无声，所有的人都把目光投向餐厅门口——在餐厅老板和漂亮的服务小姐的陪同下，一位矮小的、地地道道的肯塔基州老农民与他的妻子微笑着、又有些忐忑不安地迎着众人的目光，走入餐厅。

“这就是巨星约翰·韦恩及其夫人?”

所有的人都愣住了，瞪大了眼睛，不敢相信这是真的。但是，这只是很短时间内的惊疑。仅仅是过了几分钟而已，人们很快明白了是怎么一回事，餐厅内爆发出一片善意的哄笑声。这时突然有人大喊：“欢迎约翰·韦恩!”于是，更多的人大喊：“欢迎约翰·韦恩!”人们把约翰·韦恩夫妇拥上上座，还纷纷要求与约翰·韦恩夫妇合影留念，整个餐厅一派喜气洋洋。

此后，餐厅老板从邀请约翰·韦恩的成功中受到鼓舞，于是继续从电话簿上寻找与“名人”同名的人到餐厅免费就餐。当然，老板并没有忘记事先贴出一张大海报，遍告镇上的父老乡亲，而乡亲们也都乐意到餐厅来“捧场”。后来，每逢周二，这家餐厅的生意最为兴隆。因为，这样的“好事”已经成了小镇上人们生活中的小插曲。

由此可见，在日趋激烈的市场竞争中，任何企业或产品的知名度都是其生命力的象征。一个精明的企业管理者，不仅要以产品质优赢得市场，最重要的是要重视企业和产品知名度的宣传。借助名人效应，借助名人的名气提升企业名气，不失为一种商场之道。

结成利益共同体

在战场上，对手之间不是你死就是我活。那么，对于商场上来讲，竞争同样是极其残酷的。然而，在某些时候，除了竞争，合作也是商场上的一种重要的生存方式。

“雀巢”咖啡闻名于世，瑞士这家雀巢公司以从创业至今已有120多年的历史了。雀巢公司的起家产品是婴儿奶粉，它的发明人是雀巢公司的创始人——安里·涅之兹。

当发明了奶粉之后，涅之兹并没有马上投入商业化生产，他只是在实验室或家里小批量生产。由于奶粉的营养成分比一般的牛奶多，而且易于保存，食用方便，所以很受消费者欢迎。

1867 年，为了适应日益增大的市场需求，涅之兹创立了雀巢公司，开始了奶粉的商业化生产。到了 1870 年，雀巢奶粉的年销售量达到了 8500 箱。1875 年时，猛增至 50 万箱。一百多年后的今天，雀巢公司已发展成为规模庞大的世界性的大公司。单单在瑞士，在雀巢公司就业的人员已达 8.5 万人，平均每一百个瑞士人中至少有一个人是雀巢的雇员，可见瑞士公司规模之大。

现今，雀巢公司在全世界的生产企业已超过 250 个，这些企业大约一半以上在欧洲，约 1/4 在美洲，其余则在亚洲和非洲。

雀巢公司能成为世界闻名且规模庞大的公司，有一个主要原因是因为他们采取了具有雀巢特色的市场竞争决策：收买合并竞争对手，利用对手，使之由对手变为自己公司的成员。这一竞争决策的成功才使雀巢公司在激烈的世界市场竞争中，毫不妥协地与同行业的对手周旋，取得了称霸世界市场的地位。自从可可奶、奶粉，糖、香料按一定比例制成的巧克力糖果在瑞士问世以来，迅速席卷世界，成为男女老幼人人喜爱的食品。并且，雀巢公司为在世界市场占据有利地位，当时瑞士大大小小的巧克力生产企业结合成巧克力集团。

由于雀巢公司的奶粉是生产巧克力的原料之一，借此原因与便利条件，雀巢公司迅速插足巧克力集团。后来，巧克力集团生产的巧克力全部采用了雀巢商标。瑞士境内有 4 个主要的巧克力生产企业，他们各自生产着不同风味的巧克力，在雀巢收买竞争对手以扩大自己规模的决策下，都被并入雀巢公司，使世界各国不同口味和嗜好的巧克力爱好者吃到的全是同一品牌的产品。

在国家小、人口少、市场不大的瑞士，雀巢要发展必然需要着眼于世界大市场。于是，雀巢一方面向国外推销瑞士本土生产的各种巧克力，另一方面不遗余力地以各种方式占领世界市场。雀巢公司于1907年打入美国，随后又陆续在英国、法国、德国、意大利、比利时、西班牙等国投资建立雀巢的巧克力生产厂，就地生产，就地销售，很快取得了世界巧克力市场的霸主地位。

1851年，美国人最先发明了炼乳，由于这种奶制品易于长期保存，食用方便，很快即畅销于世界市场。这一下瑞士却落后了15年，直到1866年才建成了炼乳生产厂。不过，凭借瑞士发达的奶牛养殖产业和丰富的奶粉资源，很快就开始同美国争夺炼乳市场。与美国能够分庭抗礼后，瑞士首先出巨资买进、合并了主要竞争对手，即美国生产炼乳的公司。之后，瑞士又把世界各国生产炼乳的企业全部买下并入雀巢公司，形成了全球范围内雀巢一花独放，独霸世界炼乳市场的局面。但是，雀巢公司并未就此止步。1938年，在咖啡生产过剩的影响下，雀巢公司在巴西的咖啡研究所经过八年的奋战，成功地开发研究出了速溶咖啡的生产技术。为确保速溶咖啡占领世界市场，雀巢公司一方面要求在任何国家销售的速溶咖啡必须使用雀巢商标；另一方面必须在咖啡销售量大的国家就地设厂生产，就地销售。于是，雀巢速溶咖啡很快风靡全球。

100多年来，雀巢公司的产品销售世界各国，规模也越来越大，几乎可以说是无往而不胜，其中一个重要原因就是他们制订并实施了正确的市场竞争决策——不惜重金买进吞并自己的竞争对手，然后巧妙利用对手，结成利益共同体，使之成为自己公司的成员，因而使公司的规模越来越大，买卖越做越红火，以至于独霸世界市场。

中国台湾录像机市场有两大系统：一个是Beta，另一个是JVC公司的VHS系统。中国台湾新力公司一直擅长在电子技术领域占据重要位置，

Beta系统就是它成功的发明，但就是在这个发明上，新力公司竟然摔了一个大跟头，输给了对手JVC公司。

原来，新力公司在发明录像机系统之后，一直想垄断录像机市场，不给对手机会，所以，他坚持不肯将技术同对手共同分享。

果然，新力公司在短时间里确实造成了行业垄断，给其带来巨大利润。JVC公司的VHS系统无法和新力公司相抗衡，在生产的品质上和技术上都明显落后于对手新力公司。由于情况迫使，JVC公司下决心开发出新的系统，以打破新力公司的垄断地位。

但是，由于JVC以公开技术的方式和其他的大公司合作，因此，在它周围立刻积聚起一支庞大的技术队伍，世界其他电子公司的技术JVC公司也可以分享，因此，世界上采取VHS规格系统的公司越来越多。新力公司却处于孤立的境地。

为了同新力公司竞争，采用VHS系统的厂家，联合起来挤占新力公司的市场。由于这支队伍的庞大，输赢立刻就见分晓，新力公司马上就处于下风。

慢慢地，形势对新力公司来说，越来越不利了。可是，如果这时新力公司立即和其他公司合作，尽管将造成自己的一部分损失，但也不至于一败涂地，而且还可以发挥自己的技术优势。可是，新力公司却不甘心，同时还铁了心在这场世纪大战中坚持下去，于是就极力抗拒JVC公司的VHS系统。

新力公司为了达到目的，不惜用巨额资金投入到广告之中，它的技术水平也越来越高。然而，消费者已经使用习惯了JVC公司的产品，要改变这种习惯谈何容易。这样一来，新力公司的行为不但无法挽回自己的劣势，反而越陷越深。这就决定了它螳臂当车的做法是无法长期维持下去的，它的努力最后宣布彻底失败。

1988年春天，新力公司总算甘拜下风了，并且宣布Beta系统不如

VHS 系统，决定放弃自己固守的阵营，加入到对方的行列。

1980—1988 年，这将近 10 年的时间，正是地界上录像机市场急剧扩大的非常好的时期。可是，新力公司却为了企业的“无谓的面子”，陷入了一场无谓的竞争。这场竞争使对方下决心改变了自己产品的缺点，增强了对手的实力，而自己几近于一无所获。假使新力公司能够在开始的阶段就公布自己的技术，和其他公司共同合作，现在世界上录像机的生产厂家，新力公司一定能够占据非常重要的地位。

由此可见，无谓的竞争必然导致无谓的结局。而商业上的合作往往是比相互的恶性竞争更加有力量。所以，在关键时候，结成利益共同体比无谓的竞争更重要，只有这样，才能跟随成功。

随机应变：巧借别人的东风

三国时期，诸葛亮巧借东风的故事，已经成为千古优秀战例。

建安十三年（公元 208 年），当时的情况是：曹操率兵 50 万，号称 80 万，进攻孙权。孙权兵弱，他和曹操的敌人刘备联合，兵力也不过三五万，只得凭借长江天险，拒守在大江南岸。

曹操带领的兵都是北方人，不习水战。于是，曹操就想出了一个“连环战船”的战术渡江。当时有人提醒要提防吴军火攻。曹操却不以为然，因为根据当地的气候条件，根本不利于火攻。

面对敌强我弱的形势，吴军的都督周瑜早就急得“口吐鲜血，不省人事”。而诸葛亮由于家住赤壁不远的南阳，对赤壁一带天气气候规律的认识，比曹、周两人更深刻、更具体。诸葛亮明白，西北风只是气候现象，在气候背景下可以出现东风，这是天气现象。在军事气象上，除了必须考虑气候规律之外，还须考虑天气规律作为补充。于是，诸葛亮根据对天气变化的分析，凭着自己的经验，已准确地预报出出现偏东风的时间。但为了故弄玄虚，糊弄周瑜，他却设坛祭神“借东风”。

当晚，孙、刘两军联合把曹军杀得大败而回。

从此，巧借东风就成为人们随机应变的一个重要策略，特别是在现代企业竞争中，善于借风经营，既是使企业走出困境的重要方法，也是使企业立于不败之地的重要手段。

200 多年前，有一家饭庄经营平淡，效益不高。为了提高效益，饭店决定改善经营策略，在提高饭菜质量的同时，推出具有特色的经营方式。他们针对人们对皇帝的生活有一种神秘感的心态，决定经营“御膳”，以仿照皇帝吃过的饭菜为特色，来吸引广大顾客。为了增加吃宫廷饭菜的神秘感，他们还收集了许多关于宫廷膳食方面的传说，与经营的饭菜相搭配，编成一个个有趣的小故事，由服务员在给顾客上饭菜时加以介绍，使顾客备感新鲜，兴味更浓。同时也招来了不少回头客。

1984 年，美国华盛顿市市长在这家饭庄举行答谢宴会。宴会刚开始，服务员端上一盘点心，并介绍道：“据传说，慈禧太后有一天晚上做梦，梦见在吃肉末烧饼，碰巧，第二天早上的膳点正好也有肉末烧饼，慈禧太后对肉末烧饼大加赞赏，认为这是吉祥如意的象征。各位现在吃的就是西太后赞赏的那种肉末烧饼，愿大家也事事如意，岁岁吉祥!”服务员话音刚落，在座的宾主一齐鼓起掌来。此次宴会大家都吃得非常开心。

可见，这家饭庄正是借“皇帝吃过的饭菜”这一东风，吸引顾客，招揽生意，促进了经济效益的提高。其实，这家饭庄正是坐落在北京北海公园琼岛北面的仿膳饭庄。

在美国，有家叫鲍耶的瓷器公司。最初，总经理从已故的丈夫手中接过来时，公司只是一个规模很小，没有名气的专门生产花、草、禽、兽瓷雕艺术品的小公司。总经理接管后，并没有气馁，反而大刀阔斧地干起来了。总经理当即为公司制订了树立独特形象的两条战略目标：其一，以艺术家的名声制造新闻，把产品宣传出去，产品要珍藏在国家博物馆中，以抬高身价；其二，以慈善家的名声生产象征人类保护的野生动植物。

总经理为了实现自己的战略目标，特地选了这样的一个时机：1972年，尼克松总统访华，正苦于寻找一种能代表国家的礼物。这家公司的总经理闻讯后，立即向尼克松献上公司生产的一尊精塑的天鹅群瓷器珍品。因为瓷器的英文 China 也可译为中国，尼克松喜出望外，把这尊既具有双重意义也具有很高艺术价值的瓷器珍品带到了中国。从此，由于该公司的产品的确艺术性很强，再加上各新闻媒体对此纷纷予以报道，使这个小小瓷器公司声誉鹊起，该公司的产品一时间也成了热销货。

西安市有一个浙江绍兴双梅丝织厂开设的联营展销专柜。一次，这家工厂厂长来到西安了解销售情况，看到该厂生产的花色涤纶布不大受消费者欢迎，他心中不禁暗暗着急。到了晚上，厂长闲来无事，就与供销员一块儿去看新上映的电影。看完电影后，该厂长在回去的路上听到身边的一些青年人称赞电影里主角穿的军装颜色好看，还议论着要一人做一件这种颜色的衣服。厂长一听，突然从青年人的议论中受到了启发，甚至猜测到：随着这部电影的上映，在青年人中可能会掀起一股穿“将军黄”的热潮。次日一大早，该厂长就起来了，他在西安市跑了十几家商店，都没有见到销售“将军黄”。该厂长心中又开始暗喜起来，于是他当机立断，给厂里拍了一封加急电报，要厂里火速组织2000万米将军黄涤纶布来西安。厂里紧急动员，将现有存货中的将军黄涤纶布全部清理装车，直发西安。正如该厂长所料：几天后，2000万多米将军黄涤纶布就出现在西安市百货商场柜台上，第一天的销售额就达3万多元，创造了西安百货商场专柜的最高纪录。

总之，巧借东风是人们随机应变的一个重要策略。巧借东风不但需要“知风”“识风”，还得善于预知东风，捕捉东风。

对企业管理者来说，尤其是中小公司的管理者来说，善于借助别人的东风也是取得成功不可或缺的条件。由于他们本身的财力、人力或其他竞争条件都无法与已经成熟的大公司相比。大公司因为资本雄厚、资产众多、关系良好，向银行贷款融资可说是轻而易举。而在人才的网罗方面，大公司也比中小公司更具吸引力。在这种情况下，中小公司欲求生存、图发展，唯有采用“借助别人的东风，坐生意的大船”的策略，才能在大公司的竞争中保住自己的一席之地。

如果企业管理者在创业之初，或者在面对一个破破烂烂的公司，而凭借自己的力量又实在难以支撑下去时，充分地借用他人之财，借用他人的设备，借用他人的优势，在短时期内完全可以打一场漂亮的战役。另外，企业管理者也可以借用地理环境的优势，借用国家的某些优惠政策，同样也可以白手起家，在短时间创造出巨大的财富。

总之，在商业活动中一定要学会借助别人的东风。

狐假虎威：乘别人的势

《狐假虎威》的传说大家都不陌生，下面我们再来回顾一下。

春秋战国时期，也就是在楚国最强盛的时候，楚宣王曾为了当时北方各国都惧怕他的手下大将昭奚恤而感到奇怪。一次，他便问朝中大臣，这究竟是怎么回事。

一位名叫江乙的大臣，便向楚宣王讲了一个故事：

“从前在某个山洞中有一只老虎，因为肚子饿了，便跑到外面寻觅食物。当它走到一片茂密的森林时，忽然看到前面有只狐狸正在散步。它觉得这正是个千载难逢的好机会，于是，便一跃身扑过去，毫不费力地将它擒过来。

可是当它张开嘴巴，正准备把那只狐狸吃进肚子里的时候，狡黠的狐狸突然说话了：

‘哼！你不要以为自己是百兽之王，便敢将我吞食掉；你要知道，天地已经命令我为王中之王，无论谁吃了我，都将遭到天地极严厉的制裁与惩罚。’老虎听了狐狸的话，半信半疑，可是，当它斜过头去，看到狐狸那副傲慢镇定的样子，心里不觉一惊。原先那股嚣张的气焰和盛气凌人的态势，竟不知何时已经消失了大半。虽然如此，他心中仍然在想：我因为是百兽之王，所以天底下任何野兽见了我都会害怕。而它，竟然是奉天帝之命来统治我们的！

这时，狐狸见老虎迟疑着不敢吃它，知道它对自己的那一番说辞已经有几分相信了，于是便更加神气十足的挺起胸膛，然后指着老虎的鼻子说：‘怎么，难道你不相信我说的话吗？那么你现在就跟我来，走在我后面，看看所有野兽见了我，是不是都吓得魂不附体，抱头鼠窜。’老虎觉得这个主意不错，便照着去做了。

于是，狐狸就大模大样地在前面开路，而老虎则小心翼翼地在后面跟着。它们走没多久，就隐约看见森林的深处，有许多小动物正在那儿争相觅食，但是当它们发现走在狐狸后面的老虎时，不禁大惊失色，狂奔四散。

这时，狐狸很得意地掉过头去看看老虎。老虎目睹这种情形，不禁也有一些心惊胆战，但它并不知道野兽怕的是自己，而以为它们真是怕狐狸呢！

狡狐之计是得逞了，可是他的威势完全是因为假借老虎，才能平着一时有利的形势去威胁群兽。而那可怜的老虎被人愚弄了，自己还不自知呢。

因此，北方人民之所以畏惧昭奚恤，完全是因为大王的兵全掌握在他的手里，那也就是说，他们畏惧的其实是大王的权势呀！”

这则故事告诉我们：凡是借着权威的势力欺压别人，或借着职务上的权力作威作福的，都可以用“狐假虎威”来形容。同时也告诉我们：动物界也好、战场上也好，只有善于乘别人的势，善于借势，就能更胜一筹。

不过，善于借助外力的前提是能够对事物之间的联系知晓得非常清楚，对事态的发展有一个准确的预计，如此方能充分利用外力，不然就有可能功亏一篑。

日本企业正是因为效仿了美国企业的一套造势方法，才取得营销成功的。

其实，日本的企业每年至少要支付1亿美元以上给游说团体、律师及政治顾问，目的是当美国国会或白宫在讨论和日本经济及贸易有关的法案时，能运用他们的影响力，使法案内容有利于日本。日本企业所雇用的这些有影响力的说客，甚至包括了像里根、卡特、尼克松等总统级的人物。另外，担任过国务卿或国家安全特别助理的人，也或多或少在国会为日本企业奔走。

日本企业在操纵舆论方面，更是不惜花费巨资，针对学术界、新闻界的领导人物发动攻势，务使他们在撰写专题研究或评论时有利于日本，日本人尤其拿手的就是收买记者。在日本企业锲而不舍、紧迫盯人的努力之下，如今的华盛顿不仅已成为日本说客的天下，美国的大众传播也倾向日本，甚至不惜扮演传声筒的角色。因此，日本对美国的贸易虽然数额庞大，但是每次两国的贸易谈判，日本总是大获全胜，美国则屡次处于下风。美国的经济甚至有被日本一步步蚕食的趋势。

关于这套事件战略，日本企业正是效仿了美国企业惯用的手法。然而，日本人却将它包装得更精致，运用得更灵活，有青出于蓝而胜于蓝的效果：一方面既保护了日本国内的市场，另一方面又以秋风扫落叶之势席卷美国的市场。在1990年之前，日本在美国的资产已超越英国、荷兰及加拿大3国。到了1995年，日本又成为对美最大的投资国。

在两大武器的攻势下，日本掌握了美国的游说及舆论，使美国企业的信心几乎已经面临崩溃，而日本企业却在美国市场胜出。效仿成功企业的造势手法，灵活运用到自己身上，是我们在这个经济爆炸时代快速凸显的有效战略。

在美国青少年的梦想中，有一件不可思议的事情：想拥有一双耐克鞋的梦想与人们想拥有高级轿车的梦想尽乎相近。穿“耐克”鞋成了消费者追求的一个“梦”？这是为什么呢？原来耐克在美国成功的营销后，开始觊觎欧洲市场，很快，他们打开欧洲市场如同当年在美国掀起“耐克风流”一样迅速，最终，超过了曾雄踞市场的领导品牌阿迪达斯、彪马、锐步，在短短几年里成功地引领了全世界运动用品的行业走向，至今耐克还不足20岁，后来居上，被誉为是“近20年世界新创建的最成功的消费品公司”。

那么，耐克成功的原因是什么呢？因为耐克效仿了阿迪达斯的利用明星造势的策略，并作为创立名牌基点。在网球运动上，耐克抓住了阿加西和彼得，桑普拉斯；在篮球运动上，同西雅图海员队超级明星小肯·格利非签约。到1992年，耐克公司签下了半数以上大学运动联盟的篮球冠军球队，球员都穿耐克公司的鞋子，60多所体育知名大专院校都是耐克学校，此外，职业篮球球员乔丹、巴克利和十几个明星都在它的麾下，324名NBA球员中就有200名球员穿耐克公司的运动鞋，其中更有80名与耐克公司签合约，275位职业美式足球球员、290位职业棒球球员全穿耐克公司运动鞋。

虽然耐克是效仿阿迪达斯的造势营销，但却比阿迪达斯更胜一筹：第一点，耐克实行了体育营销，塑造了一个与消费者兴趣与热情相结合的品牌。在耐克的世界里，永远是运动第一，商业第二，商业仅仅是运动的一个附加品。第二点，耐克在造势前“选料”正确，“选料”即造势前所需的题材，找准题材是成功造势的核心工作，就像是玉米棒上的包谷粒，所有与宣传造势有关活动即包谷粒都是要建立在玉米棒这个基础上并围绕其展开的。

因此，“选料”不仅要放眼整个企业，挖掘对企业有利的新闻，而且还要快速效仿成功企业的成功战略，加以灵活运用，并融合自己敏锐的市场嗅觉及捕捉突如其来的灵感。对于发生在身边的各种新闻事件要善于分析和观察，注意从中找出与企业和产品的结合点，利用其中的商机为企业服务。借新闻事件造势是一种行之有效的起势战略。

由此可见，企业造势的威力是相当大的。不仅能吸引顾客群体的眼球，而且还能成功地把银子般的产品按照金子的价格卖出，让消费者心甘情愿甚至是引以为荣地支付金子的价格买银子的产品。

当今商场上竞争激烈，商场局势更是千变万化。任何一个商家要在商场中立于不败之地，必须学会审时度势和善于乘别人的势。

跟着人家学经验

成功学大师陈安之曾经说过：“很多人之所以没有成功，是因为他们没有学习别人的经验，都在用自己的经验，然而，一般人通常没什么成功的经验，有的话也不一定是最好的成功方法和经验。”是的，一个真正有智慧的人，是善于跟着人家学经验的，并且还把别人的经验变成自己的能力。

雅芳公司的CEO——钟彬娴，一个女性能够坐到一个很有知名度公司的高位，这是非常难能可贵的。那么，在她身上发生了哪些奇迹呢？其实，当你看完她的故事，会发现：成功其实并不难，你也可以做到。

当时，刚毕业的钟彬娴可谓既没有背景，又没有后台，她做的是最普通的营销工作，可是正因她工作上超乎寻常的投入，很快引起了她职业生涯中的第一个影响很大的人——鲁明岱百货公司历史上的第一位女性副总裁法斯的关注。在法斯的提拔与影响下，钟彬娴升职很快，27 岁就进入了公司的最高管理层。

钟彬娴是一个有远见卓识的人，她觉得自己在这个公司的发展空间有限，于是就去了雅芳公司。在那里，她遇到了第二个对她有影响的人——雅芳公司的 CEO 普雷斯。由于受到普雷斯的影响和举荐，加上她个人的努力，钟彬娴最终坐上了雅芳公司 CEO 的位置。

1993 年，钟彬娴与雅芳前 CEO 吉姆的一次会面中，发现吉姆办公室的饰板上印有四个足印：猿猴、赤足男人、男皮鞋和女高跟鞋。上面还写着很简单的题词：领导权的演变。当时的吉姆非常欣赏钟彬娴，并且对她说："我完全相信，在未来的 10 年中一定会有一位女性来领导雅芳。"可是，《财富》杂志评出的 500 强企业还没有一家是由女性领衔，因为那时在各个行业都有一块透明的、限制女性上升的天花板。钟彬娴根本没有想到：这个打破了玻璃天花板的女人，是自己。

钟彬娴在 40 岁就取得了这样的辉煌成就，这是一个奇迹，并且，她还没有任何背景。她的成功源于她个人的勇于拼搏和能力。不能否认的是，她能够成功最重要也最关键的原因是她跟对了人，碰到了改变她命运的两位贵人，总是与这些"巨人"站在一起，善于学习人家的经验。假使钟彬娴没有和这些"巨人"站在一起，仅凭借她个人的努力和能力，也许她也会走向成功，但是同此时的成功相比肯定不能相提并论。

跟对了人，并且跟着人家学经验。这个人不仅会在工作中指导你，帮助你，督促你，为你的发展提供机会、环境和资讯；你也会受到其思想观念的启迪和潜移默化的影响。这将是你晋升的最快路线，也可以说是一条成功的捷径。

可见，选对人学经验有三大好处：一是容易脱颖而出，二是大大缩短成功的时间，三是能从他们的身上学到很多别处学不到的东西。

有一个刚毕业的大学生，初入职场，只三天就坐上了营销部副主任的位置，究竟是什么原因呢？

原来，这名大学生在上班第一天，就表现得像个小学生似的，虚心地向这个请教，向那个学习，很多都是肤浅得不能再肤浅的东西，但同事们见他态度很好，就不厌其烦地给他讲解。

第二天，这个大学生就找机会跟每一位同事聊天，对工作发表一些并不高明的见解。通常情况下，老员工对公司比较熟悉，在业务上也能够发现某些问题，对这些问题都多少有些自己的看法，不过碍于一些原因，他们不会主动向老板提建议。现在有新手向他们讨经验，他们自然无所顾忌。而大学生呢？他们每个人说的话，大学生都牢牢记在心里。到了晚上，大学生将老员工们的各种观点整合在一起，设计了一套详尽的方案。

第三天，大学生将这套方案交给老板，并坦率地谈了一些自己的想法。老板听了大学生的见解，吓了一跳：这小伙子刚刚大学毕业就有如此深刻的见地，真是不简单，难道是诸葛转世？才来三天竟然对公司的情况已经了如指掌，并且能够设计出这么出色的方案，真是奇才。老板当即决定，任命年轻人为营销部副主任。

也就是这样，一位刚毕业的大学生应聘到一家营销公司，只用三天就坐上了营销部副主任的位子。

当然，故事的本意并不是也要你在三天内坐到副主任的位子，而是要让我们也学习他那种虚心讨教、把别人的经验变成自己能力的做法，正因为“善于跟着人家学经验”，所以大学生才有如此的成就。

其实，对于如何做生意没有经验的商人，应该认真学习那些成功商人的案例，跟着人家学经验；然后，根据自己的条件进行商业活动，并力图做得更好。但是，在实践方面，需要注意以下几点。

1. 跟着人家学习成功的经验，不能简单照搬

“世界上没有两片完全相同的树叶。”万事万物都是各有各的特点。那么，对于公司来说也是如此。公司与公司的具体情况不同，公司的经理等人员的经验、资历与才干亦不尽相同。所以，别人公司成功的经验，不可能完全适用于你的公司。就算完全适用于本公司，最终结果顶多也只能是跟在别人后面跑，不可能超越，想在同业竞争中取胜是很难的。

2. 采用别人成功的经验的同时，还要使之适合本公司的实际需要

不能把实际需要看做满足一时方便来理解，而是要改进别家公司的成功经验，使之在本公司的实际工作环境中发生作用。因此，生意人每当观察和研究别家公司成功的经验时，应该有所扬弃：哪些做法是成功的，哪些做法是顾客们所不喜欢的，从而进一步合理推断，应该实行哪些变革和改进措施。如此有的放矢，决策得当地利用学来的经验，才可能使企业走向成功。

3. 莫要受到别人经验的束缚，学会大胆地变革

有的人一旦跟随别人学习，就容易走进死胡同，总是甩不掉别人经验的束缚。因此说，不仅要细心观察学习他人成功的经验，对比自己公司的不足，还要有意识地进行变革、改进。某些时候，非常细微的改进，也会收到巨大的效益。

下面这两家美国公司就是很好的例证。

有一个普通零售商店的经营者叫蒙哥马利·华德，进行了某些细微的变革，不外乎就是率先向在他商店里购买商品的顾客，提供质量保证，商品如有质量问题愿将价款如数奉还。

在别的商家看来，他做的简直是只有疯子才会干的蠢事。然而，顾客的反应和表现却十分友好，顾客并没有利用这一慷慨的担保向他提出过分的要求。他为顾客利益着想，顾客也没有令他失望。最后他所获得的成功是如此巨大，以致提供“信用担保”竟逐渐成为零售业务不可缺少的销售条件。

在纽约开业时，查理·N. 阿伦辛成功地研制了好几种“焊接定位装置”。他的产品较之竞争者的同类产品的售价要高得多，但他交货快速、准时，竞争对手无法做到，故此他也成功了。

综上所述，虽然是看起来十分细微的变革，只要能较好地满足顾客需要，就可以取得成功。不过，进行某种大刀阔斧的变革，有时候，说不定确有需要。至于需不需要改革，则需看具体情况而决定了。这是值得每个企业管理者深思的。

跟着别人学经验就是先观察，学习（利用）别的行家们经过实践证明是成功的或（失败）经验。然后，再独立思考和拟订自己的生意方案，刻苦奋斗，最后在行家获得成功的各个方面去努力超过他们。只有这样，才能从人而事地跟随成功。

从跟跑到领跑

韩愈在《师说》中说：“是故弟子不必不如师，师不必贤于弟子。闻道有先后，术业有专攻，如是而已。”的确，做弟子的不必样样不比老师强，当老师的也不必样样都比弟子强。每个人与每个人的天赋不同，专攻的方向也不同。那么，对于一个企业来说，也是如此。或许，在刚开始的时候，你是跟着人家跑。但是，跑着跑着也就有可能超越人家，成了从跟跑到领跑的飞跃。这样的例子比比皆是。

中国的互联网我们都不陌生，几乎都是从模仿开始的，也就是跟在人家的后面跑的。它的电子商务是模仿 eBay 和亚马逊的，搜索引擎是模仿 Yahoo 和 Google 的，在线广告从按钮、横幅、擎天柱、页中栏、弹出窗口、飘浮、背投式广告都是模仿国外的。

QQ是模仿ICQ出身的，它现在可比ICQ强多了。最初，QQ模仿过泡泡、UC、MSN Messenger，现在它们反过来要模仿QQ。这就是“弟子不必不如师”了，谁的身上有优点，就要向谁学习。不管你是不是这个技术或者行业的先行者，但你可以做它的追随者，如果你在追随的过程有更好的办法来竞争，你就能超越它，到时那些先行者倒要反过来向当初的追随者学习。你反而从一个跟跑者上升为一个领跑者。

2004年，央视经济频道播出的一个很重要的评选上，腾讯公司居为首位，接着便是谈谈感受。当腾讯公司总裁马化腾说到QQ来消息时那“嘀嘀嘀”的声音究竟是怎么来的时候，还大言不惭地说那是以前他的传呼机的声音，由于想到要在网上创立快捷的通信方式，便录了下来，用在以后的QQ上了。而实际上呢？那种声音是以前国外很出名的即时通信类软件“ICQ”中的声音。腾讯不但和“ICQ”来消息的声音设置的一样，而且连“上线”“加为好友”的声音也是有着惊人的相似。大凡用过“ICQ”的人都知道，QQ的面板、按键等和“ICQ”中的几乎没什么两样，而偏偏还在“ICQ”前面加一个“O”，“ICQ”是“I Seek You”的意思，“O”加在“ICQ”前面简直给人一种不伦不类的感觉。后来，腾讯干脆把所有关于OICQ的信息换成为“QQ”，时间长了，读的人多了，就成了一个“正统”的软件。

腾讯按照网易泡泡做了QQ的等级，只不过换汤不换药地把“金币”换成了“星星、月亮和太阳”。QQ的活动标签，是和微软的MSN学的。

到了今天，QQ可以说是无人能敌的。然而，当初QQ的老师——“ICQ”倒是靠边站了。其实，QQ就是这样一步一步“跟跑”过来的，并且跟着跟着它成了老大，成了领跑者。

大家都知道，百事可乐与可口可乐是饮料界的两大巨头，也是全球市场竞争上的对手。也可以说，他们是一对“师徒”。

潘伯顿是可口可乐的发明人，白布罕是百事可乐的发明人。在19世纪末，他们几乎同时推出向美国专利局注册商标的饮料。转眼40年过去了，可口可乐因为经营手法胜于百事可乐一筹，因此始终处于优势。在1950年以前是可口可乐的兴盛时期，它和百事可乐的销量是5∶1，显然，百事可乐被可口可乐远远地甩在了后面。

百事跟可口有着太多相似之处，比如包装和口味。但百事还是输给了可口。百事虽然落后于可口，可它并没有被竞争的失败所打倒，而是开始沉思，决定标榜第一，从模仿开始奋起直追。

1886年，可口可乐喊出“畅饮可口可乐”的口号，而且大约每隔一段时间，它就会推出一句风行全球的口号：1960年的“可口可乐，才是真正可乐”；1970年的“心旷神怡，万事如意，请喝可口可乐”；1980年的“微笑的可口可乐”；最近几年所采用的则为“就是可口可乐”。不过，据说还有一句更新的口号，那就是“如此感觉无与伦比”。

可口可乐公司创业100多年，行销网遍及全球163个国家和地区，每天卖出6亿多份可乐，年营业额高达90亿美元。它就是靠着这几句简洁响亮的广告，配合大量的宣传，而维持其市场地位的。

百事可乐看出了可口可乐畅销的端倪，也开始“师从于”可口的这几大优势，从中借鉴，起初效仿可口，相继打出口号“给有想法的年轻人”。这句口号自从1964年打响之后，在以后的20年间始终不断地出现在百事可乐的广告中。这句话对战后婴儿潮成长，充满叛逆性的新生代来说，是最能深入他们内心的一句话。于是，百事同年的销量立竿见影，与可口可乐的比例由原来的5∶1扭转为5∶2。

可口可乐面对百事的紧紧跟随追赶，便在电视广告中不断创新。1997—2002年，可口可乐广告引人注目的手笔就是一系列的春节贺岁片。这是运用很浓的中国味道来迎合中国人的口味。紧接着，可口可乐还就北京申奥成功，中国“入世”大打广告宣传，使可口可乐俨然成了中国本地产品，从而达到了与中国消费者沟通的效果。可口可乐还用了如张惠妹、谢霆锋等华人新生代偶像做其形象代言人，之后，可口可乐在中国的销售增长了24%。从而获得了又一次成功。

百事针对可口可乐的这一成功举措，在心里暗自忖度。于是，百事继续在模仿中不断跟进。1976年，百事可乐发动了一个广告campaign，利用在电视广告中盲目品尝百事可乐与可口可乐，比较二者的优劣，结果显示出喜欢百事可乐的人比喜欢可口可乐的人多。谁知，这项经过细心规划，自说自话、自卖自夸的创意，居然令媒体和消费者大感兴趣。而可口可乐面对百事可乐的攻击却招架无力。正是凭这项挑战使得百事可乐的销量在美国境内凌驾于可口可乐之上。到了1989年，百事可乐再次发动了一场全球性的广告攻势：首先请当时全世界最热门、最受青少年疯狂喜爱的歌星麦当娜拍了一部两分钟的广告片。并且同时在40个国家的电视黄金时段播出。由于广告播映都选择各国晚间收视率最高的节目出现，所以据估计全球收看到首播的人数高达3亿人左右。全世界40个国家、同时有3亿人看到同一部广告片，这是一个创举，也是史无前例的大手笔。引起的轰动效果也是史无前例的。正是这场攻势使百事可乐与可口可乐在市场上分庭抗礼的地位更加巩固。

可口可乐认为网络能够创造出一个奇妙的世界，更能给消费者创造一个互动的机会。于是，可口可乐公司对网络行销的投入与日俱增，在目前人气最高的网络游戏《魔兽世界》进入中国之后，可口可乐迅速抓住了这次机会，与该游戏的运营商达成协议，双方从2005年第二季度开始共向市场投入上亿元营销费用。在可口可乐公司与《魔兽世界》的合同中，《魔兽世界》被定义为，可口可乐公司“碳酸类饮料，唯一合作的可多人同时在线的网络游戏”。当然，正是是因为双方的合作，也使双方的品牌、产品销售均在此次合作中得到显著提高。

2005年6月11日，可口可乐和9个城市举行了主题为“要爽由自己，冰火暴风城”的嘉年华网络游戏。活动在全国超过50个城市展开，近3亿名消费者将有机会参与此次活动。整个活动都和网站互动同步进行。这次活动可口可乐相当于借助互联网和网游，为自己的企业进行了一次成功的推广。并且在整个过程中，可口可乐成为游戏的必须道具，流行元素的标志，从而实现了消费者的需求。现今，与可口可乐公司合作营销的网游不再只是《魔兽世界》一个了，同时加入的还包括《街头篮球》、腾讯等。

而百事对可口这一令人惊叹的创举，也不甘示弱。

2000年这一年间，在百事可乐的广告中便先后出现有拉丁王子瑞奇·马丁、"小甜甜"布兰妮和乐队Weeze。从NBA到棒球，从奥斯卡到古墓丽影游戏和电影，百事可乐的网络广告总能捕捉到青少年的兴趣点和关注点。

2001年，百事可乐针对中国申奥成功，其网络广告更是独具匠心，气势非凡的画面采用了有动感的水珠，传达出了百事可乐品牌的充沛活力。醒目的文字表达出百事可乐对北京申奥的支持。广告方案利用"渴望无限"和"终于解渴了"的双关语，将中国人对奥运的企盼巧妙地与百事可乐产品联系在一起，而且还与其他宣传高度一致。百事广告采用复媒体技术，在互联网上表现电视广告，使网络广告与传统广告结合，突破网络广告的限制。百事这一创举，在影响力度上赶超了可口可乐。

2005年6月22日晚八点，百事可乐最新的电视广告"百事蓝色风暴，突破梦幻国度"在"盛大"网站首播，约3.5亿注册用户纷纷第一时间登陆一睹为快，盛大的服务器在1小时内突破峰值。

百事与可口的销量从1∶5到1∶1，它的赶超速度不得不令人折服。从模仿中出招，在跟随中赶超，最终实现了从跟跑到领跑的突破。

如此看来，果真是"弟子不必不如师"，只要你善于模仿、善于跟随，学会在模仿中勇于创新，就能实现从跟跑到领跑的飞跃。

第八章

触类旁通跟随法

“触类旁通”就是说掌握了某一些事物的规律，就能推知同类事物。的确，在跟随的过程中，并不是非常亦步亦趋，死搬硬套，而是要有所变通。“变则通，通则达”，这是经商者必须遵循的法则。商场变幻莫测，一个微小的变化可能让你大赚一笔，也可能使你一败涂地。因此，一定要锻炼自己触类旁通的能力，只有这样，才能在商场上永远不被摒弃。

激发出创新的灵感

物理上说："一切分子都在不停做无规则运动。"的确，世界上没有什么是一成不变的，唯一不变的就是变。是的，创新没有规则，创新思路只有不断被刷新，才有可能被创新。创新的灵感一般情况下，都是在实践中被激发出来的。因此，一定要学会触类旁通的跟随法，只有这样，才能有所创新，有所突破。

有一个女孩叫汪日露，是浙江奉化市人，现任奉化市首家生物技术应用研究所所长。因为养殖苍蝇，还先后被评为"宁波市十大杰出青年""浙江省杰出农村青年"。最初是一篇豆腐块大小的报道让汪日露养起了苍蝇，而且一养就是4年。

早在2000年12月的一天，刚从杭州卫生学校毕业的汪日露和她父亲被一则消息吸引住了：南开大学生物科学学院的教授们研究发现蝇蛆中含有大量抗菌肽、甲壳素、自然抗生素等物质，并已养殖成功。这则消息一下子引起了父女二人的极大兴趣。

"鱼、虾、蟹的发病是养殖户的不定时炸弹。"汪父说，因为汪日露的父亲从事水产品养殖已经数十年。在他养殖水产品期间，为提高产量就得给鱼、虾增加蛋白质，偶尔他也会喂些黄鳝、鸡蛋等，但成本太高。在饲养中，他们发现把蝇蛆喂给鱼虾或者鸡鸭吃，动物会纷纷抢食，"说明蝇蛆很对这些动物的胃口"。

看到消息后，父女俩都产生了"能不能工厂化养蛆"的念头。一直苦于没有致富良方的父女俩，如获至宝："蝇蛆既含高蛋白能够提高产量，又有自然抗生素抵御病害，真是一举两得。”

然而，父女俩的念头很快就被遭到了家人的反对。因为毕业后的汪日露已找到了宁波市区一家眼科医院做医生的工作。故此，爷爷奶奶听说她要养苍蝇都极力反对：“放着城里好好的工作不干，养苍蝇，简直有病!”但有着先进思想的汪日露认为，用生物技术防止病虫害会有广阔的应用天地。次日，父女俩就联系上南大的杜荣骞教授，经过诚恳的交谈，杜教授考察后同意把技术传授给汪日露。

2001 年 5 月，汪日露赴天津进修深造结束，她回到了老家奉化市松峦镇，和父亲投入全部的积蓄，办起了家蝇养殖场。10 天后，父女二人小试成功，繁殖出约 60 千克的苍蝇。两个月后，工厂化养殖家蝇试验成功，蝇蛆的日产达到了 200 千克，比原计划提高了 50% 。

首先，汪日露生产的蝇蛆在父亲的水产苗种场试验。试验后发现，鱼、虾、蟹的生长速度、成活率和抗病性都有所提高，其中抗病性延长了 15 ~20 天。

为此，宁波市有关水产专家对汪日露养殖的蝇蛆检测后得出评价：蝇蛆作为优质蛋白源及饲料，从有效成分、性能特点、用途和水产养殖业投喂饲料效果看，具有使水产品个体生长快、品质优、抗病性好、免疫力强、肉质鲜嫩、色泽近似野生等特点。

汪日露的创业成功竟然是这小小蝇蛆给带来的。汪日露在生产蝇蛆的过程中，发现蝇蛆的培养基与蝇蛆分离很困难。干净的培养基是上好的植物肥料，但如果处理不干净，蝇蛆就会变成苍蝇，污染环境。

汪日露从鸡最爱吃虫中受到启发，经过试验以后，投入资金 60 万元，购买了 1500 只仙居小鸡，用蝇蛆养鸡。109 天后，她养的鸡开始陆续产蛋，与常规养殖相比，产蛋期提前 30 天，产蛋率高出 10% 。汪日露为创名牌，给鸡起名为“辰凤牌生物鸡”，给鸡蛋取名为“宠龙牌生物鸡蛋”。后经农业部食品监督测试中心检验，生物鸡蛋品质一流。在宁波市第二届名特优农副产品展销会上，生物鸡蛋被抢购一空。

第一年结束后，光蛋鸡就为她赢利二三十万元。她的“蝇蛆饲养生物鸡蛋”技术已经向国家专利局申请到了专利，生物鸡蛋供不应求。而跟踪观察后完成的《生物活性物质在蛋鸡养殖的最佳利用》报告也获得了南大教授的一致好评。

汪日露为了带动周边农户共同致富，就联系了附近的养鸡专业户，并与养鸡户签订了合作协议。现在汪日露也已异地建厂，盖起了四层楼房及配套养蝇厂房，成立了奉化市首家生物技术有限公司。

从汪日露的事例中，我们可以看出：汪日露跟随父亲学到了一些养殖水产品的知识和技术，又从南大教授那里学到了科学知识与技术。在跟随这两个人学习经验的同时，她又善于思考和钻研，并能触类旁通地进行创新，所以最终走向了成功。

1981 年，韦尔奇年仅 45 岁，却是通用电气公司历史上最年轻的董事长和 CEO。而这家已经有 117 年历史的公司机构臃肿，等级森严，对市场反应迟钝，在全球竞争中正走下坡路。

因为在韦尔奇之前的总裁，他们只选择“亡羊补牢”，而不去彻底改造这条船。然而，韦尔奇不断开拓创新的天性告诉他：要想在变化如此迅速的环境中生存下来，通用电气就需要一种新的观念，一种新的策略。从韦尔奇第一年进入通用时起，他就深知官僚主义和冗员的恶果，如今终于可以实施自己的计划了。

韦尔奇看到通用公司有很多松散杂乱的企业，就决走先从这些企业着手。首先，韦尔奇对通用电气公司所有企业的长处和短处都进行了一项仔细的研究。后来，韦尔奇回忆当年的变革时说：“开始的时候，我的步子迈得不大。我的前任是我所崇拜的一位传奇人物，而我却要改变他所做的事情。”

为了改变公司的形象，韦尔奇提出了著名的“数一数二”的概念。韦尔奇说，成为第一名、第二名的策略只有在通用公司采用某种“软价值”的基础上才能奏效，最重要的是“面对现实、注重质量、追求杰出以及发挥人的因素”。

韦尔奇说这场革命需要克服一些传统的陈规陋习，比如：以往通用电气把子公司看做孩子一样，即使它们经营失败，母公司也不会将它们抛开不管。通用电气大家庭内部的新标准将会使工作卓有成效：一个子公司如果经营失败，没有达到第一名或第二名，公司就会抛弃它。因为韦尔奇是一个有远见的人，他认定，这样做虽然可能会导致公司成千上万的雇员失业，但这种改革对公司的长远发展来讲是有益的。

经过十几年的不断改革，通用电气公司的雇员减少了25%，调整为12个企业。到了1995年开始，通用电气成为全球最强大的公司，市场价值总额达到了1570亿美元，1996年公司利润为74亿美元，成为美国最赚钱的公司。

其实，通用电气的产品种类很多，从电冰箱、照明灯，到飞机引擎等都在其生产范围内。鲜为人知的是，韦尔奇还有一个资本服务公司。资本服务公司是通用电气的子公司，其实它更像是一个“核电厂”，尽管它并不耀眼，但是伴随着利润的快速增长，资本服务公司日趋成熟。华尔街一位资深分析家估计，1991—1996年，如果没有资本服务公司，通用电气的年营业额每年只会增加4%，而现在却翻了一番，达到9.1%。资本服务公司的经营范围很广，从信用卡服务、计算机程序设计到卫星发射，样样俱全。假如让资本服务公司从通用电气独立出来，它将以327亿美元的营业额名列“财富500强”的第20位。可见，资本服务公司是非常重要的。

而后，资本服务公司的经营范围不断扩大。近几年来，它开始涉足计算机服务业和人寿保险行业。它已兼并76家公司，在海外的投资总额达数十亿美元。到了2000年，竟然有10亿美元的进入资本服务公司的账户。

那么，资本服务公司的成功秘诀是什么呢？原来它有一套管理体系和行之有效的经营策略。它既有追求高速增长的雄心，又有开拓者一往无前的勇气，也有令人羡慕的庞大的市场信息网。有一些员工感觉韦尔奇有点贪得无厌，因为在制订资本服务公司的年利润指标上韦尔奇毫不手软，他希望资本服务公司能不断挑战自己的极限。在这方面，温迪特深有感触，他说："在韦尔奇制定目标后，我使这个目标上升 15%，但是韦尔奇又会把目标提高 20%。"

针对一些濒临破产的公司，资本服务公司主要通过为其注销债款或承担债务的做法来挽救这些公司。1983 年，美国北方铁路公司陷入困境，资本服务公司承担了它的债务，并将北方铁路公司变成一家出租列车的公司，而现在这是一项获利丰厚的生意。资本服务公司对通用公司而言，主要是提供大批有价值的客户。资本服务公司为通用电气旗下其他子公司的客户提供大量贷款，以帮助这些子公司，为其与客户签订大宗合同铺平道路。

一位市场分析家曾这样评价资本服务公司："这种'养鸡取蛋'的做法，使资本服务公司成为杰克·韦尔奇打败竞争对手最有力的一张王牌。"韦尔奇是一个善于触类旁通的人，他勇于在原有基础上大刀阔斧地改革。不仅改掉了一些陈规，而且还激发了新的灵感，所以他才能走向成功。

可见，一个企业管理者，不仅要有锐意进取，还要善于触类旁通，善于激发创新的灵感。

延伸思考，找寻出路

当今社会节奏越来越快，新事物更是层出不穷。如果固守传统、拒绝改变，只会被社会淘汰。那么，在日新月异的商海中，变化之快令人眼花缭乱。为了适应环境，商家必须突破固有思维，延伸思考，敢于打破传统观念的束缚，才能找寻出路，从而来应对瞬息万变的商场。

有一家地处闹市中心百货商场，虽然说地理位置不错，但是生意却不怎么样。很多人都是从店门前的大街上匆匆而过，极少有人进店驻足。商场没有顾客，生意就一直很惨淡。经理对此一筹莫展。

一次，经理的朋友偶然路过商场，两人就在一起唠嗑。当朋友听完经理的诉苦，笑着对经理说："要让过往行人都能到你店里来看看并不难，有一面镜子就行了。"

经理听了朋友的提议，半信半疑，但还是按照朋友的吩咐，在临街的墙上装上了一面几平方米的镜子。在镜子的上方，用红纸贴了一行大字：朋友，请注意您的仪容！镜子的下方贴了一行小字：店内备有免费的木梳。

这一招果然奏效：爱美之心人皆有之。每当人们又从商场门前经过时，会不由自主地走到镜子前照一照，然后就很自然地走进了商场梳理头发。假如需要打鞋油，鞋刷备有十几把，可以免费使用，但各种鞋油却在柜台上销售。

这一下，商场内的人一下子拥挤起来，有买鞋油就地擦鞋的，有买发胶随时梳理头发的，有买口红对着店里的镜子涂抹的。当然，店内的护肤品、日用小百货等也销量激增，商场的生意一下子就火暴了起来。仅仅是一面镜子而已，就把匆匆而来的路人"照成"了店内购物的顾客。

可见，成功就这么简单。对于商家来说，要学会延伸思考，因为揽客的方法就是这样：让人知道自己缺什么，然后，让他主动去选择。这样比强加给顾客手上的宣传单更有效。

在商业化的社会，谁都希望自己能够发财致富，按照大家都能够想到的方法或者思路，很难取得成功。只有延伸思路，与常人不同，甚至于相反，常常能够出人意料，获得成功。

出生于英国的艾伦·莱恩，17 岁就进入伯父开办的鲍得利·希德出版社工作。后来，伯父去世了，莱恩就继承了伯父的事业。

1935 年，莱恩出任该出版社董事，但这时的出版社已是举步维艰。莱恩为了使伯父创办的这项事业不致在自己的手中夭折，苦苦思索着，他知道：只有延伸思考，才能找寻出路。

一次，莱恩在一个候车室的书摊旁无目的地闲逛，他忽然发现，书摊上除了高价新版书、再版小说和庸俗读物外，几乎没有可看的书。这不经意的发现触发了莱恩的灵感，一个大胆的设想猛然浮现在脑海："出版价格低廉的平装书，肯定能赚大钱!"

莱恩之所以有这样的念头，是因为当时英国的新版书都是精装本，价格很贵，普通民众根本买不起，莱恩坚信，价格低廉的平装书肯定会受他们的欢迎。于是，莱恩立即制订了出版廉价系列丛书的计划。

谁知，莱恩的这一举措在英国出版界引起了强烈的反响，同行们都说他这不仅是自我毁灭，而且也将会使整个书业界受到严重的影响。对此，莱恩的两个弟弟也对他的计划表示怀疑。但莱恩认定这是他的企业走出困境的唯一生路，他最终说服弟弟，使这项担风险的计划得以实行。

莱恩说干就干，他决定出版的第一套系列丛书包括 10 本，全部采用平装，并缩小规格。与精装书相比，不但节省了封面制作的成本，而且由于缩小规格而节省了纸张。再加上莱恩决定以购买再版图书重印权的方式出版这 10 本书（许多出版商都愿意以较低的价格将自己的图书再版权出售给莱恩，因为他们认为莱恩这无疑是把钱往水里抛），大大降低了成本费。莱恩把每本书的价钱压到 6 便士。如此一来，人们只要节省 6 根香烟，就可以购买一本书。

莱恩为了吸引读者，对这一系列丛书进行改革尝试：首先给这套书设计了一个惹人喜爱的标志物，每本书的封面上都绘有一只翘首站立的小企鹅，它黑白相间，站立于椭圆形的圈内，栩栩如生。莱恩为这套书起名为《企鹅丛书》。莱恩还用颜色表示图书的类别：紫色为剧本，橘红色为小说，浅蓝色为传记，绿色为侦探类，灰色为时事政治读物，黄色为其他类别。莱恩推出的这套书，不仅装订简单、字迹工整，而且色彩鲜艳明快，令人耳目一新。

这样廉价的书必须薄利多销。莱恩心里清楚：只有每本书的销售量达到17500册以上，才能保住本钱。因而，他派人到各地去宣传、推销。

1936年7月，莱恩的第一批10卷本《企鹅丛书》正式问世。不到半年时间，这套书就销售了100万册，莱恩成功了。

1936年元旦，企鹅图书公司宣告成立。之后，该公司一直坚持薄利多销、为大众服务的原则。企鹅图书公司垄断英国平装书市场20多年，在出版界引发了一场革命。目前，企鹅图书公司已经成为全世界屈指可数的平装书出版社，艾伦·莱恩也被推崇为英国“平装书革命之父”。

在商业活动中，积极寻求某种新的设想时，要有意识地抛开头脑中已形成的思考同类问题的程序和模式，即思维定式。一定要警惕和排除它对形成新的思路可能产生的束缚作用。

1952年前后，日本的东芝电器公司曾一度积压了大量的电扇卖不出去，为了打开销路，70000多名职工费尽心机地想了不少办法，可是进展仍然是不大。

公司当时的董事长是石坂。一天，一个小职员向石坂提出了改变电扇颜色的建议。因为在当时，全世界的电扇清一色都是黑色的。东芝公司生产的电扇自然也不例外。小职员建议把黑色改为浅色，石坂董事长对这一建议很重视。经过研究后，公司采纳了这个建议。

于是，到了第二年夏天，东芝公司推出了一批浅蓝色电扇。令董事长石坂高兴的是，这批电扇大受顾客欢迎。为此，市场上还掀起了一阵抢购热潮，几个月之内就卖出几十万台。也就是从这以后，在日本，以及在全世界，电扇就不再都是一副统一的黑色面孔了。

这一改变颜色的设想，效益竟如此巨大：改变了一下颜色，大量积压滞销的电扇，几个月之内就销售了几十万台。而提出它，既不需要有渊博的科技知识，也不需要有丰富的商业经验。“为什么东芝公司其他的几万名职工就没人想到、没人提出来，而那个小职员却想到了这个办法?”原因就是那个小职员能打破定式思维的束缚、善于延伸思考问题。

从另一方面讲，这主要是因为自有电扇以来都是黑色的，而彼此仿效，代代相袭，渐渐地形成了一种惯例、一种传统，似乎电扇只能是黑色的，不是黑色的就不成其为电扇。这样的惯例、常规、传统，反映在人们的头脑中，便形成一种心理定式、思维定式。而且，时间越长，思维定式就对人们的创新思维的束缚力就越强，要摆脱它的束缚也就越困难，越需要作出更大的努力。

因此，要经常且随时不断地练习运用多元性思考能力，看待事情不能只从一个角度分析。养成延伸思考的习惯之后，就随时会有潜在意识的能力展现，让你在各行各业得心应手，无往不利。只要你善于延伸思考，就能找寻出好的出路。

借鉴别人的好思路

“三人行，必有我师焉。”的确，闻道有先后，术业有专攻。一个人不可能样样都很优秀精通。那么，要想让自己变得更加优秀，不妨借鉴一下别人的智慧与好思路。

我们每个人的潜能可能都是无限的，但能够开发的部分还是有限的。每个人的价值判断、社会历练、人生经验由于受到环境的影响会呈现出不足之处。此外，每个人的专长也只可能有一两种，当面对复杂的社会环境时，这些基本条件就不够用了，因此，只好“借鉴”别人的智慧与好思路。

《宋史》里讲了这样一个故事：北宋庆历年间，黄河经常决口，造成水灾，历朝历代都将治理黄河、堵塞决口当做一件大事来抓。在同黄河水患的搏斗中，锻炼出一批有丰富经验的水工，高超便是其中的一个水工。庆历八年（公元1048年）六月，黄河在大名府的商胡（今河南濮阳县东）决口，因水势很猛，很长时间也没堵住。宋仁宗命三司度支副使郭申锡亲自去监督修河堆口工程。以往堵决口时，在快要合龙时，要在决口处放下合龙用的埽，以使河水断流。堵决口的关键就在这最后一下，所以也叫它“合龙门”。埽是一种堵决口的器材，它用秸秆、土石卷成大圆捆，直径有三四米，长有一百米，两头有牵绳拉着，放到水中，以堵塞决口。庆历八年黄河的决口有一里多宽，人们从两头筑堤，可到快要合龙时，放下去的一百多米的埽都被急流冲走了。

大家都很着急，不知怎么办才好。这时高超谈了他的看法，他认为埽身太长，岸上的人没有足够的力量使它沉到河底，水流又急，缆绳崩断，埽便被冲跑了。如果将一百米的埽分成三节，每节三十多米，中间用绳索连接，先放第一节，等它沉到河底，再压下第二节、第三节。可是，其他的河工认为这样不行，三十多米的埽太小，不足以堵塞决口，白白地浪费了许多工料。

于是，高超解释说：“第一节埽下去，确实不能将决口堆住，但水势却能小一半，这时再放第二节埽就不用那么费力了，水势基本上可以控制了，再放下第三节埽，那就像在平地上施工一样容易了，人力也可以展开，同时，在放第三节埽时，前面放下去的两节埽已经被泥沙淤住了，还能省许多人工。”

然而，负责的官员郭申锡根本不听高超的建议，仍然按老办法，结果埽不断被冲跑，决口也越来越大。宋仁宗认为郭申锡办事不力，就将他撤了。大名府留守贾昌朝认为高超说得有道理，便派人四处打捞漂散的埽料，采用高超的方法，最终将决口堵住了。

可见，借用别人的好思路来做事，不仅可以把事情做得又快又好，还可以使你避免主观、武断。主观、武断虽然也能做出大事，但失败的概率也比较大。主观、武断也往往成为一些自视为强者的最后的悲哀。

“一人没有二人之智。”是的，就算自己的智力够用，听听别人的意见也没有坏处。择其善者而从之，不是能把事情干得更好吗？因此，在现代社会中，无论你是企业高层管理者还是中下级管理人员，如果善于“借鉴”别人的智慧和好思路，会很容易使自己获得成功。

实际上，“借鉴”别人的好思路，可以弥补自己智慧的不足。另外，“借鉴”别人的好思路还有其他意想不到的好处。把别人的好思路转化成自己的智慧，也就是说，自己在“借鉴”别人好思路的过程中，顺着别人好思路的启发可以使自己得到更好的成长，这也是一种学习。

借鉴别人的好思路，也可以使借鉴和被借鉴者之间产生一种亲密感，这对人际关系的建立是大有好处的。很多成功的人都善于借鉴别人的智慧、好思路，像有些公司就专门聘用高级顾问，作重大决策之前必先开会讨论。遇到特殊事件，必找专家研究，这就是在借鉴别人的好思路。因此也可以说，他们因为善于借鉴别人的好思路而得以成功或提早成功。

当今社会已处于知识经济时代，借鉴别人的好思路成功的例子屡见不鲜。

坎德勒是一个富有开拓精神的人。他的可口可乐配方是从潘伯顿那里接手的，当初人们对可口可乐并不是很熟悉。他发现顾客在进行同类产品挑选时，总是倾向于熟悉的、听说过的产品。于是他认为，要让产品扬名，打广告是一种最好的办法。

1889 年 5 月 1 日，坎德勒在《亚特兰大纪事报》用整版的篇幅刊登了一则广告，宣布可口可乐的生产、批发和零售所有权现已转归坎德勒拥有。在同版的空白处，坎德勒以第三者的口吻盛赞可口可乐这种饮料“味美爽口”，有“醒脑提神”之功效。

然而，两年后，坎德勒的可口可乐“唯一的拥有权”还只是值2300美元。可坎德勒并不灰心，继续增加在报纸上刊登广告。钱总算没有白花，到了1892年，坎德勒的可口可乐销量猛增了10倍。可口可乐的生意越做越大，走出了亚特兰大市，走出了佐治亚州。1895年，坎德勒在董事会的报告中自豪地宣称：“今天，美国所有的州都喝上了可口可乐。”可是，产量增加、销售网点扩大，新问题却有出现了：运输。

有一次，一个密西西比州的餐馆老板比登·哈恩到亚特兰大来找坎德勒。比登·哈恩对坎德勒说：“如果你肯出500美元，我可以告诉你一条增加可口可乐销售量的办法。”

坎德勒听后，不大相信。害怕对面这个陌生人是个来找钱花的江湖骗子。但是，也算是病急乱投医吧，他最后索性豁出500美元不要了，来买比登·哈恩的“办法”。

谁知，坎德勒花了500美元只买了比登·哈恩的一句话：“你们可以把可口可乐装瓶出售。”这个办法一下子击中了坎德勒，于是，瓶装可口可乐就这样产生了。瓶装业的进展促进了高速瓶装机的发明和可口可乐运输网的出现，这一切大大提高了效率，使更多的产品以更快的速度送到更多的消费者手中。

仅仅是一句话便从而使瓶装可口可乐产生了，大大增加了可口可乐的销售量。假如坎德勒早就想到了征求众人的建议，他也不至于为可口可乐的运输问题头疼了好长一阵子。这说明，一个企业要想做大，光靠自己的力量是不够的，还要充分利用好外脑。

从成本的角度来考虑，利用别人的好思路还是比较经济的。用别人的好思路，办自己的事，这要比花重金养人才合算多了。当然，用别人的好思路，别人给的只是建议，作决策的还是自己。别人的建议要谨慎用之，要小心“赔了夫人又折兵”，落个人财两空。

因此，应该培养一种“借鉴别人好思路”的习惯，你可以与若干不同行业的朋友保持联系，把他们组成一个不具形式的“智囊团”。

前车之覆，后车之鉴

俗话说：前车之覆，后车之鉴。是的，谁都不傻，有人在这条路上栽了跟头，后来再从这条路上走的人就会更加小心了。在商场上也是同样的道理。别人干了这一行亏了本，再想干这一行的人就要反思了。在跟随的基础上，一定要思考怎样才能规避困境，从而走向成功。

2008 年，北京获得奥运会举办权的时候，举国欢腾。然而，早在 20 世纪后半期的时候，举办奥运会却是让人害怕的事。

原因是曾有几届奥运会的经济严重亏损让主办方心灰意懒。1972 年第 20 届奥运会在联邦德国的慕尼黑举行，最后主办方欠下了 36 亿美元的债务，很久都没有还清。1976 年，第 21 届奥运会在加拿大的蒙特利尔举行，最后亏损了 10 多亿美元，成了当地政府的一个大包袱。1980 年第 22 届奥运会在苏联的莫斯科举行，当年的苏联比上两届举办城市耗费的资金更多，一共花掉了 90 多亿美元，造成了空前的亏损。

前车之覆，后车之鉴。到了 1984 年，几乎到了无人敢涉足举办奥运会的地步。最后，美国的洛杉矶就以唯一的申办城市“获此殊荣”。美国当时想通过这种方式来显示其泱泱大国的实力。可是，洛杉矶虽然获得了举办奥运会的权利，美国政府却公开宣布对本届奥运会不给予经济上的支持，而且洛杉矶市政府也说，不反对举办奥运会，但是市政府不提供资金支持……

面对这样令人尴尬的情况，该怎么办呢？洛杉矶奥运会筹备小组不得不向一家企业咨询公司求救，希望这家公司寻找一位高手帮助解决当前的问题，使政府不必补贴一分钱就能举办好这届奥运会。没想到这家公司竟然答应了，并根据奥运会筹备小组提出的要求，他们动用了收集到的各种资料，用计算机进行广泛地搜索，这个时候，计算机不时地反复出现一个叫“彼得·尤伯罗斯”的名字。

1917 年，彼得·尤伯罗斯出生在美国伊利诺伊州文斯顿的一个房地产主家庭。大学毕业后在奥克兰机场工作。1912 年，他收购了福梅斯特旅游服务公司，改行经营旅游服务行业，1974 年，他创办了第一旅游服务公司，经过短短四年的努力，他的公司就在全世界拥有了 200 多个办事处，手下员工 1500 多人，一跃成为北美的第 3 大旅游公司，每年的收入达 2 亿美元。

从彼得·尤伯罗斯所取得的成就来看，他是具有非凡管理才能的。彼得·尤伯罗斯被选中承担这个重任，担任了奥运会组委会主席。可是这项重任的难处，也是他始料不及的。一个堂堂的奥运会组委会，居然连一个银行账户都没有，于是他只好自己拿出 100 美元，设立了一个银行账户，一切都要重新开始。

在内外交困的形势下，尤伯罗斯开始了他大刀阔斧的决策。

其一，拍卖电视转播权。彼得·尤伯罗斯认为：全世界有几十亿人，对体育感兴趣的大有人在。很多人不惜花掉多年积蓄，不远万里去异国他乡观看体育比赛，但更多的人是通过电视来观看体育比赛的。而事实的发展证明，在奥运会期间，电视成了人们不可缺少的“精神食粮”。很明显，电视收视率的大大提高，使广告公司也因此大发横财。

要拍卖就要有一个价格，于是有人就向他提出最高拍卖价格 1.52 亿美元。尤伯罗斯听后，嫌少。于是，他决定亲自出马，来到了美国最大的两家广播公司进行游说，一家是美国广播公司（ABC），一家是全国广播公司（NBC）。同时，他又策划安排了几家公司也参与竞争。一时间报价不断上升，出乎人们的意料，仅电视转播权的拍卖一项就获得资金 2.8 亿美元，这让许多人大跌眼镜。

其二，拉赞助单位。其实，奥运会不仅是运动员之间的激烈竞争，而且也是各个大企业之间的广告竞争，因为很多大企业都企图通过奥运会宣传自己的产品。

尤伯罗斯为了获得更多的资金，设法巧妙地加剧了这种竞争，奥运会组委会作出了这样的规定：本届奥运会只接受30家赞助商，一类产品仅选择一家，每家至少赞助400万美元，赞助者可以取得在本届奥运会上获得某项产品的专卖权。在这种有选择的竞争诱惑下，各家大企业都纷纷抬高自己的赞助金额，希望在奥运会上取得一席之地。

比如以饮料行业为例，可口可乐与百事可乐是两家竞争十分激烈的对手，两家都有志在必得的想法。可口可乐采取的战术是先发制人，一开价就喊出了1250万美元的赞助标码。百事可乐根本没有这个心理准备，只能眼巴巴地看着对手拿走了奥运会的专卖权。

从上面的事例可以看出当时竞争的激烈程度。最后经过多家公司的激烈竞争，尤伯罗斯获得了3.85亿美元的赞助费。

其三，“拍卖东西”。在很多人眼里，奥运会是赔本的买卖，但对尤伯罗斯来说却不一样，他手中拿着奥运会的王牌，在各个环节都让富豪们及有钱的人掏腰包。

奥运火炬传递是奥运会的一个传统项目。以尤伯罗斯为首的奥运会组委会在传递上又开始做文章。因为每次奥运会都要把火炬从希腊的奥林匹克村传递到主办国和主办城市，1984年美国洛杉矶奥运会的传递路线全程高达15000千米，最后传到主办城市洛杉矶，在开幕式上点燃火炬。于是，他们规定：凡是参加火炬接力的人，每个人要交3000美元。很多人都认为，参加奥运会火炬接力传递是人生中一件值得纪念的事情，拿3000美元参加火炬接力也“值”。就是这一项，他就又筹集了3000万美元，另外，奥运会组委会还规定：每个厂家要到奥运会做生意，必须赞助50万美元才可以去，最终有50家杂货店或废品公司出了50万美元的赞助费，获得了在奥运会上做生意的权利。

另外，组委会自己还制作了各种纪念品、纪念币等以高价出售……

这下，洛杉矶奥运会不但没花美国政府和洛杉矶市政府的一分钱，而且还赢利2.5亿美元，成了奥运史上的一个奇迹。也就是从洛杉矶奥运会开始，奥运会的举办权成了各个国家争夺的对象，竞争也越来越激烈。

从这则事例可以看出，尤伯罗斯能够在危难之中创造奥运史上的奇迹，关键是因为他的奇思妙想和果断决策的能力。他鉴于以往办奥运会出现的弊端和失败的原因，从中去寻找发现可以赚钱的东西，发现市场的竞争点，更重要的是他有极强的触类旁通的头脑，他能在困境中及时捕捉关键的机会并能坚持下去，最终取得成功。

很多人崇尚创新，而不少创新者往往是得名得势而不得利。其实，如果刚开始实力不够时，采用跟随策略是非常明智的。但是，这个跟随并不是“跟在屁股后头”，而是有创新地跟随。鉴于前人的成功或失败，要启动大脑去思考、去跟随，最终做到触类旁通，创造奇迹。

复制成功的模式

何为复制？复制就是将竞争对手好的做法原封不动地照搬过来，成为企业自身的能力。比如说淘宝复制易趣的方式进入C2C市场，联想复制惠普的代理模式构建渠道，等等。是的，复制成功的例子不胜枚举。由此可见，触类旁通的跟随法蕴涵着巨大的力量。

1999年11月，当当网正式开通。它是全球最大的综合性中文网上购物商城，由国内著名出版机构科文公司、美国老虎基金、美国IDG集团、卢森堡剑桥集团、亚洲创业投资基金（原名软银中国创业基金）共同投资成立。

开通后的当当网一直保持高速度成长，业务规模每年增长率超过100%。现今，当当网成为全球最大的、以图书为主体、兼营特色百货的中文网上书店。它为全世界的网上消费者提供60万种图书音像，并有家居百货、化妆品、数码等几十个类别共计百万种商品。其方便超值的网络购书及购物，每天让近千万的网上消费者轻松得到精神和物质上的享受。

2003年8月24日，英国知名财经杂志《经济学家》发表了《当当网在中国成功复制亚马逊》一文，盛赞当当网正在创造着一个华文世界的电子商务奇迹。此文也正好说明了当当的复制起家的性质。

当当网总裁俞渝对于“成功复制”的这种说法，既现实也洒脱地说：“中国古话说得好，三人行必有我师焉，择其善者而从之。‘当当’不耻于当学生，因为有得学比没得学要好。”

俞渝的丈夫李国庆在经营一家成功的图书公司——北京科文书业图书公司。因此，俞渝就决定放手一试成立一家网络书店。1997年，32岁的俞渝从纽约回到北京定居，这位年轻的“海归”派急切地希望在祖国一展抱负。

在美国，互联网以及基于互联网的商业模式非常红火，被人效仿似乎是很自然而然的事情。可是从战略角度而言，对照标杆企业复制建立一个新企业，资源上的契合无疑是日后成功的保证。1997年前后，在当当处于准备期时，俞渝和丈夫李国庆通过分析亚马逊模型，开始筹备、制作书目信息数据库。后来，夫妇二人又通过观察亚马逊的做法，触发灵感，其中最受触动的一点是建立多个送货地址，为顾客设计好清单，然后将这些理念灌输给同事，鼓励旗下140名员工从亚马逊网站上订购物品，吸取经验，再照顾客需求分类。

“从战略层面上讲，我们真正模仿亚马逊的只有两点：一个是它是多品种战略，即让顾客有更多选择；另一个就是它的价格战略，样样打折，用低价让顾客在当当得到实惠。”俞渝曾经这样说。

当当模仿亚马逊的事情，俞渝并不否认，并且还强调说："我们的老师绝不只有亚马逊，作为一个'网上的大卖场'，我们的老师还有家乐福、沃尔玛这些传统零售业者。"俞渝认为，无论中国的信息社会化程度、电子支付的手段和观念、物流运输体系的建设等，都无法与美国、与亚马逊所处的商业环境相比。所以说，创造性地模仿，成为最终模仿战略中关键也是必需的环节。

当然，"照搬"是模仿的大忌，然而重新建立新规则对管理者能力的挑战也是巨大的。如何将模仿的战略与创新的精神作为企业的一种文化让每一位员工认同，需要CEO的推动。然而，"推动模仿战略的实施，最重要的是强调企业的学习精神。"《纽约时报》曾报道，俞渝要求当当每个员工都要阅读《电子商务之父——亚马逊网络书店传奇》这本书。并且鼓励员工从亚马逊网站上订购物品，获得体验并吸取经验。

面对巨大的挑战，俞渝说："一个人是有惯性的，一个企业也是。而且企业的惯性所引发的惰性往往更大。一方面，当当时刻关注标杆企业的发展；另一方面，当当也用不断的流程再造来打破惯性。"以开阔的视野和理智的心态来模仿，是对CEO领导力的考验。俞渝认为，标杆企业的价值的确有很多，但是像亚马逊这样的企业本身也是"蹚路者"，盲目地模仿只会重蹈覆辙。

俞渝认为，要想把企业做大、做强必须做一些对提高核心业务价值大的事情。比如，当初亚马逊财大气粗之时，在全国狂建了8个35万平方米的配送中心，还有亚马逊为提高技术门槛收购一些技术公司，这些举措当当都没有模仿。

当当在模仿亚马逊的过程中，俞渝根据现实的商业环境进行了四点创新：

一是收款模式的创新。作为现金交易的大国，在网上信用卡支付还不普及的情况下，货到付款，并且最终由递送员将款项给发送公司，再汇至当当的账户上，成为适应现实的良性运转模式。

二是配送环节的创新。由于中国没有UPS、FedEx这样覆盖美国乃至全球的物流企业，当当现在的做法是航空、铁路、城际快递、当地快递公司齐上，尽管管理和协调的难度增加，但却解决了最短时间内送货上门的问题。

三是交货速度的创新。当当经过研究比较发现：在亚马逊，网上购物后通常在7个工作日后交货，但是亚洲特别是中国消费者的耐心非常有限。于是当当在交货速度上，力求快速。北京的消费者网上购买通常第二天即可送达，而上海、广州、南京等一些较大城市通常在3~5天内可以收到。

四是服务的创新。对中国消费者来说，网上购物就像是“隔山买牛”。让他们最大限度地放心，不仅需要政策、制度的保证，同时也需要多种服务手段的提供。于是，当当摒弃了美国网上购物与顾客沟通模式的单一化，而是用电话、E-mail、QQ、BBS等多种手段，消除中国消费者网上购物的陌生感，降低尝试风险的门槛。

下面我们来看看作为当当网竞争对手的卓越网的发展。正因为抓住了网上购物的快速发展机遇，卓越网和当当网一起成为了网上购物行业的标志性企业。然而，经过时间的验证，当当网给人的感觉是一家本土企业，成了全球最大的中文网上商城；而卓越网，在被美国亚马逊控股之后，则在发展势头上被当当网超越。个中原因，肯定是与卓越网被外资并购以后，模仿和创新精神的缺失有关联。

故此，要想复制成功，并不是原封不动地“照搬”，还应该在复制的基础上有所创新。也就是说，要学会触类旁通，只有这样才能够复制成功。

照着葫芦画瓢

葫芦被人们用来当做生活器具已经有很长的历史了。这应该是一个重要的历史发现。为什么这么说呢？据考古学家们指出，最初制陶的器形，很多是模仿葫芦而来。可见，刚开始人们只是用葫芦作为盛东西的器具。后来人们发明了制陶术，于是，就开始照着旧物做新物，这听起来是顺理成章的。然而，有了陶器以后，葫芦并没有被挤出日常生活之外，由古及今，直到现在，葫芦器还是有人用的。可见，葫芦的作用是相当之大的。

在生活中，我们做一件事有现成的比衬，就说“照着葫芦画瓢”；“依样画葫芦”是反过来的一种说法，可以理解为“依照瓢的样子画个葫芦”。现在，有句话说：“成功的最快方式，便是模仿别人成功。”说白了，模仿别人成功，也是一种“照着葫芦画瓢”的做法。

因为有着丰富的面部表情与肢体动作，金·凯利被誉为好莱坞的喜剧天才。从出道到现在，金·凯利为影迷们留下了许多部杰出的作品。周星驰被誉为香港的“喜剧之王”，的确有过人之处。但比起金·凯利来却是小巫见大巫。其实，细心的人可以从周星驰许多作品的表演中明显看出他对金·凯利的模仿。他这些做法正是“照着葫芦画瓢”。

《大话西游》是周星驰的最得意之作之一。在这个影片中，周星驰所塑造的孙悟空形象是走路一晃一晃的，这就是明显从金·凯利在成名作《阿呆与阿瓜》中的扮演动物侦探走路的动作中学来的；至尊宝变成孙悟空后在与牛魔王大战时有一个经典的不雅动作：身体微蹲，双手往后挥，下体往前耸。这其实也是从《阿呆与阿瓜》中学来的；周星驰在翻身之作《喜剧之王》一片中最后以颁奖典礼结束，也是从金·凯利的《变相怪杰》中学来的。

的确，这些都是恰到好处的模仿，并不会降低观众对周星驰在这几部影片中精彩表演的尊敬之情。

周星驰对于风靡世界的“007 系列”影片，肯定不会“放过”模仿的机会。于是，《国产凌凌漆》和《大内密探零零发》就诞生了。

实际上，这部《国产凌凌漆》是所有“007”戏仿作品中最为彻底的一部。因其从片名就开始模仿：其英文片名“From Beijing With Love”当然是来自第二部“007”电影“From Russia with Love”。此片的戏仿没有伍迪·艾伦那种对原作的调侃，其主要着眼点在于戏仿本身的魅力。这种魅力正是一种处于似与不似之间的尴尬情境。

其实《大内密探零零发》比《国产凌凌漆》更有“国产”的感觉。这当然和它是古装片有着很大的关系。相比起其他几部来，《大内密探零零发》并非专注于戏仿本身，更像是借“007”的知名度来增加一点票房。但这部古装戏除了是模仿 007 的开头，也就是一开始用中国乐器演奏的“007”主题音乐以及周星驰发明的各种稀奇古怪的道具外。其实和 007 系列没有什么关系。

毋庸置疑，何为经典？经典就是在不断被模仿中成其为经典。成功的电影总是不乏模仿者，但大家也知道，这些仿效之作大多数不仅无法超越原典，反而会有狗尾续貂之嫌。然而，“007”系列影片的仿制品却是例外，它们多数都带有“戏仿”的倾向，即以一种调侃、嘲讽的态度去模仿原作，戏仿者不怕被人说是在模仿，他们反而需要别人知道自己是在模仿。戏仿是一种需要与被戏仿者对照才能见其趣味的艺术，如果对原作没有了解，则无法真正读出戏仿之作的趣味。其实戏仿绝不是坏事，反倒往往能引起人去看原作，从这点上说，原“007”系列还要感谢模仿者呢。

归根结底模仿是一条非常省时间且风险低的出名和赢利之路。因此，“007 系列”被大家纷纷仿效也就不足为奇了。

最近几年来，“模仿秀”的节目异常火热，层出不穷，“明星模仿秀”

更是五花八门。秀出了一批像“小华仔”“小赵本山”等因模仿明星而走上另一种成功道路上的人。这在提高电视台收视率的同时，又娱乐了观众。

田彪，出生于1958年，与赵本山同龄，是地地道道的南京人。他正是因为模仿赵本山而竞相被企业邀请做代言的。最初，田彪曾因单位效益不好，下岗后在家仅靠养牡丹花挣钱维持生计。这样一来，田彪就有机会和更多的人接触。这些人中，凡是见了田彪的人，都说他像赵本山，田彪以为是玩笑话，从来没有放在心上，总是一笑了之。一次，田彪无意间翻阅杂志的时候，发现里边有一幅赵本山的剧照。他盯着赵本山的剧照看了半天，感觉确实是像自己。于是，他就对着镜子把本来浓密的头发稍稍梳理到脑后，发现自己和赵本山太像了！

田彪燃起了一个念头，他决心利用自己得天独厚的优势来模仿赵本山。刚开始模仿时，他的南京口音怎么也说不出赵本山的东北味道来。他为了改变自己的口音，就到音像店特意买来了赵本山的小品专辑，苦练东北话。两个月后，语音终于过关了，可以达到以假乱真的效果，之后田彪又模仿起赵本山的神态。后来，他又开始细心模仿赵本山的每一个动作，仔细揣摩赵本山的语气、神态、表情等。包括赵本山的经典小品《卖拐》《如此竞争》，等等。

就在田彪勤加苦练的时候，真是喜从天降，江苏兴化市一家公司的总经理专程赶至南京，找到了正在苦练的“赵本山”，并诚恳的希望田彪能够做他们公司开发的系列保健品的形象大使，肖像印在产品外包装盒上，报酬为该产品纯利的10%。

田彪如此辛苦地模仿赵本山，目的就是为等这一天，于是他欣然同意。几天后，印有“赵本山”形象的系列保健品在广州举办的全国保健行业展销会上，赢得了好评，订单如雪片一样飞来。

不久，南京一家县城准备搞一次大规模的促销活动，为保证这次促销活动的效果，家具城老总决定邀请著名笑星赵本山到场捧场。可是，一打听请出赵本山至少需要数万元，而且还不一定能预约得上。这时候，经家具城老总的一位朋友推荐，田彪这一次便以模仿赵本山为家具城广告做宣传，他也因这次产品，在南京“浮出水面”，成了众所周知的“赵本山”。

尝到“克隆”明星而得到的甜头儿，田彪的另一个念头便产生了：组建一个“明星”俱乐部。一天，他在买东西的时候，看见几个年轻的女孩子围着一个30多岁的男人说个不停，本想去凑个热闹。他过去一问，这个男子叫魏泽义，是个卖衣服的摊主，几个女孩觉得他像潘长江，就你一言我一语的聊了起来。田彪正寻思找个有明星脸的人，跟他一起编织自己的梦想，这个“潘长江”发现的可真是时候。

于是，魏泽义在田彪的鼓动下，把生意交给家人打理，和田彪一起去参加了一场“走秀”活动。魏泽义的参与，让田彪体会到了两个人搭档演出的好处——两个假明星凑在一起表演的喜剧效果出奇的好！

田彪的“明星”俱乐部一天天地壮大，从一开始的“赵本山”“潘长江”到后来的“巩汉林”“郭达”“殷秀梅”“李宇春”“刘德华”“韩红”等明星脸的加入，他们所参加的典礼或演出也越来越多。田彪为达到表演效果最佳，要求每个人都要有自己的看家本领——表演一两个拿手的节目，每次表演都博得满堂喝彩和掌声。

由于“明星”俱乐部是可以接演各种商业活动和做形象代言的，但绝不能用所相像明星的名字为旗号。但不用所克隆明星的名字，别人又无法知道他们各自的特点。故此，田彪决定为每个成员取一个和自己所扮明星谐音的艺名：他自己取名叫“赵本三”，而魏泽义则取名为“潘常江”，赵晨莉的艺名叫“李玉春”……

团队的力量肯定比个人的力量更大了，他们的收入也是相当可观的：在南京本市内的出场费是每人600元；在南京市郊区的出场费是每人800元；而外省的演出最基本的价位是每人1000元。这些都是最基本的起步价，如果还附带其他的表演项目，则按另外的收费标准执行，而形象代言的广告起步价为2万元。就这样，一个普通的百姓，自从加入“明星”俱乐部后，收入比从前多了十几倍乃至几十倍。甚至有的厂商，宁愿出百万元请其为产品做代言。现今，“明星”俱乐部的生意是越来越火，原本很平庸的人因长相的优势而“克隆”明星，从轻而易举地走向成功的另一条捷径。

“明星”俱乐部的这些人，单凭他们以模仿为基础，单凭个人的力量和优势是不够的，单凭“照着葫芦画瓢”也是不长久的，如果能集合多个人的力量与优势，往往能取得更大、更持久的成功。此外，无论做什么事，都要与时俱进，学会触类旁通，这样才能追着潮流走，获得更长久的发展与成功。

的确，不管是模仿秀也好，经商也好，即使你是个再平庸不过的人，只要发挥自己的优势，成功也很简单。“照着葫芦画瓢”，虽是成功的一条捷径，但一定要在模仿中学会变通，创新自我，你才能真正立于不败之地。

第九章

跟随失败的根源

任何事情都没有绝对的，只有相对的。跟随成功者的脚步固然很好，但并不是说人家走这条路成功了，你走这条路也能成功。做事情必须具体事物具体分析。开办企业也是同样的道理，必须根据自己企业的实际情况，对成功者的经验也必须有所扬弃，有所选择。只有这样，才不至于跟随失败。

无主见的人随众跟风

中国人做生意喜欢随众跟风，听什么行业好做，就做什么行业，看别人做什么赚钱，就盲目进入，结果赔了夫人又折兵的事屡屡发生。

跟风是什么？跟风就是在学习了竞争对手的某一优势后，进行自己的创新。也就是说，跟风是和竞争对手一起，将某一刚开始被市场接受的事物发扬光大，进而成为市场新的潮流。所以，跟风比模仿风险更大，它要求企业能够预判潮流，并促使潮流真正地出现。是的，有些没有主见的人，总是缺乏判断能力，随众跟风，最终跟随失败。

李嘉诚曾说过："每个商务时代都锻造一批富翁，而每批富翁的锻造，都是当人们不明白时，他明白自己在做什么；当人们不理解时，他们理解自己在做什么。所以当人们明白时，他已经成功了；当人们理解时，他已经富有了。"李嘉诚说的这些人正是那些会把握趋势的人，而不是随众跟风的人。因此说，要想做一个好的商人，就要用心去号准趋势的脉搏，而不要做一个无主见、随众跟风的人。

很多人都会犯这样的错误：很想成功却又不敢冒险。从来不敢尝试独辟蹊径地开拓一条成功之路，而是要先看到别人在做什么事很赚钱。如果看到当前大家都在通过某一渠道赚钱，便马上加入这一洪流中，但都得不到想要的成功，有时甚至亏得很惨。一个不懂得掌握趋势的人，永远只能被一些规则所玩弄，被别人牵着鼻子走，最终落得一场空。所以一个人的成功不能忙于跟随流行，而要善于把握趋势，只有抓住了趋势，你才可能领跑别人，你才有钱可赚。

藤田先生是一个善于把握趋势，有主见、不随众跟风的人。他除了经营汉堡包外，还做女人和小孩的生意，如钻石、时装、高级手提包等。在经营过程中，藤田先生首先把对象放在上流社会中有钱人的流行趋势上，无论是钻石的花样、服饰的色彩还是手提包的样式，都是按照有钱人的喜好特制的。这样一来，他的商品一直处于畅销的地位，而且20年来经久不衰，从没有出现过亏本大甩卖的事。这一点在商场上是非常难得的。

其实，藤田先生能够长期立于不败之地，能够战胜竞争对手，还在于他能够灵活多变，善于从实际出发，他所经营的服饰绝不局限在欧美最流行的服饰上。因为藤田先生找到了商场上的本质秘诀与趋势：欧美的服饰只适合那些金发碧眼、身材修长的欧美姑娘，而日本的妇女黑头发、黄皮肤、个子矮小，和那些衣服搭配起来很不协调。即使她们再有钱，也不会拿钱去买不适合自己的东西。这就说明一些商人不能保持常胜的地位，是因为他们只是片面地赶上了有钱人的时髦，没有进行具体的分析，因此总免不了亏本的命运。藤田先生的成功，恐怕与他灵活地运用犹太生意经有很大关系。

如今市场风云变幻，能够把握一种流行趋势不是一件容易的事情。这就要求每一个生意人在作出任何一项决策前，必须有自己的主见、纵观市场全局，既要能赶上潮流，还要超前于潮流。因为，人们的需求、市场的行情都不是一成不变的，今天畅销的产品，也许到了明天就无人过问了。

一个人要想有大的作为，应该留意社会发展的大趋势，甚至是全球的大趋势，并能准确预测未来的形势。只有如此，我们才能取得较大的成功。

商界女杰吕有珍于1992年作出一个惊人的决定：投资数千万元购买广州花县的1200亩土地。

这一决定刚刚公布，立即引起公司内部人的反对：“吕总啊，为什么要去那个地方买土地？你知不知道花县地处广州城北，冷冷清清，无人问津，人称鬼见愁。这种地方谁会投资？况且，目前国家收紧银根，你不怕被套牢吗？”但是吕有珍是一个有主见的人，她坚信自己的决策是正确的。当时的花县的确地偏人稀，尚处于房地产市场的冷门之中。但是，据吕有珍推断：随着经济的发展，花县一定会成为炙手可热的宝地。

吕有珍认为，随着改革开放的不断深入，广州市的发展空间将逐步趋于饱和，所以，扩展广州市区面积势在必行。而且扩展的目标必定是当时被人们视为冷门的广州市北面的花县。

果然，到了1994年，经国务院批准，花县撤县建市，改名为花都市。同时，国家决定在花都市建设中国最大的广州国际机场，建立京广铁路客运大站，建设花都港，修建南方最大的贸易商城……于是花都市的地价狂涨，那些当初反对吕有珍的人此时不得不佩服她的远见卓识。

吕有珍能取得成功，绝不是偶然，而是准确预测经济形势的结果。无论做什么事，都不能只想着独善其身，一定要明白社会经济的大趋势，甚至是全球政治经济的大趋势，才能做出正确、超前的决策，提前占领制高点。

而与吕有珍相反的是王安电脑公司。王安电脑公司曾经享誉全球，王安也成了广大华人的骄傲，但他不能顺应趋势的变化，没能及时融入个人电脑、家用电脑的趋势中，最后落得一个破产的结局。

在世界上，没有一个经济学家能够准确地预测股市，因为谁也无法准确地知道每一个股民将会在未来的时间里采取何种投资行为。而正是每一个股民买进卖出的投资行为决定未来的股市行情。那么，我们作为普通人更不可能准确预测未来市场的变化，因为我们无法知道未来的每一项经济政策，无法知道每一个消费者的未来购买行为，无法知道每个竞争对手会在未来的时间里采取什么样的举措。

虽然说未来不可准确预见，但趋势是可以把握的。因此，作为企业管理者，重要的工作是要从战略上把握未来发展的大趋势。掌握趋势就是掌握未来，掌握发展的机会。当一种趋势苗头初现时，能够发现并且把握住，就是真的英雄。

由于对社会大势了解不够，很多人变得应进不进，应退不退，有钱赚不到，错过机会；有危机化解不了，损失惨重。故此，做任何事情，都要具备一定的判断未来发展大势的能力，这对我们的发展、进退具有重要意义。如今社会越来越强调企业的社会责任，强调企业管理者的责任意识。这就要求企业管理者首先要成为一个社会活动家，有更广阔的视野，创造更大的成功。

李嘉诚说："我的成功之道是肯用心思去思考未来，当然，成功的概率较失败的多，且能抓到重大趋势，赚得巨利，变成大赢家。时尚就像海洋中的波浪，而趋势则是海洋中的大潮。时尚是短暂的，趋势是长远的。追逐时尚，至多获一时之利；把握趋势，可以财通三江。"的确，正如他所说的，流行是短暂的，趋势才是长久的。一个企业管理者如果把握了某个行业的发展趋势，或者开辟了一种新的赚钱模式，他一定会成为这个行业的引领者。而如果一个企业管理者只会随众跟风，他必定是这个行业的受害者和埋单者。因此，企业管理者一定要有自己的主见，要学会号准趋势的脉搏，这样企业管理者在行业发展中才能走向成功。

道德缺失者见利忘义

俗话说：无商不奸。但还有这样一句话：君子爱财，取之以道。有些人虽然也是跟随着成功者的脚步，可他却没有良好的品德，总是见利忘义，最终只能是走向失败的下场。一个企业管理者，如果是一个见利忘义的人，那么他最终肯定成不了大气候。相反，如果这个人是一个舍利取义的人，那他良好的形象与信誉肯定可以使他的事业进入良性循环，从而赢得更多的财富。

道德缺失的商人总是见利忘义，可是又有几个奸商能把生意经营得红红火火，维持得天长地久呢？做生意是应该精明一些，但精明并不等于欺骗。也有一些人认为说谎、吹牛等“非常”手段在商业上是值得一用的，甚至认为是必需的，夸大事实的广告充斥在各个角落也正是这个原因。许多商家喜欢把商品的优点说得天花乱坠，却掩饰了自己商品的缺点。然而，当他们的钱包鼓胀一点的时候，人格也随之降低了一分。如果一个商人总是把欺骗作为挣得财富的策略，那么他迟早有一天会显出庐山真面目。

其实，当我们翻开商业历史，会发现真正存活下来的老字号商家，没有哪一家是靠欺骗而立于不败之地的，而且可以肯定的是他们都讲求诚信。或许有人说，他们的招牌大、名字响，广告做得好。殊不知，诚实才是最好的招牌，最响亮的名字，最好的广告。别人会因为真诚的言行、高尚的职业道德和良好的信誉愿意和你合作，顾客被你的诚信打动，乐于光临。只有如此才能挖掘出周围所有的“钱”能，企业才能有长远的“钱”途与前途。

巨人集团董事长史玉柱曾经说过：“我是一个商人，做的事情就是在不危害社会的前提下，为公司赚取更多的利润。”是的，我们每个人都希望有钱，这并没有错，但要获得钱财，必须有原则，不能违背人情义理和政策法规。“仁中取利真君子，义内求财大丈夫”，作为一个企业管理者，应该见利思义，义利相济相通，不发不义之财。

在商场上，时常有这样的现象出现：有一位销售时装的企业管理者，他明明知道一条裙子染上了污渍，但又不想舍弃不售，所以当有顾客购下这条裙子后，他就以为可以瞒天过海，心里不禁窃喜。可是，顾客发现后前往理论时，这位企业管理者只说一句：“明明是你自己不小心弄污了裙子，反而怀疑我们卖劣货。”并且，还这样对顾客说：“这件事情教训你下次买东西时，要检查清楚，否则后果自负。”为此，顾客当然感到不满，甚至有被骗的感觉，试问在这种情况下，那位顾客还会第二次光临吗？当然不会。更糟糕的是，顾客可能规劝各位亲戚朋友，千万不要再去这家店了。就这样一传十，十传百，时装店便声名狼藉，等要挽回名声时，可能为时已晚了，所以要想生意兴隆，口碑是非常重要的，“见利忘义”不可取，唯有“舍利取义”才是做生意之“本”。

像上面案例中的同样事情，有良好道德素质的企业管理者做的就很好，他们总是把有一点毛病的商品挑出来，标明某某商品有何毛病，但无伤大雅，且降价销售。顾客在看过之后，便会放心购买，绝不会出现回来找老板理论的问题。如此一来，商店既卖出了积压次品，加速了资金周转，也不失声誉与大雅，赢得了顾客的信任，实在是一桩好事。

古代奸商的一种不道德的经商方法就是“挂羊头，卖狗肉”。但在今天的市场经济中，法律绝不允许企业经营者这样做，即便是企业经营者偷偷这样做了，被顾客知道后，同样也会遭到人们的唾弃。最近几年来，各种各样的企业经营者，五花八门的经营方式，在市场经济的大舞台上开始大显身手。很多城市出现了“精品店”“专卖店”，当然，有人发财，亏本的也不在少数。

下面这则例子是“舍利取义”的典范。

香港新华集团董事会主席蔡继有，是香港有名的海产大王。蔡继有是1929年出生的，原籍是广东中山县。

20世纪80年代后，新华集团成为大型跨国公司，蔡氏家族资产估值已超过30亿港元。蔡氏家族主要经营出口速冻海产品，此外还有粮油、地产、贸易等业务。真正奠定集团贸易坚实基础的是与日本人的海产生意。因为，蔡继有为建立与生意伙伴的友情，牺牲了不少自己的利益，但却获得了更长久的利益。

其实，蔡继有的祖先世代务农，家里一直比较穷。早在1950年，蔡继有才21岁，已经开始做起了海产生意。他先向乡亲们赊海产品，运到澳门出售之后再结账，从中赚取差价。1954年，蔡继有到澳门做生意，1955年他的妻儿获准到澳门与他团聚。一家人从澳门贩些鱼类、海产到香港去卖。1957年他在香港西环的贝介栏市场开了“华记栏”，做起了渔栏的批发生意。到了20世纪60年代，他的生意做得不错，但还只是小富而已。

那么，蔡继有是从什么时候开始大富起来了呢？蔡继有真正大富起来，是在和日本人做海产生意之后。从蔡继有的经商之道来看，他是靠“舍利取义”赢得别人支持的。

1965年，蔡氏在田湾租了一个1200多平方米的加工厂，把贝壳类的海产速冻，再售给贸易商运销日本。

1967年，为了扩大经营，蔡氏购入“华记冻房”，建立起海产速冻业的“桥头堡”。

蔡继有决定自己直接和日本人做生意，主要是为了避免中间商从中获利。可是，蔡继有从来没有和日本人打过交道，能否谈判成功他心里根本没有底。不过，蔡继有是那种敢想敢干的人，打定主意后他拿了一袋冻虾样品，直接来到日本一家株式会社驻香港办事处，拜会办事处负责人。等蔡继有说明来意后，日本这家公司并没有立即表态，毕竟人家也不了解蔡继有的为人。

于是，蔡继有非常有耐心地解释为什么要不经过中介商而直接与日本人做生意，日本人也知道其中的道理，因为这对双方都有利。但老练的日本商人立即问道：“你能给我们什么优惠条件？”

蔡继有回答说：“如果贵公司有意合作的话，我们可以先收八折货价，等你们收到我们发出的货，验收满意后，再缴余款。”

在当时的情况下，只付80%的货款是很优惠了，而且剩下20%蔡继有让对方感到满意后再付，更是心诚之表现。日本商人很高兴地握着蔡继有的手说：“你的条件确实比一般人优惠，看得出来，你是诚心诚意要和我们做生意。既然对我们双方都有好处，我们决定和你做生意！”

就这样，蔡继有常常考虑对方的利益，日本这家株式会社的人对蔡继有非常信任，日本人觉得蔡继有讲信誉、重友情，是个难得的生意伙伴，他们之间的生意越做越大。蔡继有正是因为他的“舍利取义”成功地打开了直接运销海产品到日本的渠道，生意越做越红火。蔡氏家族的生意上了正轨，此后才真正发达起来。

以“舍利取义”经营的蔡氏家族得到了日本商人的肯定和合作，这种信任是用钱买不来的，一个企业管理者如果想做大、做长久，只有老老实实的靠着点点滴滴建立起来的诚信才能成功。

无论经营什么项目，企业管理者都应该懂得，做生意的目的的确是为了赚钱，但赚钱要赚在明处，正所谓君子爱财，取之有道。永远要记住，不正当的经营是要砸牌子的，终究会失去顾客。作为一心追求成功的企业管理者，只做一锤子买卖，虽得利于一时，发些不义之财，但只会搬起石头砸了自己的脚，最终还是逃脱不了价值规律的惩罚。

由此可见，见利忘义是一种小智慧，虽然可以得到短暂的金钱收益，但毕竟不能长久，真实面目早晚会被人拆穿的。而舍利取义是一种大智慧，虽然暂时吃了亏，但毕竟得到了人心，得人心者才能得到天下的财富。

务虚者好高骛远

生活中，我们经常遇到这样的人，他们的目标很大，说自己将要成为亿万富翁，甚至还说自己将来能成为跨国公司的老板、董事长。也许3年、5年都过去了，他们在公司的业务开展还是平平。那么问题出在了哪里？最重要的一点，他是一个好高骛远的人。一个好高骛远的人，不管你的目标多么伟大，听起来多么动人，都只是说大话，吹牛皮。

要想成为成功的企业管理者，帮助公司赚钱，走上更高的生存轨道，就要设定一个目标，而最重要的是，当你设定一个明确的目标，然后强迫自己在规定的期限内完成。

有句话说：“大不可怕，可怕的是形成规模。”的确，“以小博大”也是商人常用的手段。其原因之一是有些人一心想发财，但他不屑于赚小钱，只想赚大钱，结果大钱小钱都没有赚到。世界上许多富翁都是从“小商小贩”做起的。只有扎扎实实地从小事情做起，才能希望有朝一日做大买卖。这样从事的生意才会有坚实的基础，如果凭投机而暴富，那么来得快，去得也快。钱赚得容易，失去得也容易。

实际上，像中国那些成功的创业者们，有的说不上是白手起家，但起码创业的时候其资金是很不充裕的，几乎都没有多少资金作为本钱。所以，他们一开始并没有从事例如汽车、钢铁、石油、房地产等需要更大规模投资的产品的经营，一般地只能从他们身边的一些小事情做起，从小生意做起，然后通过在市场上的摸、爬、滚、打，逐步地积累经验和资金，然后再去做较大的一点的生意。这其实是一条良策，很值得我们去借鉴。

是的，只要经营得法，再小的生意也能赚钱。反之，如果经营不得法，越大的生意赔得会越惨。

有一位日本富翁叫吉田忠雄。他经营的是很不起眼的拉链，然而，他最终却成为日本的“拉链大王”，是一个不折不扣的成功企业家。

吉田忠雄经营的吉田工业公司是世界上最大的拉链制造公司，每年营业额大约在25亿美元，年产拉链长度相当于190万千米，足够绕地球49圈。在人们的日常生活中，小小的拉链可以说是很不起眼的，但就是这不起眼的拉链却有着不可低估的用途。而且，不断翻新的服装以及旅行包还会为拉链提供新的前景。吉田工业公司生产的拉链占据了日本国内市场的90%，占世界拉链市场的35%。

最初，吉田忠雄仅仅是他的家乡黑部一家经销中国瓷器的公司的普通职员。但是这家公司经营不善而宣告破产，留下了一批货物，其中就有一些别人寄售的拉链。然而，这些拉链做工粗糙，大部分已经生锈了。吉田忠雄当时为了筹款还债，要求有关债权人把这些拉链借给他修理。于是，吉田忠雄和他的两个同事开始了从事拉链修理工作。之后，他在自己的家乡黑部设立了公司并作了登记，专门生产拉链。后来由于经营得法，该公司在几年内业务大有发展，取得了较好的经营效果。

使吉田忠雄的拉链公司的外销市场消失是由于太平洋战争的爆发，而且吉田忠雄在东京的拉链工厂也在一次轰炸中被焚毁。吉田忠雄在种种打击之下，并没有屈服，而是顽强地继续开拓，终于在战争结束的1945年在黑部建立了新的拉链制造工厂。

由于战后的日本物资奇缺，吉田忠雄的拉链生意又开始异常红火起来。接着，吉田忠雄从美国进口了生产新合金材料拉链的机器，并采用新的制造方法大量生产。在吉田忠雄的苦心经营下，拉链在日本市场上取得了稳固的优势地位。吉田忠雄又为拉链以“YKK”命名，并且打入了国外市场，成了日本第一个向海外进军的制造商。现今，吉田忠雄公司的业务已经活跃在世界上的许多国家，在国外雇用了数万名职工，仅在意大利就有三家公司，而在美国拉链市场的占有率高达45%，吉田忠雄也稳坐拉链市场的第一把交椅。

就这样，一个小小的拉链成就了一位世界经济巨人。

一次，日本电器大王松下幸之助和世界闻名的大企业家摩托车大王本田宗一郎会面。本田宗一郎对松下幸之助说：“先有一个小目标，向它挑战，把它解决之后，再集中全力向大一点的目标挑战。把它完全征服之后，再建立更大的目标，然后再向它展开强烈地攻击。这样苦苦搏斗数十年，这样辛辛苦苦从山脚下一步一步坚实而稳定地攀登，我就成为全世界的摩托大王了。”

松下幸之助说："我也是从做小生意勤勤恳恳，才奠定了现在的基础的。我常对员工们说：想从事发明必须先从身边的小发明入手，想做大事必须从身边的小事做起。"

实际上，如果你翻开本田宗一郎和松下幸之助的创业史，就会发现，松下起家的是小小的电源插座，而不是价格昂贵的收录机、电视机等家用电器。本田宗一郎起家的是一家小小的摩托车维修部，而不是当初就有摩托车生产线。

尼西奇股份有限公司的起家是选择了生产婴儿尿布作为自己企业的发展方向，从而获得了成功。这在很多人看来，生产婴儿尿布是绝对成不了大气候的。但是现在，人们认为不起眼的尿布，已经与松下电器公司、丰田汽车公司相媲美，它的产品不仅占据了日本的国内市场，而且远销欧洲、非洲、大洋洲、美洲的七十多个国家和地区。

可见，世界上有许多百万富翁，都是从一无所有中走出来，然后从事一个很小的生意，逐步地成为令人瞩目的大人物的。

只要市场需要，小商品同样能做成大生意。虽然我们有"从今天起开始做"的想法，但如果定了过大的计划，到后来难以实行，不会有什么结果的。所以，在开始时，不要把目标定得太远，应从小处着眼。

万丈高楼也是从平地起的，千万不要认为为了一分钱与别人讨价还价是一件丑事，也不要认为小商小贩没什么前途可言，金钱需要一分一厘积攒，而人生经验也需要一点一滴积累。就这样慢慢地积累下去，在你成为富翁的那一天，你会发现你已成了一位人生经验十分丰富的人。

现在的年轻人都不喜欢听"先做小事，赚小钱"这句话，因为他们大都雄心万丈，一踏入社会就想做大事，赚大钱。诚然，"做大事，赚大钱"的志向并没有错。有了这个远大志向，你就有了前进的航向。但是，社会上真能"做大事，赚大钱"的人又有几个呢？一踏入社会就想"做大事，赚大钱"就更是虚妄之论了。

推崇“先做小事，先赚小钱”，这是什么原因呢？这是因为最大的好处是可以在低风险的情况之下积累工作经验，同时也可以借此了解自己的能力。当你做小事得心应手时，就可以做大一点的事，因为这个时候你已经有了丰富的经验。更何况小钱赚久了，也可累积成“大钱”。此外，“先做小事，先赚小钱”还可培养自己踏实的做事态度和金钱观念，这对日后“做大事，赚大钱”以及一生都有很深远的意义！

企业管理者千万不要一开始就认为自己是一个“做大事，赚大钱”的人，而不屑去做小事、赚小钱。要明白，连小事也做不好，连小钱也不愿意赚或赚不来的人，别人是不会相信你能做大事、赚大钱的。如果企业管理者能抱着这种只想“做大事，赚大钱”的心态去投资做生意，那么失败的可能性会更大。

很多富人的成功之路，都向我们说明一个道理：想挣大钱无不从小事做起，从小买卖做起，从小钱赚起。如果企业管理者想在商场中站稳脚跟，并且减低商业投资的风险，那么就要学会从“小事”“小钱”开始起步。

正所谓“不积小流无以成江海”。在激烈的竞争中，企业经营者千万不要看不起小生意，而要善于积少成多，扎扎实实，埋头苦干，这样才能成就一番大事业。

“人心不足蛇吞象”这句话就是要告诉我们：做什么事不要贪大，不可做一个好高骛远的务虚者。

笨拙的人生搬硬套

聪明的人懂得在模仿中跟随，更懂得在跟随中创新，从而在创新中成长。为什么明明有些人是在跟随成功者，但却失败了，失败的根源在哪里呢？那就是不懂得变通与创新，只会鹦鹉学舌，生搬硬套。

模仿是从此事物到彼事物之间的“支撑点”。比如，在模仿写作方法时，我们应该与仿写紧密结合。学会发现事物之间存在的“类似点”，然后再经过自己对范文的消化吸收，从自己的实际出发，学习运用范文中有用的东西进行创造性的再写作。只有这样，其思维才能达到新的高度，慢慢地，创新意识也就悄然而生了。不然，光是表面上的模仿，只是随便改变几个无关紧要的字眼，是很容易走进生搬硬套的写作“误区”的。

如果一个人、一个企业或者大到一个国家，在处于落后位置时，学着全方位地去模仿一些比我们优秀的人、成功的企业和先进的国家，这是很正常的必经阶段。中国古代史是一部辉煌史，使得其他落后国家争相与我国交好，甚至全方位地来模仿我国。比如日本和韩国都曾经模仿过我们，如今两个国家都发展得很好，这说明什么呢？

优秀者的模仿者，的确成为了成功者，但也有相当一部人并没有真正成功，还在成功的大门外徘徊，甚至背道而驰。在学习与模仿的企业里，有的企业如今已经成长为国内乃至国际上的优秀企业，但更多的是成长缓慢甚至已经失败了。这能否说明模仿者只能使很小一部分人或企业成功呢？答案肯定不是。我们都知道，任何事物都具有两面性，只是我们如何利用其好的一面，而尽量避免其不利一面的影响而已。也就是说，对于模仿的结果，往往是，成功的模仿者懂得在模仿中有所创新，而失败的模仿者只会生搬硬套。

比如当当网只是在亚马逊网上图书这一点上是模仿，其他都是当当网所不具备的。因此，当当的成功模式，日前还是比较容易被别人复制的，所以，当当需要建立更多不容易甚至无法被别人模仿的东西，才能走得更远。通常情况下，跟随成功在于模仿别人，跟随失败也在于不知在模仿中创新。

的确，一个真正有智慧的人知道的模仿，是善于做一种高层次的带有创新组合的模仿。当然了，模仿并不是目的，目的是为了培养兴趣和创新精神，激发创造灵感，发挥个人的独特性。

李嘉诚就是一个善于在模仿中创新的人。早年，他曾亲赴意大利，打工偷师学艺。但他的成功之处更在于不死搬硬套别人的新，而是从模仿中找到适合需要的“新”。

最初，李嘉诚是生产塑胶玩具的，尽管生意状况很不错，但由于竞争者日渐增多，他已隐隐感到了某种危机。他决定寻找一个新的突破口。

在一天的深夜里，李嘉诚从杂志上看到了一则意大利生产塑胶花的消息，他心中灵机一动，决定前往意大利取经。他首先进入一家塑胶公司打工，借机偷师学艺。从意大利学艺归来，回到长江塑胶厂，李嘉诚不动声色地把几个部门的负责人和技术骨干们召集到了他的办公室，把从意大利带来的塑胶花样品展示给大家看。众人看了这些千姿百态、形象逼真的塑胶花，纷纷拍案叫绝。

之后，李嘉诚满怀信心地向大家宣布：长江厂今后将以塑胶花为主攻方向，一定要使其成为本厂的拳头产品，使长江厂更上一层楼。

李嘉诚选定设计人员之后，便把样品交给他们研究，要求他们尽快开发出塑胶花新产品。他强调新产品应着眼于三点：一是配方调色；二是成型组合；三是款式品种。

什么是塑胶花呢？说白了，塑胶花就是植物花的复制品，不同国家、不同地区，甚至每个家庭、每个人喜爱的花卉品种都不尽相同。聪明的李嘉诚发现他带回来的样品，无论从品种还是花色方面看都太意大利化了，不适合中国香港人的口味。所以，李嘉诚要求设计者顺应中国香港和国际大众消费者的口味和喜好，设计出一套全新的款式来，不必拘泥于植物花卉的原有形状和模式。

经过设计师们精心研制，终于做出了不同色泽款式的“蜡样”。李嘉诚对设计师的作品很满意，但他依然不敢确信是否适合香港大众的口味，于是他便带着蜡花走访了不同消费层次的家庭，最后决定以其中的一批蜡花作为主打产品。与此同时，长江厂的技术人员经过反复试验，已把配方调色确定到最佳水准。又经过连续一个多月的昼夜奋战，终于研制出了第一批塑胶花样品。

样品生产出来后，李嘉诚像最初做推销员那样，携带着自产的塑胶花样品，去走访经销商。当李嘉诚把样品展示给他们看时，他们被眼前这些小巧玲珑、惟妙惟肖的塑胶花弄得瞠目结舌。有些经销商是长江厂的老客户，正因为太了解长江厂了，他们才更加不敢相信自己的眼睛。他们在心里说，就凭长江厂那破旧不堪的厂房、老掉牙的设备，也能生产出这么美丽的塑胶花？

一位客户怀疑地问道："这是你们生产出来的吗？论质量，可以说与意产的不分上下。"

李嘉诚早已看出了客户的怀疑，他心平气和地微笑道："你们大概怀疑我是从意大利弄来的吧？你们可以将两者比较，看看是港产的，还是意产的。"

这些客户们围着塑胶花仔细察看，这才发现李嘉诚带来的塑胶花，的确与印象中的意大利产品有所不同。因为在这些样品中，有好多种中国人喜爱的特色花卉品种。

没过多久，塑胶花便迅速风行中国香港及东南亚。更确切地说，应该是在数周之间，中国香港大街小巷的花卉店中，几乎全都摆满了长江出品的塑胶花。无论是寻常百姓家，还是大小公司的写字楼里，甚至汽车驾驶室里，无不绽放着绚烂夺目的塑胶花。李嘉诚用他的塑胶花掀起了香港消费新潮流，长江塑胶厂渐渐开始蜚声香港业界。

由此可见，李嘉诚的模仿不是生搬硬套，更不是不切实际地闭门造车，而是在模仿中找到结合点，在结合中求新鲜，以新鲜攻占市场。可以说李嘉诚念足了模仿中创新的生意经。

总之，跟随失败，往往是败在失败者只是在做一种低层次的、简单的和表皮上的模仿，只是模仿到了标杆者的表面功夫，而没有真正学习到别人骨子里的东西，没有模仿到人家内核上的关键成功因素，没有把模仿对象的灵魂“捉到”自己身上来。

是的，刻意的模仿、低层次的模仿、简单表面的模仿，很容易使跟随者走进“生搬硬套”的死胡同，最终也只能是跟随失败的下场。如今，国内外市场竞争激烈，企业经营者若想立足和发展，不仅要做到“人有我有”，而且更要做到“人有我优”。要实现这一点，不妨多多学习、模仿他人之长，并且学会在模仿中创新。

未考虑是否老旧过时

中国历代商人经商都是很重视经验的，总结出了很多非常实用的商谚就是明证。这些经验就是为了后人在经商过程中少走弯路，避免重蹈覆辙的明灯。的确，有很多商人依靠经验，安全渡过许多大风大浪。但一切并不是一成不变的，以前适用不等于今天适用。在一切都是“快节奏”的今天，这个时代的特征不再是大吃小或好吃坏，而是快吃慢的时代了。因此，聪明的商人重视经验，但并不依赖经验，有时候甚至打破经验。企业管理者必须要具有比较清醒的认识：再好的经验，所代表的也是过去，是在特定的历史时期形成的，可是现在时逝事异，如果我们不知变通，固守经验，那就是因循守旧了。

同巨人公司一样，王安电脑公司是一个创造奇迹的典型，但它的衰落也同样具有传奇色彩。王安公司也曾经作为创业成功的典型被写入书中。这里又把它作为失败的例证和巨人公司并列，这样说是有原因的。因为这两家公司都是高科技公司，又都经过了辉煌的创业历程后，盛极而衰。两家公司的经历说明了高科技企业确实具有一定的风险，在对未来的把握上远远没有传统工业那样有预见性。此外，他们的最终失败又都跟他们没有处理好公司内部的关系有着密切的关系。为什么这么说呢？史玉柱是没有好办法留住人才；而王安在最后一刻，不是唯才是举，而是把公司总经理职务让给了自己没有多大本事的儿子。很明显，在用人机制上，两家公司都没有逃脱东方特色的用人机制在向现代过渡中的局限。

王安博士在1951年建立了的王安公司。王安公司是功不可没的，因为现在我们办公室常用的打字机、电子键盘、文字处理软件大都是王安公司的杰作。王安公司在20世纪60年代初期，就基本上独霸了世界上所有的文字处理业务，不仅生产分离式产品，而且生产把这些产品连接起来的系统。王安公司到了1980年的时候，已经雇用了12000人，收入5.43亿美元，利润达到5200万美元。还有非常重要的一点，就是公司勃勃的生气使全世界都为之瞩目。王安公司给老牌的生产办公室设备的国际商用机器公司造成了巨大的威胁，有些人竟然说王安公司是IBM的终结者。

但是，令人惊奇的是，王安公司走向衰落的速度远比起发展的速度快。1985年，被王安公司逼入墙角的IBM生产出一种个人计算机，可以放在办公桌上，其性能比王安公司的产品还多，而且成本还要低，这预示王安的传统产品要遇到一场血战，奇怪的是王安本人对此抱以令人难以理解的沉默，从而给IBM一个绝好的机会。而王安万万没有想到，这竟成了王安公司的转折点。

1985年恰好是全世界的计算机行业出现了衰退的一年。王安实验室第一次出现了亏损，第二年的第一季度就亏损了1亿美元，但是到年底的时候计算起来还赢利5090万美元，这已经算是对王安公司的警告了，可王安公司对此却置若罔闻。王安一直认为计算机行业的衰退只是一个暂时现象，过不了多久整个行业就会出现反弹的。王安的这一判断并没有错，是正确的。然而，王安对计算机技术本身发展的认识出错了，他错误地认为个人计算机没有什么发展前途，导致王安公司没有投身于这一新的领域来争夺市场，反而仍旧在生产已经过时的产品，结果造成了产品的大量积压。

1988—1989 年，在这两年时间里，王安实验室总计亏损了 4.243 亿美元。王安公司人数最多的时候有员工 32000 人，到 1989 年已经削减了1/3。后继者为拯救王安公司出售了 6 亿美元的资产，但是收效甚微。到了 1992 年，曾经让世界瞩目的王安公司申请破产。

王安公司的破产后，一直是学者研究的一个重要课题。但我们可以看出王安公司失败的原因是多层面的。

从内部分析来看，王安后期不是根据才能而是根据血缘确立王安公司的掌舵人是重要原因。王安的儿子弗雷德早年在布朗大学主攻数学，1972 年获得数学学士学位后，进入了王安公司工作。弗雷德先后在几个职能部门工作，以熟悉这里的情况，但是他缺乏明显的经商才能，而且为人还十分骄傲。他身上缺少的正是他父亲的科学文化素养和管理能力。有一位经理曾这样说："作为一名经理，他还缺乏成熟。以前，我们在公司里听到的舆论都说弗雷德是一个充满幻想的人，没有人服气他，没有人愿意为弗雷德工作。"

王安重用儿子，可以说是王安公司的致命伤。因为王安这样做，严重影响到其他高级职员的前途，都预感到：即使再努力地干，也不过是王安父子的打工者。于是，王安公司的高层相继离去。比如一位相当优秀的销售和市场专家坎宁安，看到没有机会在王安公司里进一步发展，就在两个月后辞职了。也就是这位让人尊敬的专家的离去，在公司内部引起巨大的反响，一批富有经验的人才纷纷离开公司，这是对王安公司的最大打击。

科技人才的流失，对一个科技公司来讲，损失是非常大的。所以，王安公司在科技创新领域的影响也变得越来越小，逐渐落后于 IBM 公司。1989 年，王安在内外交困的环境下，终于撤去了不称职的儿子，但"亡羊补牢”为时已晚。从这里可以看出，王安的做法是一个传统东方人的悲哀——子承父业。王安从来没有考虑过，他的这一思想是否老旧过时，这一思想是否已不适应于现代社会了，特别是不适应高科技公司。可王安经营的偏偏是一个高科技公司。

其次，从王安的外部环境的反应来看，王安公司之所以发展迅速，是因为当初形势的发展和王安公司的经营方向一致。可是，到了后期，自从个人电子计算机出现后，PC 逐渐成为市场的主导产品，这一巨大的市场走向被许多新兴公司捕捉到，王安公司却视若无睹。这时的王安公司只想到几个顾客而已，主要是金融方面的顾客，为他们处心积虑地制造最好的产品，但这个市场同日益扩大的个人计算机市场比，简直不值得一提。此时，IBM 公司因为王安公司的巨大威胁，被迫走向另外的发展道路，开发个人小型计算机，并且有良好的兼容性，可以保证它们的产品同各种先进的系统相匹配。顾客对此保持极大的热情，纷纷踊跃采购。

王安公司一直陶醉于封闭的软、硬件系统，拒绝发生的变化。全然不顾计算机时代已走向了平民化，这是王安公司的又一重大失误。1982 年，当年王安公司的竞争者开发出可以同时用于信息处理和数据处理的个人计算机时，王安在这个生死攸关的时刻，却犹豫不决，始终不能下决心开发新的产品，而是抱着自己的优势不放，继续开发文字处理机和大型的电脑等旧产品，结果大型机不久就被性能优越的小型机取代。

王安公司一再丧失机会，落后于时代，最终被时代抛弃了。在产品的升级换代只有 18 个月的时间的计算机行业，假如有一丝的迟疑，就会彻底的走向失败。同时，失败一次往往意味着你永远离开了这个领域，可谓是“一失足成千古恨”。

所以，企业管理者要想成功，必须要有与时俱进的头脑，要懂得经验并非时时可靠，要不断根据市场新形势对经验进行更新换代。不破除创业时的陋习，就不可能立守业时的新规。企业管理者务必懂得，守业的真正含义不是死抱着创业的传统不放，而是对创业留下的经验进行改良革新。的确，经商绝对不能过分地依赖经验，不能因循守旧，画地为牢。而要善于随着市场的变化而变化，甚至掌握先机。因为现今商场的内外环境是在不断的变化之中的，“不停地变化”是现今商家面临的一条永远不变的规律。事实有力地说明：拘泥不变、安于守成是商家竞争的大忌；先知先变，审时度势才是商家制胜的法宝。

环境因素所致水土不服

跟随着成功者的脚步，使得很多人因此而成功，最终走向卓越。但是，为什么有的人跟随成功却如昙花一现呢？归根结底是因为没有考虑到是不是环境因素所致水土不服。

一个人如果初到异国他乡，刚去的时候，可能会感到很新鲜，异国他乡的风土人情可能会让你流连忘返。然而，很快你就会感到水土不服，这也正是所谓的“一方水土养一方人”。那么，在商场上也是如此，你从别人那里学来了成功的方法，但也要看看自己具备的条件是否适应。如果不适应的话，你只能是跟随失败。

我们都知道，自改革开放以来，百事可口与可口可乐均居全球销量之巅，百事可乐、可口可乐更是长驱直入，抢滩中国市场。与此同时，为了与国有企业分一杯羹，一些国产可乐纷纷亮相，与之相争。1998 年夏，正当法国世界杯足球赛杀得难解难分，可口可乐与百事可乐的广告铺天盖地而来之时，中央电视台直播球赛前的黄金时段出现了这样一则广告：铿锵的京戏锣鼓、传统的剪纸醒狮、大红大黑的背景……这便是非常可乐的横空出世。

“两乐”实力相当雄厚，致使许多国产企业与之竞争后均以失败退出赛局。可是，非常可乐却有“初生牛犊不怕虎”的劲头，“两乐”并没有打消它的积极性，反而更加笃定“别人行，我们也一定行”的信念，开始效仿“两乐”在最有利的时间，有火暴的节目，最抢眼球聚点的地方打广告。这一招果然奏效，非常可乐效仿的第一步很是成功。因为在人们心中，只要想到可乐，除“两乐”外，很自然就会想到非常可乐。

接着，非常可乐又紧锣密鼓地实行第二步战略——给产品定位。非常可乐公告促销攻势如潮，“民族可乐”“中国人喝我们自己的可乐”，这样一来，市场推进进度迅速攀升。到了1999年下半年，非常可乐销售1.5亿元，整个夏季产品供不应求，市场占有率平均已达15%。非常可乐当时的实力是紧跟在可口可乐之后，位居百事可乐之前，甚至在某些省市如湖南，非常可乐销量直逼可口可乐，大有赶超之势。非常可乐品牌就这样在世界强手的夹缝中找到了自己的位置，不禁令国人瞩目和骄傲。并且还形成了与可口可乐、百事可乐三足鼎立的局面，造就了一段传奇般的经营神话。第一步的模仿成功，第二步有了卓越的成效，这对于非常可乐无疑是有着美好前景的迹象。

然而，非常可乐在经历了最初的强劲发展势头后，形势也并非一帆风顺。就在非常可乐快速发展5年后，却突然停下了脚步。在“两乐”的市场占有率没有明显变化的同时，非常可乐的销量却陷入低迷，市场占有量降到了10%左右。非常可乐在努力之后的影响力提高了，知名度也提升了，可这种提升与经济效益之间却存在着不对称。虽然大家都知道非常可乐，但真正要选择购买的人却不多。为什么广告打响了，牌子创出来了，效益却未相应增加，非常可乐的这种投资与效益收入形成了鲜明的对照。这种失衡的情况使非常可乐由成功陷入了低谷。非常可乐效仿“两乐”广告经营策略，大打胜仗，而后的营销策略也是以中小城市作突破口，是合乎竞争策略的。但为什么在“长久”上败下阵来了呢？

究其原因，我们从非常可乐的两步成功上来分析一下，非常可乐当时打的是“民族品牌”饮料，即“中国人，喝中国人自己的可乐”，这句话直击消费者的软肋，谁愿意做一个不爱国的人呢？与此同时，也刺中了“两乐”的要害之处。随着改革开放与国门的打开，西方物质与精神文化的大量涌入，追求洋货、外国品牌成了一种时尚。说白了，这是隐藏在时尚的背后的一种追新求奇的动机。诚然，其中也渗透着一些国人对西方物质文化的盲目崇拜。这对于曾给饱受西方资本主义欺凌的中国人来说，民族自尊心与爱国主义精神无疑是一种巨大的动力，是发展经济的动力，也是民族自强的动力。其实，中国的企业，不管是国有的，还是民营的，都与爱国主义精神相关联。

爱国是很重要的一个方面，但企业要想真正的发展起来还是要有自己的独特文化内涵、文化底蕴。“民族牌”就是非常可乐的企业的文化，“中国人自己的可乐”旨在张扬民族文化，宣扬企业正义、爱国之心，以此来对抗外货。可是，非常可乐在销售产品，企业文化定位在一种民族文化上，失去了企业本身的文化底蕴，因为非常可乐不能代表中国，同样更不能代表中国文化。

在效仿“两乐”为产品加以民族文化，非常可乐只是模仿其形，而没有模仿其精髓。非常可乐只是看到了“两乐”的表面。虽然已经看出其具有美国文化，但并非深入其实情。美国仅仅有200年历史，而“两乐”加起来就可以超过了整个美国的历史。对于一个现代美国人来说，从孩提时代起，甚至他一生的全部过程几乎都离不开可乐。

下面有一个事例，足以证明可口可乐在一定程度上独具其民族文化。

20世纪80年代，可口可乐公司曾被百事可乐公司就可乐中含有咖啡因问题向发起了强大的攻势，可口可乐公司迫于压力宣布终止可乐生产，改生产不含咖啡因和可可的新配方产品，差点引起了一场社会危机：来自全国各地的抗议、声讨潮水般涌来，可口可乐公司曾在一天内接到了1500个抗议电话。这件事充分说明了可口可乐对于美国人的重要性，它已经积淀为美国文化的一个组成部分，喝可乐如中国人的饮茶一样，成了美国人的一项传统文化。既然喝可乐成了文化和传统，其口感和成分，都显得不是很重要了。鉴于美国的历史很短，所以美国人特别珍视自己的传统文化，同时珍视他们的“可乐文化”。

在中国短短20几年的打拼，“两乐”的发展速度是惊人的，这种惊人的发展速度，正是来自“可乐文化”。美国经济在第二次世界大战后空前强盛，美国人民对生活方式充满了前所未有的向往，这种想往导致了无论欧洲、美洲，还是亚洲、东欧，以及中国的消费者以接受可口可乐和麦当劳作为吸纳和接受美国文化的象征。可口可乐和麦当劳成了美国文化的载体和美国人生活方式的必需品。也就是说，当一个人在喝可口可乐的时候，喝的不仅仅是一种碳酸饮料，更多的是享受一种民族文化、一种生活文化。喝可乐、吃薯条，成了一种流行和时尚，这种流行和时尚源于对美国文化的向往。非常可乐与“两乐”的文化底蕴相比，文化底蕴是空虚和苍白的。非常可乐纵然用上了浑身解数，也抵挡不住可口可乐、百事可乐的强大的文化攻势。这主要是因为美国还在诸多方面领先于世界。只要人们对美国文化的兴趣依然饱满，可口可乐就永远无法超越。

以前，中国根本没有可乐，更与中国文化不沾边，而恰恰是美国文化的长项，这种对抗显然是不明智的。既然是本土文化，就应该有本国的面貌与特色，应是传统的积淀，应带有很强的独创性，而非常可乐恰恰缺少这一点，“两乐”却具备这些。让人感到有趣的是，有文化积淀的“两乐”并没有张扬自己的文化，而缺少文化的非常可乐却对此兴趣浓厚。

可见，非常可乐“模仿文化”失败的根源就在于，非常可乐没有进一步了解成功者内在的成功，只是看到其表面的成功原由，没有进行仔细的分析及大量的调查，并加以盲目的模仿。仅仅模仿成功者表面现象是走不长远的，切记：必须深入其精髓。

要想跟随成功，不仅要模其形之优势，更要找准适合我们发展优势的精髓之所在。我们只有脚步踏实地地模仿成功者走过的路子，亲自探索、提炼、分析，进而实践、创造，才能在模仿中不至于导致水土不服。

犹豫迟缓错失良机

在生活中，有很多惰性者，他们从来不分事情的轻重，做事情总是犹豫迟缓。其实，人生中80%的可利用时间通常被“犹豫迟缓”四个字浪费了。而作为一个商人，如果做事总是犹豫迟缓的话，永远捕捉不到商机的。

的确，可怜之人必有可悲之处。那些遇事举棋不定，犹豫不决，经常在人生的十字路口徘徊，不知所措的人，其犹豫迟缓的个性更会让他们失去难得的发展机遇而与成功失之交臂。

一个年轻人被主持任免工作的政党领袖们视为最佳人选。因为他是一个知识丰富、天资聪慧而又颇受欢迎的年轻候选人。当晚，在进行任命会议之前，年轻人和政党领袖们在餐桌上见面了。谁知，这位年轻候选人的口味特别挑剔，他在每道菜上都要犹豫半天。

“先生，您需要野味吗?”当大家点完菜后，服务员突然问道。

“都有哪些野味呢?”年轻候选人问道。

“有鹌鹑、野鸡……”服务员答道。

“有鹌鹑，那就给我来一只鹌鹑吧！什么？还有野鸡，如果方便，那就来一点野鸡。”

服务员弄不懂年轻候选人的意思，就先把鹌鹑送来了，可他没有说什么，却表现得十分焦急不安。随后，野鸡上来了，他嘀咕道，要不，我两样都要了吧！

然而，当两盘野味都放在他面前的时候，他却极其不高兴地把它们推到一边，说道："我一样也不想吃了，都拿走吧！"

晚餐终于结束了，年轻候选人走了。可是，他在餐桌上的所作所为，却令一位政党领导人十分不满，并说："这个人是这样的犹豫不决，就连他自己吃什么都不能作决定，怎么能当一州的州长呢？"

"我们需要的不是这样的人，作为州长，他可以有什么别的缺点，但是千万不能在做某件事时犹豫和耽搁。"又一位政党领导人说道。

就这样，本来很优秀，几乎让人没有异议的年轻候选人被否决了。原因正是因为他犹豫迟缓的性格。

可见，机会只青睐有准备的头脑和立即行动的人。不敢决定各种事件，不知道决定的结果究竟是好是坏、是吉是凶，即便有再大的本领，也会因为优柔寡断使自己的一生碌碌无为。无论我们干什么事情，无论怎样的机会摆在面前，如果没有行动，就不可能赢得任何机会。

那些富有的人，往往是这样的人：敢于第一批下海经商的人、敢于第一批买原始股的人、敢于第一批买地皮的人……他们富了、成功了的原因是什么呢？正是因为他们敢于在大多数人还在犹豫不决的时候就做出了实际行动。机会对任何人来说都是公平的，因为谁也不能预卜先知。商机大家找，人人有信息，处处有同行。而竞争最后的结果往往就取决于商家行动快半步还是慢半步。

根据美国战略规划研究所的统计数据表明，在500个成熟的行业中，第一个进入市场的公司的平均市场占有率是29%，早期跟进的公司的平均市场占有率是21%，而其余平均占有率是15%。天下万物，道理一致，这数据也证实了中国的一句话：第一个是天才，第二个是人才，第三个是庸才，第四个是蠢材。

王健林在32岁之前，本来是一个优秀的军人。然而，如今的王健林已经是万达集团的董事长了。他一手创办的万达集团，是一个曾经因为足球而扬名天下的公司。

万达集团是一个总能“快人半拍”的公司：在大连率先从事旧城改造，在东北率先进行股份制改造，在全国率先参与足球也率先退出足球，在地产界率先开创了“订单商业地产”模式，率先尝试“房地产信托基金”“总是快半拍”最终让这个曾濒临破产的区办小公司成长为今天资产超百亿元的地产巨头。

万达创业的元年是1988年，在这一年里，王健林从大连市西岗区政府办公室主任的位置上，请缨“主政”西岗区住宅开发公司——一个欠债149万元、濒临破产的公司。他这一举动，不禁令人吃了一惊。

早在半年前，王健林刚刚从部队转业落户大连，那个时候的他对房地产行业还非常陌生，但是，这个“外行人”却很快选择了一个同行前辈不敢或者不屑的项目：旧城改造。

当时，在大连市政府南面，有一个“棚屋区”。据人计算，每平方米的造价正好是当时大连的最高房价1200元，因此没人愿意干。可王健林还是决定一搏，接手了这个项目，结果大获成功。800多套房子，一个月就卖完了，一下子挣了1000多万元。

1991年，王健林又做了一件令人瞠目结舌的事情：当国家体改委和大连市体改委准备在大连选择三家公司作为东北首批股份制试点公司的时候，许多人都不愿意干，王健林却积极申请了，并成功争取到了名额，从而在公司制度改造上，在整个东北先行了一步。又过了几年，原有的国有股份彻底退出万达，王健林开始持有万达股份，真正成为了一名商人。

王健林的万达集团发家于地产，但却扬名于足球。万达进入足球，也是抢了全国之先，因为万达足球俱乐部是中国第一家职业足球俱乐部。随着职业足球联赛在国内风风火火热闹起来，万达成了最大赢家——夺下4个联赛冠军，大连万达也开始闻名天下，品牌知名度位居全国第5。

过了多年以后，王健林再一次抢在了前面，第一个退出了足球业界。因为那时国内足坛因为黑幕、黑哨、假球、赌球而臭名远扬。此时，万达选择彻底退出这个是非之地，无疑是一个明智之举。

自从退出足坛后，王健林就将万达的精力全部集中到了地产上。接着，王健林又率先创造了一种全新的商业地产模式：先找沃尔玛等商家签租赁合同，然后再盖商场，以降低商业风险。他还为这个商业模式起了个名字，叫做“订单商业地产”。

王健林为了说服沃尔玛，上门跑了几十趟，说自己专门为沃尔玛选择了地段，可以根据对方的需要协商设计方案，并以最快的速度如期交付使用等。其实，沃尔玛也很希望能有这种模式，只是以前地产商们都没这么去干，因此双方一拍即合，迅速达成了协议。创新的力量是无穷大的，一年之内，万达让沃尔玛、美国百盛、新加坡百盛等10多家全球连锁公司接受了这种“订单地产”。

根据王健林的万达集团创业史，可以看出，他的成功正是取决于他敢做敢想、敢打敢拼的风格。他能在商海中取得成功，正是靠着十几年持续的“快人半拍”，所以王健林的地产帝国像滚雪球一样日益壮大，并且滚向更广阔的世界舞台。

拿破仑说：“我的军队之所以打胜仗，就是因为比敌人早到5分钟。”商场如战场。经商中比别人早几天抓住商机，就会抢先一步赚大钱，才能成为商战中的最终胜利者。因此，在组织发展的关键时刻，企业管理者必须当机立断，才能抓住机会创造成功。犹豫迟缓的领导者不能成为指向未来的舵手，也就难以开创宏伟的事业，只会错失难得的发展机遇。

盲目上马太急躁

《论语》说：“欲速则不达，见小利则大事不成。”还有“小不忍，则乱大谋”“三思而后行”，等等。如今，中国经济正在高速发展，物质水平不断提高，人们的心态和处世态度本应该继承古人所倡导的沉稳，但是，很多人似乎少了耐心，多了急躁；少了冷静，多了盲目；少了脚踏实地，多了急于求成。

有一家杂志上曾经发表了一篇文章《不败海尔》，介绍了海尔长盛不衰的奥秘，其中最重要的一条就是要克服急躁的心态，扎扎实实地做好每一件事情，做好每一天的工作。然而，有很多公司，当经济狂潮一旦消退，喧闹的沙滩上留下的便是投资者惶恐、尴尬的身影。这正是急躁所带来的一大致命伤。

因为急躁，很多企业管理者不愿在苦练内功上下工夫，而是把赌注押在广告上，于是中央电视台黄金时段的广告价位扶摇直上。比如山东的秦池酒厂曾以超过亿元的天文数字夺得标王的称号，企业效益曾立竿见影，然而它的辉煌仅仅是匆匆一晃就销声匿迹了。

选择通过广告来增长效益一条充满风险又满怀希望的渠道。而山东秦池酒厂偏偏选择了这条路：争夺1996年CCTV标王。

1995年11月8日，秦池以6666万元的最高价击败众多对手，勇夺CCTV标王。

秦池成为CCTV标王，为其带来了巨大的影响和声誉。商业炒作是具有“爆炸性”的冲击力的。经新闻界的一再炒作，在全国一夜之间，秦池由无名小辈变成公众明星，产品知名度，企业知名度大大提高，使秦池在白酒如林的中国市场成为名牌。这下，全国各地商家纷纷找上门来，在很短的时间建立起布满全国的销售网络。如此有利的条件，秦池的价格、物流资金等有了更大的回旋空间，单产利润也提高了，秦池迅速形成了全国市场的宏大格局。

1996年，秦池在广告上的投入更大，经营上的业绩充分体现了标王的巨大宣传作用。1996年预期销量并没有超过酒厂的生产能力，秦池酒是在原配套生产线、原生产程序、工艺和原有熟练工人的操作下生产出来的。

所以，针对秦池酒的质量问题，公众还是比较放心的。此外，秦池虽然在广告上的绝对投入要大一些，但秦池已通过典型的秦池模式造就了广阔市场，通过扩大产品销量降低了单位产品的广告费用，产品成本不升反降，再加上品牌效应对价格的影响，利润率自然提高了。

从上述可以分析出，1996 年 CCTV 标王给秦池带来的是一系列竞争上的优势：品牌优势、形象优势、市场网络优势、价格优势、利润率优势。1996 年的秦池，只需要以静制动，不用自己去争取，就有人找上门来。这一年秦池销售额比 1995 年增长 500% 以上，利税增长 600% 。秦池完成了从一个地方酒厂到一个全国知名企业的大转变。1996 年，秦池取得了决定性的绝对成功。

然而，秦池以后的市场状况能否一帆风顺，能否在中国白酒市场新一轮的竞争中站稳了脚跟，还是一个未知数。

从秦池经营模式的循环圈上来看，秦池经营模式能形成良性循环的关键环节是投入的大量广告、宣传能否转变为现实的巨大市场需求，这是降低单位产品广告成本、赢得利润的关键。如果这一环节发生中断，投入的大量广告没有产生预期的效果，秦池将面临灭顶之灾。1996 年的秦池虽然广告铺天盖地，品牌知名度直线上升，但与其他名酒、大厂相比，秦池酒缺少稳固的市场美誉度。说白了就是一旦秦池不做广告，可以肯定的是销售业绩会直线下跌。绝对不会像“五粮液”“杜康”等历史名酒一样虽长期不做广告但市场依然稳定。而秦池的市场业绩是广告炒作出来的，不具备长期的市场导向功能。可想而知，秦池酒 1996 年的风光只是暂时的彩色肥皂泡。

虽然秦池的繁荣只是泡沫繁荣，并不能说明秦池将要面临必然的衰亡。1996 年的秦池是本身发展在一段区域时间内的最高点，假若把握得好，秦池将会从顶峰适度回落，但依然能保持强劲发展势头。到了 1996 年年底，秦池最突出的矛盾已不是市场开发能力不足的问题，而是秦池酒的生产能力的不足，也就是说秦池将面临着改进生产工艺、扩大生产规模、提高秦池酒内在质量的迫切问题。按说，此时的秦池集团应该在1997年标王争夺中急流勇退，将经营管理的重点回转，利用1996年的资金积累，真正在提高秦池酒的竞争力方面下工夫，改进生产工艺，扩大或增加生产线，培训熟练技术工人等，同时在中央电视台保持适度广告以维持市场。可是，秦池集团出于维持秦池酒虚幻地位的虚荣心理，仍然进行了争夺1997年CCTV标王的豪赌，其结果必然是走向自取灭亡的道路。假若当时秦池的决策层和主管领导有更敏锐的经济头脑，有深谋远虑的发展观，秦池将是中国白酒业的又一“明星”。

1996年11月8日，秦池集团以3.2亿元的天价卫冕标王。针对秦池集团的这一举动，业界对此议论纷纷。因为要消化掉3.2亿元的广告成本，秦池必须在1997年完成15亿元的销售额，产、销量必须在6.5万吨以上。那么，秦池该如何消化掉这巨额的广告费用呢?

1997年年初，一家媒体披露了秦池的实际生产能力以及收购川酒进行勾兑的事实。此报道被广泛转载后，在舆论界与消费者中引起了极大关注。对此，秦池并没有采取及时的公关措施，仍然依赖于广告效应。结果是，秦池在新闻媒体的声讨中，消费者迅速表示出对秦池的不信任。秦池的市场形势开始全面恶化了。

虽然1997年的秦池仍然是广告仍旧铺天盖地，但销售收入比上年锐减了3亿元，实现利税下降了6000万元。1996年年底和1997年年初加大马力生产的白酒积压了200车皮，1997年全年只卖出一半，全厂生产线现在也只开了四五条，全年亏损已成定局，曾经辉煌一时的秦池模式成为转瞬即逝的泡沫。

与秦池有着同样命运的盐城燕舞无线电厂，当年“燕舞燕舞，一曲歌来一片情”的广告词家喻户晓，妇孺皆知，燕舞收录机红遍大江南北。然而，不过几年时间就销声匿迹了。因为其产品质量也是想秦池一样，只靠广告宣传支撑，加上内部管理不善，曾一度辉煌的企业不到3年就“关门大吉”了。

很多企业管理者就是这样，看见别人干什么赚钱，就盲目地上马，急躁地前行。结果是：一哄而起，又一哄而散，产业震荡，失败告终。不禁令人深思。

俗话说：兼听则明。因此，投资人在通过一些适当的管理来进行投资时，还要通过其他不同的管道来协助，以减少投资的盲目性。你刚办公司，没有太多的经验，没有关系，要善于和及时咨询，力戒自己在项目投资上出现盲目和“大坑”。

投资人的投资行为也是一种战略决策和战术运作的联合体。因此，投资人在进行一些投资载体的选择时，通常是经过许多不同的渠道来协助完成，不能走盲目地走极端。但由于一些金融机构服务的项目经过立法而放宽了许多，因而使得这些机构之间的服务界限渐趋模糊，故投资人在决定了某处有投资载体开市前，必须详细理清自己的投资方向，以免胡打乱撞。

从理论上讲，中国是最讲中庸的国度，但行动上却最爱走极端，所以中国的企业最容易走向两个结局：要么企业活不长，要么企业长不大。如果你为公司设立一个目标时，就能在目标的指引下按部就班地行动，从而避免急躁和短视行为。所以，远离急躁仅靠保持一颗平常心是不够的，必须进行理性思考，以远大志向引导自我。想要把一件事情做好，一定要坚持稳健的作风。心浮气躁只能使你丧失对事情准确的判断能力，千万不要因为自己的急躁性情而盲目地上马，最终也只能饮下自己酿的苦酒。